obiettivo grammatica

Eleonora Fragai
Ivana Fratter
Elisabetta Jafrancesco

1

teoria, esercizi e test di lingua italiana

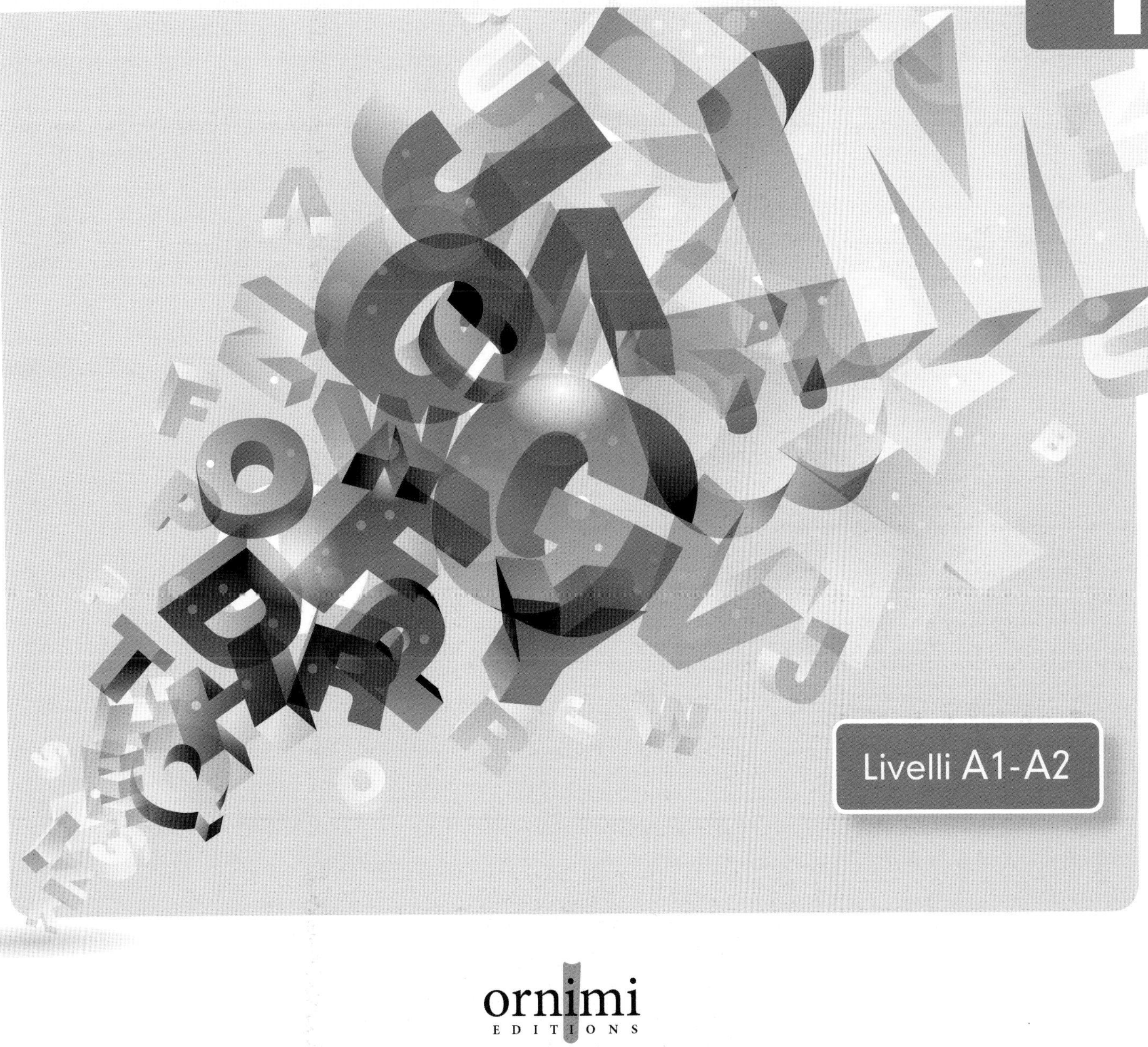

Livelli A1-A2

ornimi
EDITIONS

Eleonora Fragai è laureata in Didattica della lingua italiana a stranieri e ha conseguito il Master in *E-learning* (Università per Stranieri di Siena). Si occupa di apprendimento/insegnamento dell'Italiano L2. È formatrice di insegnanti in Italia e all'estero. Collabora da anni come valutatrice degli esami di certificazione con il Centro CILS dell'Università per Stranieri di Siena, dove svolge anche attività di formatrice in Italiano L2 in presenza e a distanza. Ha condotto attività di ricerca, dedicandosi alla valutazione della competenza linguistico-comunicativa in italiano L2 di bambini e adolescenti figli di immigrati in Italia e all'uso dei *social network* nella didattica. È autrice e co-autrice di pubblicazioni scientifiche sulla didattica dell'Italiano L2 e di materiali e manuali didattici per diversi profili di apprendenti.

Ivana Fratter ha conseguito il titolo di Dottoressa di ricerca in Linguistica (Università di Verona). È collaboratrice ed esperta linguistica presso l'Università di Padova, dove ha anche insegnato Tecnologie educative nel Master in Didattica dell'italiano come L2. Ha lavorato come docente a contratto presso diverse Università (Trieste, Udine, Verona). È formatrice di insegnanti sia in Italia che all'estero ed è inoltre *counselor* professionista (CNCP) in campo socio-educativo. I suoi ambiti di ricerca riguardano l'acquisizione dell'italiano L2, le metodologie di insegnamento linguistico con le TIC, la comunicazione interpersonale e la gestione dei gruppi di apprendimento. È (co)autrice di articoli e volumi su questi temi e ha al suo attivo numerosi materiali per la didattica dell'italiano L2.

Elisabetta Jafrancesco ha conseguito il titolo di Dottoressa di ricerca in Linguistica e Didattica della lingua italiana (Università per Stranieri di Siena). È collaboratrice ed esperta linguistica presso l'Università di Firenze. Ha insegnato Didattica dell'italiano a minori immigrati nel Master in Didattica dell'italiano come L2 (Università di Padova). Ha lavorato come *tutor* online per il Master DITALS (Università per Stranieri di Siena). È formatrice di formatori in ambito glottodidattico in Italia e all'estero. I suoi temi di ricerca riguardano la didattica a distanza, la verifica e la valutazione delle competenze linguistiche, la scrittura accademica. È autrice di testi scientifici e per la didattica dell'Italiano L2. Collabora con varie riviste, fra cui «LinguaInAzione» (Atene, Ornimi Editions), di cui è responsabile di redazione.

Il volume è il risultato della collaborazione fra le autrici. Tuttavia gli argomenti sono da attribuire nel modo seguente:

E. Fragai: Sezione 1: 1.4, 1.6, 1.7, 3; Sezione 2: 3.1.1, 3.1.2, 3.2.1, 3.2.2, 3.2.3, 3.2.4, 3.2.5, 6.1, 6.2.
I. Fratter: Sezione 1: 1.1, 1.2, 1.5, 1.8, 6, 7; Sezione 2: 1.1, 1.2, 4.1.1, 4.1.2, 4.1.3, 4.1.4, 4.1.5, 4.1.6, 5.1.
E. Jafrancesco: Sezione 1: 1.3, 2.1, 4.1, 5.1, 8; Sezione 2: 2.1, 2.2, 4.2, 4.3, 7.1, 7.2.

Redazione: **Gennaro Falcone**
Impaginazione e progetto grafico: **ORNIMI Editions**
Foto: **Shutterstock**

© 2021 ORNIMI Editions
Prima ristampa: novembre 2023
ISBN: 978-618-5554-01-9

ORNIMI Editions
Lontou 8
10681 Atene
T. +30 210 3300073
www.ornimieditions.com

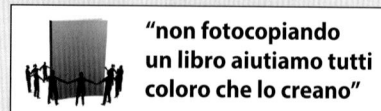
"non fotocopiando un libro aiutiamo tutti coloro che lo creano"

L'Editore è a disposizione degli aventi diritto che non è stato possibile rintracciare e per eventuali omissioni o inesattezze. Tutti i diritti di traduzione, memorizzazione elettronica, riproduzione e di adattamento parziale o totale, tramite qualsiasi mezzo (digitale o supporti di qualsiasi tipo), di quest'opera sono riservati in Italia e all'estero.

Presentazione

Apparentemente, *Obiettivo Grammatica* è una delle tante grammatiche per stranieri. L'impianto descrittivo, rigoroso e ben strutturato, è di stampo tradizionale, così come tradizionale è la terminologia usata. Questa scelta di fondo fa sì che docenti e apprendenti possano ritrovarsi in un ambiente familiare, che condivide forma della descrizione e terminologia con la maggior parte delle grammatiche descrittive.

Ma, a partire da questo fondo tradizionale, *Obiettivo Grammatica* si caratterizza per almeno tre aspetti peculiari, che vanno visti come punti di forza.

Il primo è lo spazio dato al verbo. Ogni volume suddivide i contenuti in due sezioni: una dedicata interamente al verbo e la seconda alle altre parti del discorso. Questo ruolo particolare attribuito al verbo è motivato da una parte dalla funzione fondamentale esercitata da questa parte del discorso, che è il perno delle frasi, dall'altra dalla complessità morfosintattica del verbo italiano.

Il secondo punto di forza è costituito dalle produzioni linguistiche utilizzate per le esercitazioni. Qualche volta gli esempi sono formati da singole frasi, se il contenuto dell'unità didattica lo richiede; ma più frequentemente sono interi testi (di dimensioni compatibili con l'esecuzione di esercizi da parte di apprendenti dei vari livelli). In questo modo si mettono a contatto studentesse e studenti con produzioni linguistiche reali e non solo con singole frasi costruite a tavolino. Oltre a questo, si offre loro l'opportunità di ricavare informazioni sulla cultura dell'Italia di oggi, nel senso più largo del termine. I testi proposti sono di diversa natura: lettere, diari, racconti, articoli di giornale o post di blog, testi espositivi ed enciclopedici, ricette, istruzioni per l'uso. Anche i temi trattati sono vari, ma tutti legati ad argomenti di attualità.

Infine, il terzo elemento di interesse è l'attenzione posta, nei box di approfondimento, alla varietà sociolinguistica dell'italiano e in particolare alle forme innovative che, soprattutto nel parlato, stanno sostituendo o ormai hanno sostituito le forme tradizionali.

A queste caratteristiche, maggiormente innovative, si possono aggiungere altre caratteristiche di fondo: la finalizzazione di entrambi i volumi all'acquisizione di precisi livelli di competenza secondo il *Quadro comune europeo per le lingue* e quindi la possibilità di usarli come preparazione alla certificazione; la presenza di esercizi di diversa tipologia, in relazione alle abilità da sviluppare; l'uso che si può fare di questo libro, sia come strumento di supporto dell'insegnante, sia come manuale per l'apprendente che segue un corso, sia come strumento per lo studio autonomo.

Da questa rapida descrizione delle caratteristiche di questo manuale si comprende che si tratta di uno strumento pienamente adeguato per l'insegnamento dell'italiano del XXI secolo (e indirettamente delle specificità della vita sociale italiana di questi anni) per parlanti di qualsiasi lingua.

Michele A. Cortelazzo

Introduzione

Obiettivo Grammatica. Teoria, esercizi e test per la lingua italiana 1 (livello A1-A2) e *Obiettivo Grammatica. Teoria, esercizi e test per la lingua italiana 2* (livello B1-B2) si rivolgono a studenti stranieri adulti e giovani adulti, e propongono percorsi di apprendimento incentrati sui contenuti grammaticali della lingua italiana, per i livelli di competenza linguistico-comunicativa in Italiano di livello basico e indipendente del *Quadro comune europeo di riferimento per le lingue* (QCER).

L'opera è uno strumento per lavorare in modo efficace con la lingua italiana, che l'insegnante può integrare con qualsiasi corso di italiano e che lo studente può utilizzare in un percorso di apprendimento autonomo, in quanto presenta in modo semplice e schematico il sistema delle regole e degli usi della lingua. I volumi sono graduati in base ai livelli di competenza linguistico-comunicativa (A1-A2; B1-B2) del QCER. Sono di agevole consultazione per la scelta di una terminologia metalinguistica trasparente, condivisa dalla maggior parte delle grammatiche descrittive consultate, e quindi di facile accesso agli studenti destinatari dell'opera. I volumi sono inoltre corredati da un ricco apparato di esercizi e attività per la riflessione grammaticale esplicita.

L'aspetto innovativo di *Obiettivo Grammatica* riguarda l'articolazione di ogni singolo contenuto linguistico in livelli di competenza, così come proposto nei sillabi di Italiano L2 di riferimento[1]. Tuttavia, in alcuni casi gli argomenti grammaticali sono stati distribuiti in modo diverso in base alle esigenze che emergono dalla pratica didattica. Ogni contenuto linguistico viene presentato in modo ciclico poiché ogni struttura della lingua può essere appresa a gradi diversi di complessità a seconda del livello di competenza linguistico-comunicativa degli studenti.

Esempi	Usiamo il presente per esprimere
– Che cosa **fa** adesso Gianni in salotto?	– eventi in svolgimento al presente
– Dopo cena **bevo** sempre un caffè.	– azioni abituali
– La casa in montagna **è** nuova.	– qualità, caratteristiche del soggetto
– Chi **parte domani** per Assisi?	– eventi futuri, in genere con espressioni di tempo (p. es. *fra qualche ora, domani, la settimana prossima*)
– Se **vieni** a trovarmi al mare, ci divertiamo.	– condizioni al futuro nel periodo ipotetico
– Se vieni a trovarmi al mare, *ci divertiamo.*	– conseguenze al futuro nel periodo ipotetico

Esempio di uso dell'indicativo presente (*Obiettivo Grammatica 1*).

esempi	Usiamo il presente per esprimere
– Il triangolo rettangolo **ha** un angolo retto; La democrazia **è** una forma di governo in cui il popolo esercita il potere; L'ospite **è** come il pesce: dopo tre giorni **puzza**.	– eventi sempre validi in descrizioni scientifiche e concetti universali, citazioni o proverbi (presente atemporale)
– Calvino **nasce** nel 1923 a Cuba ed **è** uno degli autori italiani più importanti del Novecento.	– situazioni ed eventi al passato per attualizzare il racconto (presente storico).

Esempio di uso dell'indicativo presente (*Obiettivo Grammatica 2*).

---

1 M. G. Lo Duca, *Sillabo di italiano L2. Per studenti universitari in scambio*, Roma, Carocci, 2006; A. Benucci (a cura di), *Sillabo di italiano per stranieri. Una proposta del Centro linguistico dell'Università per Stranieri di Siena*, Perugia, Guerra Edizioni.

Obiettivo Grammatica si distingue inoltre poiché valorizza lo sviluppo della competenza grammaticale, ponendo l'attenzione sugli usi della lingua, sulla dimensione pragmatica e sugli aspetti sociolinguistici. Questi aspetti riguardano principalmente il registro e le differenze fra scritto e parlato. La sensibilità sociolinguistica favorisce infatti la capacità di scegliere in modo consapevole, fra un ventaglio di alternative possibili, la forma linguistica più adeguata a un particolare contesto comunicativo. Alla dimensione sociolinguistica sono dedicati specifici spazi di approfondimento (**Lingua in uso**) sull'italiano contemporaneo.

> **LINGUA IN USO**
>
> **Uso dell'indicativo presente al posto del futuro semplice**
>
> Nella lingua parlata di uso comune usiamo l'indicativo presente al posto del futuro semplice con espressioni di tempo che indicano il futuro (*domani, fra poco, l'anno prossimo…*), soprattutto quando l'evento è sicuro (*Domani **vado** (= andrò) a Firenze*).
>
> È possibile esprimere con l'indicativo presente l'inizio imminente di un evento con *stare per* + infinito (***Sto per** partire*).

Esempio di Lingua in uso (*Obiettivo Grammatica 1*).

Obiettivo Grammatica presenta una ricca varietà di generi e tipologie testuali, che offrono modelli di uso linguistico e che sono rappresentativi di una determinata struttura della lingua, per esempio, l'uso dell'imperativo nei testi regolativi (regolamenti, istruzioni per l'uso), dei connettivi pragmatici interazionali nei testi argomentativi (interviste) e dei tempi passati nei testi narrativi (messaggi di blog, romanzi). I testi selezionati presentano contenuti motivanti per i diversi pubblici dell'Italiano L2, poiché fanno riferimento a temi di interesse per la cultura italiana e di attualità.

Obiettivo Grammatica propone varie tipologie di esercizi e attività, non solo in frasi, ma anche in testi, che favoriscono la comprensione dei contenuti di apprendimento attraverso la diversificazione dei formati (p. es. abbinamenti, *cloze*, cruciverba, completamenti, riordini, scelte multiple, trasformazioni, tecniche insiemistiche). Il volume predilige esercizi e attività di tipo chiuso, che agevolano l'acquisizione delle strutture della lingua e che consentono inoltre l'uso autonomo del volume da parte dello studente.

Obiettivo Grammatica è suddiviso in due Sezioni principali: la **Sezione 1** è dedicata al verbo, elemento centrale della frase, mentre la **Sezione 2** riguarda le restanti parti del discorso (articolo, nome, aggettivo, pronome, avverbio, preposizioni, connettivi). Ogni argomento linguistico è introdotto da una sintetica descrizione, seguita dalla presentazione dei contenuti linguistici per i vari livelli. I contenuti della Sezione 1 sono articolati in due parti: la prima **Forme**, la seconda **Usi e funzioni della lingua**. Gli argomenti della Sezione 2 presentano insieme i due aspetti (**Forme e usi**) e sono suddivisi in sottoargomenti sviluppati per livello di complessità crescente. La riflessione sui vari contenuti linguistici è sviluppata attraverso una ricca gamma di esercizi e attività per l'applicazione delle regole.

Gli argomenti linguistici presentano in genere riquadri con approfondimenti delle descrizioni grammaticali presentate.

> **Uso del pronome personale soggetto**
>
> In genere non usiamo il pronome personale soggetto (*Parl**ate** francese?*; *And**iamo** al cinema stasera?*) perché le desinenze del verbo contengono le informazioni sulla persona (*parl-**ate** = voi; and-**iamo** = noi*).
>
> In genere usiamo il pronome personale
> - quando non è chiaro il soggetto del verbo (*Luca e Maria parlano insieme, **lei** è molto disponibile*)
> - per mettere in evidenza il soggetto (***Io** oggi ho deciso di uscire!*)
> - per esprimere un contrasto (***Noi** restiamo a casa, ma **voi** uscite pure*).

Esempio di riquadro di approfondimento (*Obiettivo Grammatica 1*).

Obiettivo Grammatica è corredato da:
- **Test di controllo**, che offrono allo studente la possibilità di verificare l'apprendimento dei contenuti linguistici presentati
- **Tavole dei verbi** (*essere* e *avere*, regolari, irregolari), che rappresentano un supporto agevole e rapido allo studio
- **Soluzioni** di esercizi e attività, che lo studente può usare per lo studio autonomo.

Eleonora Fragai, Ivana Fratter, Elisabetta Jafrancesco

Simboli grafici utilizzati

*	attività/esercizio complesso
=	trasformazione linguistica equivalente
/	forma alternativa
⊃	rimando interno ad altro argomento
grassetto	fenomeno linguistico oggetto di riflessione
~~abcd~~	parola/frase non grammaticale
"parola/espressione"	spiegazione del significato

obiettivo grammatica

INDICE

pagina

SEZIONE 1 – VERBO

1. INDICATIVO 10
1.1. Indicativo – Presente di *essere* e *avere* 10
1.2. Indicativo – Presente 13
1.3. Indicativo – Presente dei verbi modali (*dovere*, *potere*, *volere*) 17
1.4. Indicativo – Passato prossimo 19
1.5. Indicativo – Imperfetto 23
1.6. Indicativo – Futuro semplice 26
1.7. Indicativo – Uso dei tempi passati (passato prossimo/imperfetto) 30
1.8. Indicativo – Verbi ausiliari (*essere*, *avere*) nei tempi composti 32

2. CONDIZIONALE 35
2.1. Condizionale – Semplice/Presente 35

3. IMPERATIVO 39

4. INFINITO 45
4.1. Infinito – Semplice/Presente 45

5. GERUNDIO 49
5.1. Gerundio – Semplice/Presente 49

6. PERIFRASI VERBALI/VERBI FRASEOLOGICI 52

7. FORMA RIFLESSIVA E PRONOMINALE DEL VERBO 54

8. PERIODO IPOTETICO 56

SEZIONE 2 – ARTICOLO, NOME, AGGETTIVO, PRONOME, AVVERBIO, PREPOSIZIONI, CONNETTIVI

1. ARTICOLO 60
1.1. Articolo determinativo 60
1.2. Articolo indeterminativo 65
1.3. Articolo partitivo 67

2. NOME 69
2.1. Maschile e femminile, singolare e plurale 69
2.2. Formazione del femminile 72

3. AGGETTIVO 75
3.1. Aggettivo qualificativo 75
    3.1.1. Maschile e femminile, singolare e plurale 75
    3.1.2. Gradi dell'aggettivo 78
3.2. Aggettivi e pronomi 81
    3.2.1. Possessivi 81
    3.2.2. Dimostrativi 85
    3.2.3. Indefiniti 88
    3.2.4. Interrogativi ed esclamativi 93
    3.2.5. Numerali 96

INDICE

4. PRONOME ... 99
- 4.1. Pronomi personali ... 99
  - 4.1.1. Pronomi soggetto ... 99
  - 4.1.2. Pronomi riflessivi ... 101
  - 4.1.3. Pronomi diretti ... 103
  - 4.1.4. Pronomi indiretti ... 107
  - 4.1.5. Pronomi allocutivi e forma di cortesia ... 110
  - 4.1.6. Pronomi personali: sintesi ... 112
- 4.2. Particelle pronominali *ci/vi*, *ne* ... 114
- 4.3. Pronomi relativi ... 116

5. AVVERBIO ... 118
- 5.1. Avverbi interrogativi, di giudizio, tempo, luogo, quantità, modo ... 118

6. PREPOSIZIONI ... 122
- 6.1. Preposizioni semplici (proprie) e articolate ... 122
- 6.2. Preposizioni improprie ... 127

7. CONNETTIVI ... 129
- 7.1. Connettivi/Congiunzioni coordinanti ... 129
- 7.2. Connettivi/Congiunzioni subordinanti ... 131

TEST – SEZIONE 1 ... 133
- 1.1. Test di controllo: modo indicativo (presente, passato prossimo, imperfetto, futuro semplice) ... 134
- 1.2. Test di controllo: modo condizionale (semplice), modo imperativo ... 136
- 1.3. Test di controllo: modo infinito (semplice), modo gerundio (semplice), perifrasi verbali ... 139
- 1.4. Test di controllo: forma riflessiva, pronominale e periodo ipotetico ... 141

TEST – SEZIONE 2 ... 144
- 2.1. Test di controllo: articolo (determinativo, indeterminativo, partitivo), nome, aggettivo ... 144
- 2.2. Test di controllo: pronomi (personali, relativi), *ci* locativo, *ne* partitivo, avverbi ... 146
- 2.3. Test di controllo: preposizioni (semplici, articolate, improprie), connettivi ... 149

TAVOLE DEI VERBI ... 151
- Tavola 1 – Verbi *essere* e *avere* ... 152
- Tavola 2 – Verbi regolari (*parlare*, *ripetere*, *partire*) ... 153
- Tavola 3 – Verbi irregolari ... 155

TABELLE GRAMMATICALI ... 160
- Articolo ... 161
- Nome ... 159
- Aggettivo ... 164
- Pronome ... 170
- Avverbio ... 173
- Preposizioni ... 174
- Connettivi ... 176

SOLUZIONI ... 179

SEZIONE 1
VERBO

1. INDICATIVO
1.1. Indicativo – Presente di *essere* e *avere*
1.2. Indicativo – Presente
1.3. Indicativo – Presente dei verbi modali (*dovere, potere, volere*)
1.4. Indicativo – Passato prossimo
1.5. Indicativo – Imperfetto
1.6. Indicativo – Futuro semplice
1.7. Indicativo – Uso dei tempi passati (passato prossimo/imperfetto)
1.8. Indicativo – Verbi ausiliari (*essere, avere*) nei tempi composti

2. CONDIZIONALE
2.1. Condizionale – Semplice/Presente

3. IMPERATIVO

4. INFINITO
4.1. Infinito – Semplice/Presente

5. GERUNDIO
5.1. Gerundio – Semplice/Presente

6. PERIFRASI VERBALI/VERBI FRASEOLOGICI

7. FORMA RIFLESSIVA E PRONOMINALE DEL VERBO

8. PERIODO IPOTETICO

1. INDICATIVO

Il modo indicativo esprime un'azione o una situazione come reale e certa. Si usa in frasi principali e subordinate. L'indicativo ha quattro tempi semplici (presente, imperfetto, futuro, passato remoto) e quattro tempi composti (passato prossimo, trapassato prossimo, futuro anteriore, trapassato remoto).

1.1. Indicativo - Presente di *essere* e *avere*

I verbi *essere* e *avere* hanno una coniugazione irregolare e un significato autonomo.

	essere	avere
(io)	sono	ho
(tu)	sei	hai
(lui/lei/Lei)	è	ha
(noi)	siamo	abbiamo
(voi)	siete	avete
(loro/Loro)	sono	hanno

➔ Tavola dei verbi *essere* e *avere*, p. 144

Esempi	Usiamo il verbo *essere*
– Ogni giorno **siamo** qui; **Sono** a casa e non esco.	– con il significato di "trovarsi" o "stare"
– La partita **è** domani.	– con il significato di "svolgersi" in un luogo o in un tempo
– **Ci sono** troppe spezie in questo piatto.	– con il significato di "esserci" ("essere presente")
– Il gatto **è un felino**; Quella ragazza **è simpatica**; Questo libro **è mio**; Paolo è **professore** di fisica.	– per unire il soggetto a un nome, a un aggettivo, a un pronome (senza significato autonomo) e indicare uno stato, una qualità, una funzione…
– **Siamo preoccupati** per la situazione.	– per indicare stati emotivi (essere felice, triste…)

Esempi	Usiamo il verbo *avere*
– Luca **ha** una bella casa; **Ho** buona memoria; Anna **ha** molte amicizie.	– con il significato di "possedere" oggetti, qualità, entità astratte
– Non **ho** più **fame**; Carlo **ha** ancora la febbre; Quei ragazzi **hanno** una salute di ferro.	– per indicare sensazioni fisiche (avere caldo, avere fame, avere freddo, avere paura, avere sete, avere sonno), stati e caratteristiche del soggetto
– Oggi **ho** la gonna.	– con il significato di "portare un vestito"
– Francesca **ha** venti anni.	– per indicare l'età
– Il bambino **ha** in mano un bicchiere; **Ho** molti animali a casa.	– con il significato di "tenere con una parte del corpo" o "tenere in un luogo"
– **Abbiamo** tre giorni per finire la relazione.	– con il significato di "avere a disposizione del tempo" per fare qualcosa

LINGUA IN USO

Uso dell'indicativo presente di *esserci*

Il verbo *esserci* in alcuni casi prende il significato di "esistere" (Non **ci sono** problemi).

1.1. Indicativo - Presente di essere e avere

1 Completa le frasi con il verbo *essere*. Abbina le frasi alle funzioni.

1. A: Buongiorno a tutti. Io _____ la vostra insegnante di italiano.
   B: Buongiorno! ☐

2. A: Scusa, sai se _____ hotel carini in questa zona?
   B: Penso di sì, ma controlla in Internet! ☐

3. A: Pronto? Se _____ al Caffè Italia, ci possiamo incontrare?
   B: Sì. Vieni. Ti aspetto. ☐

4. A: Come state?
   B: Benissimo. _____ felici perché domani andiamo in vacanza. ☐

5. A: Il concerto _____ domani sera al Teatro Verdi.
   B: Bene. Allora vengo da te e andiamo insieme. ☐

6. A: Che cosa _____ in frigorifero?
   B: Solo il latte. Dobbiamo fare la spesa. ☐

> **a.** "trovarsi" **b.** "esserci" **c.** unire il soggetto a (un nome) **d.** stati emotivi **e.** "svolgersi"

2 Completa le frasi con il verbo *avere*. Abbina le frasi alle funzioni.

1. A: Mi chiamo Pietro e _____ venti anni.
   B: Di dove sei? ☐

2. A: Vado a mangiare qualcosa. E tu, _____ fame?
   B: Beh, abbastanza. Possiamo andare in trattoria. ☐

3. A: Nella nostra biblioteca _____ libri di italiano per stranieri.
   B: Possiamo prenderli in prestito? ☐

4. A: Di solito le donne _____ abiti lunghi per una cerimonia.
   B: Sono d'accordo, perché sono eleganti. ☐

5. A: Giulia non _____ tempo di uscire. Vai tu a comprare le medicine?
   B: Certo. Non ci sono problemi. ☐

6. A: Voi _____ una casa molto bella. Complimenti!
   B: Grazie. Piace molto anche a noi. ☐

> **a.** "possedere" **b.** sensazioni fisiche **c.** "portare un vestito"
> **d.** indicare l'età **e.** "tenere in un luogo" **f.** "avere a disposizione del tempo"

obiettivo grammatica

FORME | **USI E FUNZIONI**

3 Completa le frasi con *essere/esserci* o *avere* all'indicativo presente.

1. Noi _____ tedeschi, di Berlino, ma ora abitiamo in Italia.
2. Io _____ amici italiani, perché vado spesso al mare in Sicilia.
3. Anna _____ stanca perché in questo periodo lavora molto.
4. I miei amici _____ un appartamento molto carino.
5. _____ tanti studenti che imparano la lingua italiana.
6. Marco, se _____ sete, puoi prendere un succo d'arancia.
7. Lisa _____ lezione di italiano la mattina dalle nove alle tredici.
8. Oggi _____ molto vento e fa freddo. Prendi una giacca.

4 Completa il testo con *essere/esserci* o *avere* all'indicativo presente.

Conosci l'Italia?

L'Italia è una penisola al centro del Mar Mediterraneo e (1) _____ due grandi isole, la Sicilia e la Sardegna. L'Italia ha la forma di uno stivale ed (2) _____ lunga e stretta.
In Italia (3) _____ tre tipi di clima: continentale freddo, continentale temperato e mediterraneo.
L'Italia ha due grandi catene di montagne: le Alpi al Nord, dove (4) _____ la montagna più alta, il Monte Bianco (4807 metri), e gli Appennini al Centro e al Sud.
L'Italia ha molte colline e poche pianure. La pianura più importante è la Pianura Padana.
L'Italia (5) _____ molti laghi. I laghi più grandi si trovano al Nord ai piedi delle Alpi e sono il Lago Maggiore, il Lago di Como e il Lago di Garda, che (6) _____ una forma lunga e stretta, perché sono nati dai ghiacciai.
L'Italia ha pochi grandi fiumi; il fiume più lungo è il Po.
In Italia (7) _____ tanti vulcani. Molti vulcani sono spenti, altri sono attivi, come l'Etna e il Vesuvio, che (8) _____ i più famosi.

1.2. Indicativo - Presente

Verbi regolari e verbi *essere* e *avere*

	-are	-ere	-ire		essere	avere
	parl-are	ripet-ere	part-ire	fin-ire		
(io)	parl-o	ripet-o	part-o	fin-isc-o	sono	ho
(tu)	parl-i	ripet-i	part-i	fin-isc-i	sei	hai
(lui/lei/Lei)	parl-a	ripet-e	part-e	fin-isc-e	è	ha
(noi)	parl-iamo	ripet-iamo	part-iamo	fin-iamo	siamo	abbiamo
(voi)	parl-ate	ripet-ete	part-ite	fin-ite	siete	avete
(loro/Loro)	parl-ano	ripet-ono	part-ono	fin-isc-ono	sono	hanno

Verbi irregolari

- **andare:** vado, vai, va, andiamo, andate, vanno
- **bere:** bevo, bevi, beve, beviamo, bevete, bevono
- **dare:** do, dai, dà, diamo, date, danno
- **dire:** dico, dici, dice, diciamo, dite, dicono
- **dovere:** devo, devi, deve, dobbiamo, dovete, devono
- **fare:** faccio, fai, fa, facciamo, fate, fanno
- **potere:** posso, puoi, può, possiamo, potete, possono
- **rimanere:** rimango, rimani, rimane, rimaniamo, rimanete, rimangono
- **scegliere:** scelgo, scegli, sceglie, scegliamo, scegliete, scelgono
- **sedere:** siedo, siedi, siede, sediamo, sedete, siedono
- **stare:** sto, stai, sta, stiamo, state, stanno
- **tenere:** tengo, tieni, tiene, teniamo, tenete, tengono
- **tradurre:** traduco, traduci, traduce, traduciamo, traducete, traducono
- **uscire:** esco, esci, esce, usciamo, uscite, escono
- **venire:** vengo, vieni, viene, veniamo, venite, vengono
- **volere:** voglio, vuoi, vuole, vogliamo, volete, vogliono

→ Tavola dei verbi irregolari, p. 147

PARTICOLARITÀ

I verbi della I coniugazione (-are) in

- *–care* e *–gare* (*cercare, spiegare*) prendono una *h* davanti alla *i* della desinenza (*Cerchi Anna?*; *Io e i miei amici cerchiamo un appartamento al mare per l'estate*).
- *–ciare, –giare, –sciare* (*cominciare, mangiare, lasciare*) perdono la *i* del tema verbale davanti alla *i* della desinenza (*A che ora cominci a lavorare?*; *Mangiamo togliere sottoleneatura stasera?*).
- *–iare* (*studiare*) perdono la *i* del tema verbale davanti alla desinenza della II persona singolare e della I persona plurale (*Ora studi matematica*; *Studiamo insieme questo pomeriggio?*).
- *–iare* (*inviare*) con *i* accentata sul tema, presentano due *ii* nella II persona singolare (*Invii tu la lettera a Maria?*).

I verbi della II coniugazione (-ere) in

- *–gliere* (*accogliere, scegliere*) cambiano in *lg* nella I persona singolare e nella III persona plurale (io/loro) (*Io accolgo gli ospiti in ingresso*; *Loro scelgono gli invitati*).

Alcuni verbi della III coniugazione (-ire)

- inseriscono il suffisso *–isc–* alla I, II, III persona singolare e alla III persona plurale. Seguono questo modello i verbi, *capire, costruire, finire, pulire, preferire, trasferire*.

obiettivo grammatica

FORME | **USI E FUNZIONI**

1a Completa il cruciverba con i verbi all'indicativo presente regolare.

Orizzontale
1. lei-vendere
3. tu-capire
5. loro-preparare
7. loro-chiedere
8. io-guardare

Verticale
2. voi-domandare
4. noi-partire
6. noi-scrivere

1b Completa il cruciverba con i verbi all'indicativo presente irregolare o particolarità.

Orizzontale
2. lei-stare
5. tu cercare
7. loro-mangiare
8. noi-dovere

Verticale
1. voi potere
3. noi spiegare
4. io-scegliere
6. tu-venire

2 Trasforma i verbi dal singolare al plurale e dal plurale al singolare, come nell'esempio.

singolare	plurale	singolare	plurale
1. io esco	*noi usciamo*	6. _____	noi ci chiamiamo
2. _____	loro possono	7. tu senti	_____
3. _____	voi parlate	8. _____	loro bevono
4. tu abiti	_____	9. io vengo	_____
5. lui si alza	_____	10. lei ha	_____

3 Scrivi l'infinito dei verbi all'indicativo presente.

1. so _____
2. vuole _____
3. dici _____
4. va _____
5. escono _____
6. paghiamo _____
7. mangiate _____
8. preferisco _____
9. facciamo _____

1.2. Indicativo - Presente

1.2. Indicativo - Presente

USI E FUNZIONI

Esempi	Usiamo il presente per esprimere
– Che cosa **fa** adesso Gianni in salotto?	– eventi in svolgimento al presente
– Dopo cena **bevo** sempre un caffè.	– azioni abituali
– La casa in montagna **è** nuova.	– qualità, caratteristiche del soggetto
– Chi **parte** domani per Assisi?	– eventi futuri, in genere con espressioni di tempo (p. es. *fra qualche ora, domani, la settimana prossima*)
– Se **vieni** a trovarmi al mare, ci divertiamo.	– condizioni reali al futuro nel periodo ipotetico
– Se vieni a trovarmi al mare, **ci divertiamo**.	– conseguenze reali al futuro nel periodo ipotetico

> **LINGUA IN USO**
>
> **Uso dell'indicativo presente al posto del futuro semplice**
> Nella lingua parlata di uso comune usiamo l'indicativo presente per esprimere un evento futuro (*Fra una settimana **tornano** (= torneranno) i miei genitori dalle vacanze*).

4 Completa le frasi con l'indicativo presente. Abbina le frasi alle funzioni.

1. A: La prossima settimana non (esserci) _____ lezione di economia.
   B: Bene così ho più tempo per studiare per l'esame!

2. A: Che cosa (tu-fare) _____ adesso?
   B: Niente di speciale.

3. A: Secondo me Carlo (avere) _____ un ottimo carattere.
   B: È proprio vero.

4. A: Che cosa fai di solito in estate?
   B: (io-trascorrere) _____ le vacanze dai miei nonni.

5. A: A che ora (andare) _____ a dormire i bambini?
   B: Di solito alle nove.

6. A: Se (voi-partire) _____ con il treno delle cinque, arrivate alle undici.
   B: Anche se è un po' presto lo prendiamo lo stesso.

7. A: Roberto viene con noi?
   B: Non lo so. Se viene, (io-avvertire) _____ tutti.

> **a.** azioni abituali **b.** qualità, caratteristiche **c.** eventi futuri
> **d.** eventi in svolgimento **e.** condizioni **f.** conseguenze

obiettivo grammatica

FORME | **USI E FUNZIONI**

5 Scrivi una frase con l'indicativo presente, come nell'esempio.

1. azioni abituali: ogni anno / io-fare / le vacanze al mare
   Ogni anno faccio le vacanze al mare.

2. qualità, caratteristiche: Lucia avere / gli occhi azzurri
   _____

3. condizioni e conseguenze: se / tu-volere superare / l'esame / tu-dovere studiare / di più
   _____

4. eventi in svolgimento: quale libro / tu-leggere / ora?
   _____

5. eventi futuri: nel pomeriggio alle cinque / io-prendere / il treno per Milano
   _____

6. azioni abituali: di solito / a merenda / i bambini mangiare / pane e cioccolata
   _____

7. qualità, caratteristiche: la scuola / trovarsi / nel centro della città
   _____

8. azioni abituali: ogni giorno / dopo pranzo / i nonni riposarsi / un po'
   _____

6 Completa il testo con i verbi all'indicativo presente.

Città o campagna?

Io (1. vivere) _____ con i miei genitori. Noi (2. abitare) _____ in una casa di campagna. La casa (3. essere) _____ molto spaziosa e anche moderna. Intorno alla casa (4. esserci) _____ un grande parco con molti alberi da frutto. (5. noi-avere) _____ molti animali: cani, gatti, galline, cavalli, asini. (6. essere) _____ bello vivere in mezzo alla campagna perché (7. esserci) _____ molta tranquillità. Purtoppo però io (8. lavorare) _____ in città e ogni mattina (9. dovere) _____ prendere il treno per andare al lavoro. Il viaggio (10. essere) _____ un po' lungo: (11. durare) _____ circa un'ora, ma io (12. preferire) _____ fare la pendolare piuttosto che vivere in città, dove (13. esserci) _____ sempre caos e confusione. I miei genitori invece (14. essere) _____ in pensione e per questo (15. restare) _____ a casa a curare il giardino e tutti i nostri bellissimi animali.

FORME | USI E FUNZIONI

1.3. Indicativo - Presente dei verbi modali (*dovere, potere, volere*)

FORME

	dovere	potere	volere
(io)	devo	posso	voglio
(tu)	devi	puoi	vuoi
(lui/lei/Lei)	deve	può	vuole
(noi)	dobbiamo	possiamo	vogliamo
(voi)	dovete	potete	volete
(loro/Loro)	devono	possono	vogliono

▶ Tavola dei verbi irregolari, p. 149

USI E FUNZIONI

Esempi	Usiamo il verbo
– Laura **deve** partire oggi.	– dovere: • per esprimere necessità, obblighi
– Alessandro **può** venire da noi. – **Posso** uscire prima dalla lezione? – Anna **può** camminare per ore, senza stancarsi.	– potere: • per esprimere possibilità • per chiedere il permesso • con il significato di "essere capace di" fare qualcosa
– Stasera **voglio** uscire alle otto dalla palestra.	– volere: • per esprimere intenzioni, volontà

Uso di *dovere, potere, volere, sapere*
I verbi modali
• non hanno la preposizione quando segue un infinito (***Posso** uscire?*)
• hanno significato autonomo, quando si usano senza l'infinito (***Voglio** un gelato*)
Il verbo *sapere* è un verbo modale quando significa "essere capace di" fare qualcosa (***So** sciare*).

1 Completa le frasi con *dovere, potere, volere*. Abbina le frasi alle funzioni.

1. A: Scusa, Marta. Dove possiamo fare la spesa?
   B: Al negozio qui vicino. È piccolo, ma _____ trovare tanti prodotti. ☐

2. A: Che cosa è necessario fare per spedire un pacco?
   B: Prima di tutto (Lei) _____ scrivere il nome del destinatario. ☐

3. A: Domani organizzo un pranzo per i miei colleghi di lavoro.
   B: Io, invece _____, restare a casa tranquillo. ☐

4. A: Scusi, _____ entrare?
   B: Sì. Entri pure. L'ufficio è aperto. ☐

obiettivo grammatica

FORME | **USI E FUNZIONI**

5. A: _____ cucinare piatti italiani?
   B: Veramente non sono una brava cuoca, però mi piacerebbe imparare.

6. A: Ragazzi, _____ fare silenzio! Non posso fare lezione altrimenti.
   B: Sì, scusi.

a. necessità, obblighi   b. chiedere il permesso   c. "essere capace di"
d. possibilità   e. intenzioni, volontà

2 Completa le frasi con *dovere, potere, volere* all'indicativo presente.

1. Con "Tram Open" i turisti _____ visitare Roma su un bus a due piani.
2. Se vogliamo fare bene il test di italiano, _____ studiare molto.
3. Se _____ fare una vacanza rilassante, scegliete un agriturismo in campagna.
4. Scusi, non abbiamo contanti. _____ pagare con la carta di credito?
5. Mi dispiace, stasera non posso uscire con voi, perché _____ scrivere alcune mail.
6. Marco non _____ venire al concerto, perché non gli piace la musica rap.
7. Per iscriversi al corso di italiano, i partecipanti _____ pagare entro domani.
8. Se non hai il tempo di andare nei negozi, _____ fare acquisti su Internet.

* 3 Completa il testo con *dovere, potere, volere* all'indicativo presente.

Vuoi imparare le lingue straniere?

Oggi è importante conoscere una lingua straniera per tanti motivi. E tu, (1) _____ imparare una lingua straniera? Se ancora non hai deciso, leggi i nostri consigli!
Per trovare un lavoro migliore, le persone (2) _____ parlare almeno due lingue: molte compagnie internazionali (3) _____ impiegati con buone competenze linguistiche, non solo in lingua inglese, per avere relazioni commerciali in tutto il mondo. Quindi, se le persone parlano una lingua straniera, (4) _____ avere più possibilità di successo nel lavoro!
Studiare le lingue significa non solo memorizzare vocaboli e imparare la grammatica, ma anche conoscere la cultura e le tradizioni di un nuovo paese. Imparare una nuova lingua (5) _____ aiutare a scoprire nuovi orizzonti, perché (6) (noi) _____ comunicare facilmente con persone che abitano in posti diversi.
Se confronti la tua mentalità con quella di persone che hanno opinioni differenti, hai l'opportunità anche di cambiare il tuo modo di vedere il mondo e diventare più aperto e tollerante verso gli altri.
Insomma ci sono tante ragioni per studiare le lingue straniere, ma non (7) _____ seguire per forza i nostri consigli, perché solo tu (8) _____ decidere che cosa è giusto tra tante possibilità.
Allora, che cosa aspetti? Comincia subito a imparare una nuova lingua.

obiettivo grammatica

FORME | USI E FUNZIONI

1.4. Indicativo - Passato prossimo

Il passato prossimo si forma in questo modo:

indicativo presente di *essere* o *avere* + participio passato del verbo

Verbi *essere* e *avere*

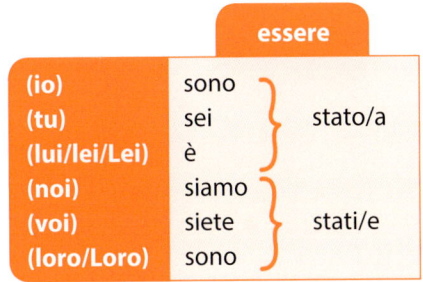

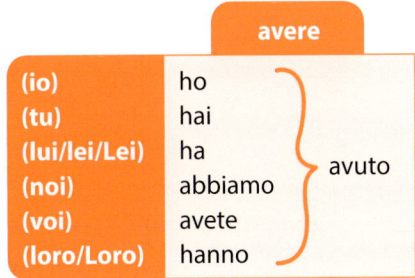

Participio passato dei verbi regolari

-are	-ere	-ire
parl-are	ripet-ere	part-ire
parl-ato	ripet-uto	part-ito

Scelta dell'ausiliare
- Con i verbi transitivi in genere formiamo il passato prossimo con l'ausiliare *avere* (**Ho** *mangiato la pizza*). Con molti verbi intransitivi (*Sara* **è** *andata a Firenze*), con i verbi riflessivi (*Ci* **siamo** *divertiti*) e con i verbi pronominali (*Mi* **sono** *accorto dell'errore*) usiamo l'ausiliare *essere*.
- Alcuni verbi formano il passato prossimo con entrambi gli ausiliari (**Ho** *cominciato le lezioni*; *Le lezioni* **sono** *cominciate*).

Accordo del participio passato
- Con i verbi che hanno l'ausiliare *essere* (intransitivi, pronominali, riflessivi) il participio passato si accorda con il soggetto (*Luisa è uscit**a** di casa alle otto; Anna si è annoiat**a** a morte; Le ragazze si sono alzat**e** presto*).
- Con i verbi che hanno l'ausiliare *avere* (transitivi, intransitivi) il participio passato rimane invariato (*Laura ha preparat**o** la cena; I bambini hanno viaggiat**o** in treno*).

Accordo del participio passato con i pronomi diretti e il partitivo *ne*
Con i verbi composti il participio passato si accorda con l'oggetto quando è preceduto
- dai pronomi atoni diretti *lo, la, li, le* (*Ho scritto la mail, ma non* **l'**ho inviat**a**)
- dal partitivo *ne* (*Hai fatto gli esercizi?* **Ne** *ho fatt**i** solo due*).

obiettivo grammatica

FORME | USI E FUNZIONI

Verbi irregolari al participio passato

I verbi in *–ere* sono in genere irregolari.

• **accendere:**	acceso	• **dire:**	detto	• **perdere:**	perso	• **scrivere:**	scritto
• **bere:**	bevuto	• **fare:**	fatto	• **piangere:**	pianto	• **spegnere:**	spento
• **chiedere:**	chiesto	• **leggere:**	letto	• **prendere:**	preso	• **vedere:**	visto
• **chiudere:**	chiuso	• **mettere:**	messo	• **rimanere:**	rimasto	• **vincere:**	vinto
• **cuocere:**	cotto	• **morire:**	morto	• **rispondere:**	risposto	• **vivere:**	vissuto
• **decidere:**	deciso	• **muovere:**	mosso	• **scegliere:**	scelto		
• **aprire:**	aperto	• **nascere:**	nato				

→ Tavola dei verbi irregolari, p. 148

1a Completa i verbi con *avere*.

1. (tu) _____ guardato; 2. (io) _____ capito; 3. (lui) _____ scelto; 4. (noi) _____ visto; 5. (lui) _____ portato; 6. (noi) _____ chiesto; 7. (voi) _____ risposto; 8. (loro) _____ messo

1b Completa i verbi con *essere*.

1. (loro) _____ arrivati; 2. (lei) si _____ annoiata; 3. (loro) _____ venute; 4. (lei) si _____ decisa; 5. (voi) _____ entrati; 6. (tu) ti _____ avvicinato; 7. (loro) _____ saliti; 8. (io) mi _____ divertito

2 Completa i verbi con le vocali finali: *-o, -a, -i, -e*, come nell'esempio.

1. Luisa è andat*a* via.
2. Gli amici sono venut___.
3. Francesca è entrat___.
4. Il professore è rimast___.
5. Abbiamo visitat___ Pisa.
6. Avete cucinat___ le verdure.
7. La segretaria è uscit___.
8. Le ragazze hanno organizzat___ la festa.
9. Hai vint___ il premio.
10. Le signore inglesi sono partit___.

* 3 Scrivi i verbi al passato prossimo, come nell'esempio.

verbo	passato prossimo	verbo	passato prossimo
1. loro-comprare	*hanno comprato*	9. loro-ricevere	_____
2. lui-pentirsi	_____	10. noi-vedere	_____
3. noi-scrivere	_____	11. voi-diventare	_____
4. io-nascere	_____	12. lui-rimanere	_____
5. tu-annoiarsi	_____	13. tu-finire	_____
6. lei-venire	_____	14. lei-divertirsi	_____
7. io-uscire	_____	15. noi-preparare	_____
8. voi-sentirsi	_____	16. io-dire	_____

1.4. Indicativo - Passato prossimo

| FORME | USI E FUNZIONI |

1.4. Indicativo - Passato prossimo

4 Trasforma dall'indicativo presente al passato prossimo e dal passato prossimo all'indicativo presente.

indicativo presente	passato prossimo	indicativo presente	passato prossimo
1. rispondi	*hai risposto*	1. dite	_____
2. _____	avete fatto	2. _____	ha letto
3. nasco	_____	3. ti lavi	_____
4. _____	abbiamo chiesto	4. _____	abbiamo chiuso
5. perde	_____	5. vieni	_____
6. _____	si sono allontanati/e	6. _____	mi sono trasferito/a
7. scrivete	_____	7. scelgono	togliere soluzione e mettere la riga
8. _____	sono rimasti/e		

5 Completa i verbi con le vocali finali: *-o, -a, -i, -e*, come nell'esempio.

1. *Ho visto* gli amici. Li ho vist**i**.
2. Ho preparato la cena. L'ho preparat____.
3. Abbiamo incontrato i colleghi. Li abbiamo incontrat____.
4. Avete visto le amiche. Le avete vist____.
5. Hanno mangiato gli spaghetti. Li hanno mangiat____.
6. Ho guardato un film. L'ho guardat____.
7. Hai sentito la notizia. L'hai sentit____.
8. Abbiamo trovato le chiavi. Le abbiamo trovat____.
9. Hai perso la giacca. L'hai pers____.
10. Ho fatto i compiti. Li ho fatt____.

Esempi	Usiamo il passato prossimo per esprimere
– Il mese scorso **sono andato** in vacanza a Napoli e **ho visitato** Piazza del Plebiscito.	– eventi o serie di eventi conclusi nel passato
– Da gennaio a novembre **ho lavorato** in banca.	– eventi conclusi nel passato in un periodo di tempo definito, con un inizio e una fine (*da… a…; per…; fino a…*)

➤ Indicativo - Uso dei tempi passati, p. 30

Uso di *già*, *non… ancora*, *non… mai* con il passato prossimo

Il passato prossimo si usa in genere con espressioni di tempo come *già*, *non… ancora*, *non… mai*, che si riferiscono a un periodo passato non definito (*Non siamo **mai** andati in Puglia; Andrea si è **già** laureato; Non ho **mai** studiato il tedesco*).

USI E FUNZIONI

6 Completa le frasi con il passato prossimo e indica la funzione: eventi o serie di eventi conclusi nel passato (A), eventi conclusi nel passato in un periodo di tempo definito (B).

                                                                                                         A   B

1. A: Per quanto tempo Chiara è restata a Parigi per studiare il francese?
   B: (rimanere) _____ da gennaio a giugno dell'anno scorso. ☐ ☐

2. A: Quando avete iniziato a frequentare il corso di italiano?
   B: (cominciare) _____ solamente una settimana fa. ☐ ☐

obiettivo grammatica

FORME | **USI E FUNZIONI**

A B

3. A: Non ho mai creduto nell'amore, fino a quando (conoscere) _____ la mia compagna.
   B: Sì, è una persona eccezionale! ☐ ☐

4. A: Ieri Alice e Giulia (discutere) _____ per un'ora.
   B: Forse era necessario. ☐ ☐

5. A: (voi-trasferirsi) _____ a Madrid tre anni fa, giusto?
   B: Sì. E ci troviamo molto bene. ☐ ☐

7 Abbina le parti di frasi, come nell'esempio.

1. *Domenica scorsa Laura*   hanno vinto   a. dei ragazzi simpatici.
2. Ieri mattina Antonio   hai vissuto   b. molto tardi.
3. Anna e Carla   ho mai studiato   c. un viaggio ai Caraibi.
4. Marcello e io   si è svegliato   d. *al concerto di Laura Pausini*
5. Alla festa Marco   si sono dimenticate   e. per due mesi all'estero?
6. Gianni e Luisa   ha conosciuto   f. la macchina nuova.
7. Finora io non   *è andata*   g. il giapponese.
8. L'anno scorso tu   abbiamo comprato   h. le chiavi in ufficio.

1. *è andata* (**d**) / 2. _____ (__) / 3. _____ (__) / 4. _____ (__) /
5. _____ (__) / 6. _____ (__) / 7. _____ (__) / 8. _____ (__)

* 8 Completa il testo con i verbi al passato prossimo.

BLOG – Consigli di viaggio: Monti Sibillini e Lago di Pilato

11 Maggio

Qualche settimana fa (1. io-proporre) _____ ai miei amici di fare trekking al Parco Nazionale dei Monti Sibillini e loro (2. accettare) _____ volentieri la proposta.
Io e un mio amico (3. partire) _____ da Perugia in macchina per andare a Foce, un piccolo paesino nelle Marche, dove (4. noi-incontrare) _____ altri amici. Dopo un caffè al bar, con i nostri zaini sulle spalle abbiamo iniziato l'escursione, che (5. durare) _____ circa tre ore (con delle pause naturalmente :) !).
Verso le undici (6. noi-arrivare) _____ al Lago di Pilato, un luogo misterioso e magico a circa 1940 metri di altezza, e (7. ammirare) _____ la bellezza del paesaggio e delle acque cristalline del lago. Francesco, che conosce bene la zona, ci (8. raccontare) _____ alcune leggende che riguardano quel posto.
Insomma (9. essere) _____ una bellissima escursione e, se ancora non ci (10. voi-andare) _____, vi consiglio di farlo!

💬 Lascia un commento   Leggi di più

1.4. Indicativo - Passato prossimo

1.5. Indicativo - Imperfetto

FORME

Verbi regolari e verbi *essere* e *avere*

	-are parl-are	-ere ripet-ere	-ire part-ire	essere	avere
(io)	parl-avo	ripet-evo	part-ivo	ero	avevo
(tu)	parl-avi	ripet-evi	part-ivi	eri	avevi
(lui/lei/Lei)	parl-ava	ripet-eva	part-iva	era	aveva
(noi)	parl-avamo	ripet-evamo	part-ivamo	eravamo	avevamo
(voi)	parl-avate	ripet-evate	part-ivate	eravate	avevate
(loro/Loro)	parl-avano	ripet-evano	part-ivano	erano	avevano

Verbi irregolari

- **bere:** bevevo, bevevi, beveva, bevevamo, bevevate, bevevano
- **dire:** dicevo, dicevi, diceva, dicevamo, dicevate, dicevano
- **fare:** facevo, facevi, faceva, facevamo, facevate, facevano
- **porre:** ponevo, ponevi, poneva, ponevamo, ponevate, ponevano
- **tradurre:** traducevo, traducevi, traduceva, traducevamo, traducevate, traducevano
- **trarre:** traevo, traevi, traeva, traevamo, traevate, traevano

▶ Tavola dei verbi irregolari, p. 155

1a Completa il cruciverba con i verbi all'indicativo imperfetto regolare.

Verticale
1. voi-domandare
2. loro-chiedere
4. noi-partire
5. io-guardare

Orizzontale
3. lui-vendere
6. tu-capire
7. loro-preparare
8. voi-scrivere

*1b Completa il cruciverba con i verbi all'indicativo imperfetto irregolare.

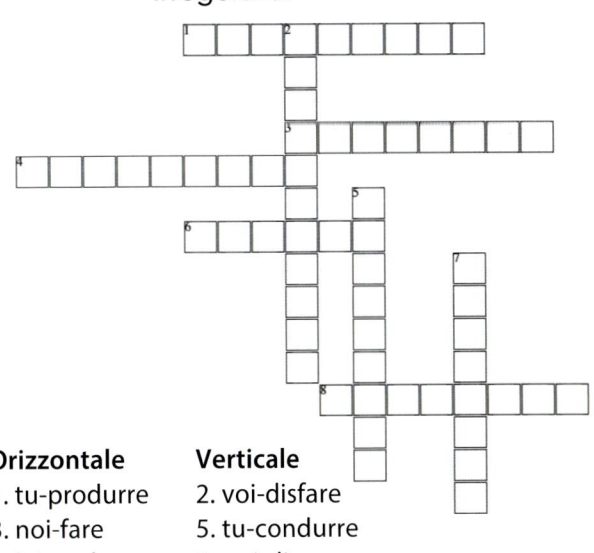

Orizzontale
1. tu-produrre
3. noi-fare
4. lei-tradurre
6. io-porre
8. loro-bere

Verticale
2. voi-disfare
5. tu-condurre
7. noi-dire

obiettivo grammatica

FORME | **USI E FUNZIONI**

2 Trasforma i verbi dal singolare al plurale e dal plurale al singolare, come nell'esempio.

singolare	plurale	singolare	plurale
1. io uscivo	*noi uscivamo*	6. io mi chiamavo	_____
2. _____	loro potevano	7. io sentivo	_____
3. _____	voi parlavate	8. _____	loro componevano
4. tu abitavi	_____	9. lui veniva	_____
5. lei si alzava	_____	10. _____	voi avevate

3 Trasforma i verbi dall'indicativo presente all'imperfetto.

1. so _____
2. vuole _____
3. dici _____

4. abitate _____
5. escono _____
6. paghiamo _____

7. mangiate _____
8. va _____
9. facciamo _____

USI E FUNZIONI

Esempi	Usiamo l'indicativo imperfetto per esprimere
– Ieri alle otto di sera **lavoravo** ancora (stavo ancora lavorando).	– **eventi in svolgimento** nel passato (si può sostituire con la perifrasi verbale *stare* + gerundio)
– La signora Rossi **si alzava** (aveva l'abitudine di alzarsi) sempre alle sette.	– **azioni abituali e ripetute** nel passato (si può sostituire con la perifrasi verbale *avere l'abitudine di* + infinito, *essere solito* + infinito)
– La casa **era** una vecchia costruzione. – Luca **era** stanco e nervoso. – La vicina **era** molto simpatica.	– descrizioni nel passato di • situazioni o persone • stati fisici o psicologici • qualità
– Mi scusi, **volevo** farLe una domanda.	– richieste cortesi (imperfetto di cortesia)

→ Indicativo - Uso dei tempi passati, p. 30

4 Completa le frasi con l'indicativo imperfetto. Abbina le frasi alle funzioni.

1. A: D'estate (io-fare) _____ sempre colazione con la frutta fresca.
   B: E d'inverno?

2. A: (essere) _____ una bella giornata di ottobre quando è successo quel brutto fatto.
   B: Che cosa è successo?

3. A: Mi parli di Francesca e Laura?
   B: (essere) _____ buone e generose come la loro madre.

1.5. Indicativo - Imperfetto

1.5. Indicativo - Imperfetto

4. A: Dove eri ieri alle tre?
   B: All'università e (discutere) _____ la tesi di laurea.

5. A: Prego, desidera?
   B: (volere) _____ un caffè macchiato, grazie.

6. A: Quando erano piccoli, a che ora (andare) _____ a dormire i bambini?
   B: Di solito alle nove.

a. azioni abituali **b.** qualità **c.** situazioni o persone **d.** eventi in svolgimento **e.** richieste cortesi

5 Trasforma i verbi sottolineati e scrivi la funzione, come nell'esempio.

funzione

1. Mio marito non <u>arriva</u> mai puntualmente al lavoro per il traffico.
   Mio marito non arrivava mai puntualmente al lavoro per il traffico.
   azioni abituali

2. Il mio vicino di casa <u>è</u> una persona onesta.

3. I bambini <u>hanno</u> paura del buio.

4. Che cosa <u>fai</u>?

5. D'estate i miei genitori <u>lavorano</u> molto nel nostro albergo.

6. <u>Vorrei</u> un caffè.

7. Il nonno mi <u>porta</u> sempre un regalo.

* 6 Completa il testo con i verbi all'indicativo imperfetto.

Io sono con te. La storia vera di Brigitte è un romanzo di Melania Mazzucco che racconta la storia di Brigitte, una rifugiata congolese, che si trova in Italia dove deve ricominciare a vivere perché nel suo Paese ha perso tutto: figli, lavoro e anche la sua dignità. Il romanzo aiuta a sfatare molti falsi miti sull'immigrazione. Nel testo che segue Brigitte racconta dei suoi fratelli in Congo.

I miei fratelli

Cyprien (1. avere) _____ dodici anni. Anche se (2. essere) _____ già alle medie, (3. frequentare) _____ la mia stessa scuola [...] Cyprien e io (4. essere) _____ gli ultimi Phakua. Di quattro figli che i miei genitori hanno messo al mondo, (5. restare) _____ solo noi. Mio fratello maggiore (6. chiamarsi) _____ Leonard Songo Mavinga. Quando nel 1989 lo hanno arruolato nell'esercito di Mobutu ed è partito per andare a combattere i ribelli a Kisangani, (7. io-avere) _____ solo quindici anni. Mi ricordo che mio fratello (8. piacere) _____ molto alle ragazze perché (9. avere) _____ la pelle nerissima, (10. essere) _____ molto più scuro di me e di Cyprien. (11. essere) _____ davvero bello. [...] Il secondo fratello (12. chiamarsi) _____ Valère ed era nato nel 1966, lo stesso anno di mio marito.

1.6. Indicativo – Futuro semplice

Verbi regolari e verbi *essere* e *avere*

	-are parl-are	-ere ripet-ere	-ire part-ire
(io)	parl-erò	ripet-erò	part-irò
(tu)	parl-erai	ripet-erai	part-irai
(lui/lei/Lei)	parl-erà	ripet-erà	part-irà
(noi)	parl-eremo	ripet-eremo	part-iremo
(voi)	parl-erete	ripet-erete	part-irete
(loro/Loro)	parl-eranno	ripet-eranno	part-iranno

	essere	avere
	sarò	avrò
	sarai	avrai
	sarà	avrà
	saremo	avremo
	sarete	avrete
	saranno	avranno

Verbi irregolari

Alcuni verbi in –*are* conservano la *a* della desinenza dell'infinito. Seguono questo modello *dare, fare, stare*.
In alcuni verbi cade la *e* della desinenza del futuro. Seguono questo modello *andare, cadere, dovere, potere, sapere, vedere, vivere*.
In alcuni verbi, cade la *e* della desinenza del futuro e la *r* raddoppia. Seguono questo modello *bere, porre, rimanere, tenere, tradurre, venire, volere*.

- **andare:** andrò, andrai, andrà, andremo, andrete, andranno
- **bere:** berrò, berrai, berrà, berremo, berrete, berranno
- **cadere:** cadrò, cadrai, cadrà, cadremo, cadrete, cadranno
- **dare:** darò, darai, darà, daremo, darete, daranno
- **dovere:** dovrò, dovrai, dovrà, dovremo, dovrete, dovranno
- **fare:** farò, farai, farà, faremo, farete, faranno
- **porre:** porrò, porrai, porrà, porremo, porrete, porranno
- **potere:** potrò, potrai, potrà, potremo, potrete, potranno
- **rimanere:** rimarrò, rimarrai, rimarrà, rimarremo, rimarrete, rimarranno
- **sapere:** saprò, saprai, saprà, sapremo, saprete, sapranno
- **stare:** starò, starai, starà, staremo, starete, staranno
- **tenere:** terrò, terrai, terrà, terremo, terrete, terranno
- **tradurre:** tradurrò, tradurrai, tradurrà, tradurremo, tradurrete, tradurranno
- **vedere:** vedrò, vedrai, vedrà, vedremo, vedrete, vedranno
- **venire:** verrò, verrai, verrà, verremo, verrete, verranno
- **vivere:** vivrò, vivrai, vivrà, vivremo, vivrete, vivranno
- **volere:** vorrò, vorrai, vorrà, vorremo, vorrete, vorranno

Tavola dei verbi irregolari, p. 155

PARTICOLARITÀ

I verbi della I coniugazione (-are)
- in –*care* e –*gare* (*cercare, spiegare*) prendono una *h* davanti alla *e* della desinenza (*Laura cercherà una casa a Roma*).
- in –*ciare*, –*giare*, –*sciare* (*cominciare, mangiare, lasciare*) perdono la *i* del tema verbale davanti alla *e* della desinenza (*Anna comincerà il corso di italiano lunedì*).
- con il tema verbale terminante in –*e* (*creare*) conservano la *e* davanti alla *e* della desinenza (*L'azienda creerà una nuova linea di prodotti*).

FORME | USI E FUNZIONI

1.6. Indicativo - Futuro semplice

1a Completa il cruciverba con i verbi all'indicativo futuro regolare.

Verticale
1. voi-ascoltare
4. noi-partire
5. lei-parlare
7. loro-ricevere

Orizzontale
2. loro-scendere
3. io-abitare
6. tu-preferire
8. noi-vendere

1b Completa il cruciverba con i verbi all'indicativo futuro irregolare o particolarità.

Verticale
1. tu-rimanere
2. io-cercare
3. lui-cominciare
5. voi-fare
6. lei-spiegare

Orizzontale
4. loro-volere
7. tu-vivere
8. voi-creare

2 Trasforma i verbi dal singolare al plurale e dal plurale al singolare, come nell'esempio.

singolare	plurale	singolare	plurale
1. *io dovrò*	noi dovremo	6. _____	loro sapranno
2. io mangerò	_____	7. lui potrà	_____
3. tu finirai	_____	8. _____	noi vivremo
4. _____	loro partiranno	9. _____	loro telefoneranno
5. _____	voi andrete	10. io vorrò	_____

3 Trasforma i verbi dall'indicativo presente al futuro semplice.

1. leggo _____
2. chiami _____
3. vivete _____
4. facciamo _____
5. rimangono _____
6. ascolta _____
7. deve _____
8. finisci _____
9. mi diverto _____

obiettivo grammatica

FORME | **USI E FUNZIONI**

USI E FUNZIONI

Esempi	Usiamo il futuro semplice per
– Domani sera **torneremo** tardi da Roma.	– fare previsioni
– Il prossimo anno **farò** un corso di informatica.	– fare progetti
– Stasera Rai 1 **trasmetterà** "La vita è bella".	– comunicare notizie e annunci
– Se **farà** bel tempo, uscirò.	– esprimere condizioni reali al futuro nel periodo ipotetico
– Se farà bel tempo, **uscirò**.	– esprimere conseguenze reali al futuro nel periodo ipotetico

LINGUA IN USO

Uso dell'indicativo presente al posto del futuro semplice

Nella lingua parlata di uso comune usiamo l'indicativo presente al posto del futuro semplice con espressioni di tempo che indicano il futuro (*domani, fra poco, l'anno prossimo…*), soprattutto quando l'evento è sicuro (*Domani **vado*** (= andrò) *a Firenze*).
È possibile esprimere con l'indicativo presente l'inizio imminente di un evento con *stare per* + infinito (***Sto per** partire*).

4 Completa le frasi con il futuro semplice. Abbina le frasi alle funzioni.

1. **A:** Quando hai tempo, mi aiuti a spostare l'armadio dall'ingresso nella mia camera?
   B: Certo. Se sabato (essere) _____ libero, lo faccio volentieri.

2. **A:** Che cosa farete nel fine settimana?
   B: Probabilmente (andare) _____ in campagna a trovare dei nostri amici.

3. **A:** Scusi, professore, qual è l'orario definitivo delle lezioni?
   B: Le lezioni (essere) _____ il giovedì pomeriggio dalle 16:00 alle 18:00.

4. **A:** Francesco, che cosa farai dopo la laurea?
   B: (visitare) _____ un paese che non conosco.

5. **A:** C'è un bel concerto sabato. Io vorrei andarci. E tu?
   B: Sì. Ci (potere) _____ andare insieme, se il biglietto non costa troppo.

a. fare previsioni **b.** fare progetti **c.** comunicare notizie e annunci
d. conseguenze reali **e.** condizioni reali

28   1.6. Indicativo - Futuro semplice

1.6. Indicativo - Futuro semplice

5 Trasforma i verbi sottolineati al futuro semplice e scrivi la funzione, come nell'esempio.

funzione

1. Si comunica che l'esame si svolge *si svolgerà* lunedì prossimo. — *comunicare notizie e annunci*
2. Nelle scuole la tecnologia si diffonde _____ sempre di più.
3. Compro _____ una casa al mare.
4. Se stasera usciamo _____, ti telefoneremo.
5. Voi rimanete _____ a cena da noi, vero?
6. Si avverte che i clienti possono _____ avere il rimborso del biglietto.
7. Vengo _____ con te a fare la spesa volentieri.
8. Se farà molto freddo, restiamo _____ a casa.

6 Completa il testo con i verbi al futuro semplice.

Che cosa farò "da grande"?

Tante volte penso a che cosa farò nella mia vita. Il mio sogno è fare la veterinaria, perché amo molto gli animali e la natura. Questo lavoro mi (1. dare) _____ molta soddisfazione. Però, per realizzare il mio sogno, (2. dovere) _____ studiare tanti anni all'università e allora ho qualche dubbio.
Fortunatamente la mia amica Daniela è veterinaria, lavora presso l'Ente nazionale protezione animali, e (3. cercare) _____ di darmi tutti i consigli necessari. Anche i miei genitori mi (4. aiutare) _____ e, quando (5. io-avere) _____ delle difficoltà, le (6. noi-superare) _____ insieme. Così penso

al futuro con ottimismo, perché la mia famiglia e i miei amici sono un punto di riferimento molto importante.
Il prossimo mese (7. io-andare) _____ a dare una mano a Daniela in ambulatorio e così (8. capire) _____ meglio come è il lavoro con gli animali domestici.

1.7. Indicativo – Uso dei tempi passati (passato prossimo/imperfetto)

Raccontare al passato

Usiamo il passato prossimo per esprimere	Usiamo l'imperfetto per esprimere
– eventi o serie di eventi conclusi nel passato	– eventi in svolgimento nel passato (si può sostituire con la perifrasi verbale *stare* + gerundio)
Ieri Paolo **è andato** a Venezia e **ha visto** il Palazzo Ducale.	In quel periodo Anna **studiava** ancora a Londra (stava ancora studiando).
– eventi conclusi nel passato in un periodo di tempo definito, con un inizio e una fine (*da… a…; per…; fino a…*)	– azioni abituali e ripetute nel passato (si può sostituire con la perifrasi verbale *avere l'abitudine di* + infinito, *essere solito* + infinito)
Sono restato a Roma da lunedì a giovedì.	In vacanza **facevamo** (avevamo l'abitudine di fare) sempre lunghe passeggiate.
	– descrizioni nel passato di • situazioni o persone • stati fisici o psicologici • qualità
	Ieri **pioveva** e **faceva** freddo. Anna **era** riposata e allegra. La città **era** molto antica.
	– richieste cortesi (imperfetto di cortesia)
	Senta, **volevo** chiederle un'informazione.

1 Completa le frasi con il passato prossimo e l'indicativo imperfetto. Abbina le frasi alle funzioni.

1. A: Che cosa facevi da giovane le sere d'inverno?
   B: In genere (leggere) _____ un bel libro davanti al camino. ☐

2. A: Beatrice ieri (essere) _____ molto nervosa.
   B: Forse lavora troppo in questo periodo. ☐

3. A: Quanto tempo siete stati in Brasile?
   B: Ci (restare) _____ per due anni. ☐

4. A: Che cosa ricordi del paese dove sei nata?
   B: (esserci) _____ tanti palazzi antichi e una bella piazza. ☐

5. A: Posso aiutarvi?
   B: (volere) _____ vedere delle magliette, grazie. ☐

6. A: Avete parlato con il professore?
   B: No, perché quando siamo arrivati, lui (stare) _____ partendo. ☐

1.7. Indicativo - Uso dei tempi passati (passato prossimo/imperfetto)

FORME | USI E FUNZIONI

7. A: Lorenzo (avere) _____ fame e gli ho comprato una pizza.
   B: Una pizza va sempre bene.

8. A: Hai telefonato a Michela?
   B: Sì. L' (chiamare) _____ questa mattina.

a. eventi conclusi nel passato   b. eventi conclusi nel passato in un periodo di tempo definito
c. azioni abituali   d. descrizioni di situazioni o persone   e. descrizioni di stati fisici o psicologici
f. eventi in svolgimento   g. richieste cortesi

2 Abbina le parti di frasi, come nell'esempio.

1. *L'altra sera Simona*   stava telefonando   a. sempre a calcio.
2. Da piccoli tu e Antonio   mi sentivo   b. al signor Bianchi.
3. Ieri le studentesse   sono restati   c. dell'appuntamento.
4. Prima la segretaria   giocavate   d. *a teatro con gli amici.*
5. Gli impiegati   non si sono ricordate   e. quanto dobbiamo pagare.
6. Nei giorni scorsi io   volevamo sapere   f. in ufficio fino alle dieci.
7. Scusi, io e mia moglie   *è andata*   g. stanco e debole.

1. *è andata (d)* / 2. _____ ( ) / 3. _____ ( ) / 4. _____ ( ) /
5. _____ ( ) / 6. _____ ( ) / 7. _____ ( )

* 3 Completa il testo con i verbi al passato prossimo e all'indicativo imperfetto.

Vacanze di tanti anni fa

Da piccolo (1. io-trascorrere) _____ le vacanze con la mia famiglia. Di solito (2. noi-andare) _____ a trovare i nonni nella loro casa in montagna. Mio fratello, che è più grande di me, (3. avere) _____ molti amici e io (4. uscire) _____ sempre con loro o con i miei cugini. È stato così fino all'età di sedici anni, quando (5. cominciare) _____ ad andare in vacanza con i miei amici e nel 1982 (6. fare) _____ il mio primo viaggio da solo.
Mi ricordo che un giorno d'estate (7. noi-ritrovarsi) _____ in piazza, (8. decidere) _____ di andare in campeggio al mare e (9. andare) _____ a casa a prendere le nostre tende. In quel periodo (10. essere) _____ facile divertirsi con cose semplici e io (11. sentirsi) _____ felice.
Da allora (12. cercare) _____ di fare vacanze alternative e a contatto con la natura. Ora penso spesso con piacere a quella prima vacanza da "grande".

1.8. Indicativo – Verbi ausiliari (*essere*, *avere*) nei tempi composti

I verbi *essere* e *avere* servono per formare i tempi composti e si chiamano "ausiliari", cioè "che aiutano".

Passato prossimo di *essere*		Passato prossimo di *avere*	
(io) **sono stato**		(io) **ho avuto**	
indicativo presente di *essere*	participio passato del verbo	indicativo presente di *avere*	participio passato del verbo

Scelta dell'ausiliare nei tempi composti

verbi con *essere*	verbi con *avere*
– *essere* **Sono stato** a Roma.	– *avere* Luca **ha avuto** pazienza.
– intransitivi La donna **è entrata** in casa.	– transitivi **Ho comprato** un'auto nuova.
– riflessivi Laura **si è vestita** in fretta.	– intransitivi Mario **ha viaggiato** molto.
– modali Laura **è dovuta andare** a casa.	– modali Laura **ha dovuto telefonare** a Luca.

Verbi intransitivi*

I verbi intransitivi nei tempi composti hanno l'ausiliare *essere* o l'ausiliare *avere*.
Hanno l'ausiliare *essere* i verbi intransitivi
- *essere, restare, rimanere, stare*…, che esprimono il complemento di stato in luogo (**Sono** stato **a casa**)
- *andare, arrivare, venire, tornare*…, che esprimono il complemento di moto a luogo e indicano una direzione/destinazione (**Sono** andato **al mare**)
- *cadere, venire, uscire*…, che esprimono una provenienza (**Sono** caduto **dalla sedia**)
- *diventare, invecchiare, nascere, morire*…, che indicano cambiamento (*Anna* **è** *diventata una bella ragazza*).

Hanno l'ausiliare *avere* i verbi intransitivi
- di movimento *ballare, camminare, nuotare, passeggiare, sciare, viaggiare*…, che indicano attività fisica/sportiva o movimento in senso assoluto (*Carlo* **ha** *ballato con Virginia*)
- *abbaiare, miagolare, ululare*…, che indicano versi di animali (*Il cane* **ha** *abbaiato al postino*).

Verbi transitivi*

I verbi transitivi *ascoltare, bere, conoscere, guardare*… nei tempi composti hanno l'ausiliare *avere* (**Ho** *ascoltato la radio; Oggi* **ho** *bevuto un succo d'arancia*).

*****Verbi intransitivi e transitivi**
I verbi intransitivi non possono avere il complemento oggetto. I verbi transitivi hanno il complemento oggetto.

FORME | USI E FUNZIONI

1.8. Indicativo - Verbi ausiliari (*essere*, *avere*) nei tempi composti

> **Verbi modali** (*dovere, potere, volere*)
> I verbi modali
> - hanno l'ausiliare *avere* quando dopo non segue un infinito (*Sei tornato? Sì, **ho** dovuto*).
> - hanno in genere l'ausiliare richiesto dall'infinito che segue (***Sono** voluto **restare** a casa; **Ho** voluto **mangiare** il dolce*).

1 Indica quando il verbo vuole l'ausiliare *essere* (A) o *avere* (B) e completa le frasi al passato prossimo.

A   B

1. A: I tuoi amici di Palermo arriveranno domani?
   B: No. _____ già arrivati ieri sera.

2. A: Lavori sempre nella stessa ditta?
   B: No. _____ cambiato lavoro il mese scorso.

3. A: Siete brave a scuola?
   B: Sì. _____ diventate molto brave in matematica e in geografia.

4. A: Finalmente sono in vacanza!
   B: Davvero? _____ già finito tutti gli esami?

5. A: Che cosa fai in genere durante l'estate?
   B: Dipende. L'anno passato _____ viaggiato per l'Italia in treno.

6. A: Dove sono gli studenti?
   B: Due studenti _____ tornati in classe, gli altri sono ancora fuori.

7. A: Sei andato in piscina?
   B: Sì, e _____ nuotato molto.

8. A: Perché non siete venuti con noi?
   B: Perché _____ voluti restare a casa a studiare.

9. A: Marco non è andato alla festa?
   B: No. _____ stato a casa mia tutta la sera.

10. A: Hai l'aria molto stanca.
    B: Sì. I cani _____ abbaiato tutta la notte e ho dormito poco.

obiettivo grammatica

FORME | **USI E FUNZIONI**

2 Trasforma le frasi dall'indicativo presente al passato prossimo.

1. Ragazzi, avete freddo?
2. Questa mattina mi alzo presto.
3. Oggi cammini molto.
4. Gli studenti vanno al convegno.
5. Per tre anni ho una casa in montagna.
6. Ragazze, siete in biblioteca?
7. Prima di partire salutate gli amici.
8. Carlo e io vogliamo ritornare a piedi.
9. Lia e Sofia escono con amici.
10. I Bianchi possono comprare una casa.

3 Completa il testo al passato prossimo con l'ausiliare *essere* o *avere*.

Elisa scrive sul suo diario come ha passato la domenica

Caro diario,
oggi (1) _____ rimast___ a casa tutto il giorno e (2) mi _____ annoiat___, ma ieri (3) _____ stat___ una giornata fantastica. Monique e io (4) _____ volut___ andare a Siena e ci (5) _____ restat___ tutto il giorno. Monique, infatti, non conosceva la città e voleva assolutamente vederla.
La mattina ci (6) _____ dovut___ svegliare presto per prendere la corriera delle otto e (7) _____ arrivat___ a Siena dopo le nove. Era una giornata splendida. (8) _____ sces___ dal pullman e ci (9) _____ fermat___ in un caffè di Via Banchi di Sopra, dove (10) _____ fatt___ colazione. Poi ci (11) _____ dirett___ in Piazza del Campo e (12) _____ visitat___ il Palazzo pubblico e il Museo civico, dove (13) _____ ammirat___ le famose opere di Ambrogio Lorenzetti e di Simone Martini, e di altri importanti artisti del Trecento e del Quattrocento. Dopo una breve sosta in una piccola trattoria per il pranzo, (14) _____ passeggiat___ per la città e poi (15) _____ vist___ la Cattedrale di Santa Maria Assunta, con lo splendido pavimento di marmo. Monique, che studia storia dell'arte medievale, (16) _____ rimast___ incantata dal pulpito di Nicola Pisano. Più tardi, verso le cinque, (17) _____ pres___ una cioccolata calda e poi (18) _____ tornat___ a Firenze con la corriera delle sei...

1.8. Indicativo - Verbi ausiliari (*essere, avere*) nei tempi composti

obiettivo grammatica

FORME | USI E FUNZIONI

2. CONDIZIONALE

Il modo condizionale esprime un'azione o una situazione come possibile o realizzabile. Si usa in frasi principali e subordinate. Il condizionale ha due tempi (semplice e composto).

2.1. Condizionale - Semplice/Presente

FORME

Verbi regolari e verbi *essere* e *avere*

	-are parl-are	-ere ripet-ere	-ire part-ire	essere	avere
(io)	parl-erei	ripet-erei	part-irei	sarei	avrei
(tu)	parl-eresti	ripet-eresti	part-iresti	saresti	avresti
(lui/lei/Lei)	parl-erebbe	ripet-erebbe	part-irebbe	sarebbe	avrebbe
(noi)	parl-eremmo	ripet-eremmo	part-iremmo	saremmo	avremmo
(voi)	parl-ereste	ripet-ereste	part-ireste	sareste	avreste
(loro/Loro)	parl-erebbero	ripet-erebbero	part-irebbero	sarebbero	avrebbero

Verbi irregolari

Alcuni verbi in *–are* conservano la *a* della desinenza dell'infinito. Seguono questo modello *dare*, *fare*, *stare*.
In alcuni verbi, cade la *e* della desinenza del condizionale. Seguono questo modello *andare*, *cadere*, *dovere*, *potere*, *sapere*, *vedere*, *vivere*.
In alcuni verbi cade la *e* della desinenza del condizionale e la *r* raddoppia. Seguono questo modello *bere*, *porre*, *rimanere*, *tenere*, *tradurre*, *venire*, *volere*.

- **andare:** andrei, andresti, andrebbe, andremmo, andreste, andrebbero
- **bere:** berrei, berresti, berrebbe, berremmo, berreste, berrebbero
- **cadere:** cadrei, cadresti, cadrebbe, cadremmo, cadreste, cadrebbero
- **dare:** darei, daresti, darebbe, daremmo, dareste, darebbero
- **dovere:** dovrei, dovresti, dovrebbe, dovremmo, dovreste, dovrebbero
- **fare:** farei, faresti, farebbe, faremmo, fareste, farebbero
- **porre:** porrei, porresti, porrebbe, porremmo, porreste, porrebbero
- **potere:** potrei, potresti, potrebbe, potremmo, potreste, potrebbero
- **rimanere:** rimarrei, rimarresti, rimarrebbe, rimarremmo, rimarreste, rimarrebbero
- **sapere:** saprei, sapresti, saprebbe, sapremmo, sapreste, saprebbero
- **stare:** starei, staresti, starebbe, staremmo, stareste, starebbero
- **tenere:** terrei, terresti, terrebbe, terremmo, terreste, terrebbero
- **tradurre:** tradurrei, tradurresti, tradurrebbe, tradurremmo, tradurreste, tradurrebbero
- **vedere:** vedrei, vedresti, vedrebbe, vedremmo, vedreste, vedrebbero
- **venire:** verrei, verresti, verrebbe, verremmo, verreste, verrebbero
- **vivere:** vivrei, vivresti, vivrebbe, vivremmo, vivreste, vivrebbero
- **volere:** vorrei, vorresti, vorrebbe, vorremmo, vorreste, vorrebbero

➔ Tavola dei verbi irregolari, p. 155

obiettivo grammatica

FORME | **USI E FUNZIONI**

PARTICOLARITÀ

I verbi della I coniugazione (-are)
- in –care e –gare (*cercare, spiegare*) prendono una *h* davanti alla *e* della desinenza (*Giulio cercherebbe un lavoro occasionale*).
- in –ciare, –giare, –sciare (*cominciare, mangiare, lasciare*) perdono la *i* del tema verbale davanti alla *e* della desinenza (*Laura comincerebbe la relazione oggi*).
- con il tema terminante in –e (*creare*) conservano la *e* davanti alla *e* della desinenza (*Il professore creerebbe una nuova atttività didattica*).

1a Completa il cruciverba con i verbi al condizionale semplice regolare.

1b Completa il cruciverba con i verbi al condizionale semplice irregolare.

Verticale
1. voi-domandare
3. loro-chiedere
6. noi-scrivere

Orizzontale
2. noi-offrire
4. loro-chiamare
5. tu-capire
7. lei-prendere
8. io-salutare

Verticale
1. lei-dare
2. loro-venire
4. noi-cercare
6. voi-creare

Orizzontale
3. io-mangiare
5. io-rimanere
7. noi-volere
8. lui-pagare

2 Trasforma i verbi dal singolare al plurale e dal plurale al singolare, come nell'esempio.

singolare	plurale	singolare	plurale
1. lui farebbe	*loro farebbero*	6. _____	noi vorremmo
2. _____	loro potrebbero	7. _____	voi mangereste
3. lei abbraccerebbe	_____	8. io partirei	_____
4. _____	voi dovreste	9. tu verresti	_____
5. io mi stancherei	_____	10. _____	loro sarebbero

2.1. Condizionale Semplice/Presente

2.1. Condizionale Semplice/Presente

FORME

3 Trasforma i verbi dall'indicativo presente al condizionale semplice.

1. sapete _____
2. litigo _____
3. dici _____
4. festeggia _____
5. dormo _____
6. possiamo _____
7. vanno _____
8. hai _____
9. tenete _____

USI E FUNZIONI

Esempi	Usiamo il condizionale semplice per
– **Andrei** a Parigi anche subito. / **Vorrei** anche la tua opinione.	– esprimere desideri/volontà in forma attenuata
– Casomai **prenderei** il treno la sera. / Che cosa **dovrei** fare?	– esprimere eventualità/dubbi
– **Saprebbe** dirmi che ore sono?	– esprimere richieste cortesi
– **Dovresti** studiare di più. / **Potresti** uscire con noi stasera.	– dare consigli/suggerimenti

LINGUA IN USO
Uso dell'indicativo imperfetto al posto del condizionale semplice
Nella lingua parlata di uso comune usiamo l'imperfetto indicativo al posto del condizionale semplice per esprimere in modo cortese una richiesta o un desiderio (*Mi scusi,* **volevo** *(= vorrei) farLe una domanda*).

4 Completa le frasi con il condizionale semplice. Abbina le frasi alle funzioni.

1. A: Questo anno voglio perdere almeno tre chili.
   B: Per cominciare, (Lei-dovere) _____ mangiare meno dolci! ☐

2. A: Ciao a tutti, vado via. Domani mi dovrò alzare presto.
   B: Un attimo, per favore, (tu-accompagnare) _____ Anna a casa? ☐

3. A: Fra una settimana è il compleanno di Marta e non so ancora che regalo farle.
   B: Io le (regalare) _____ un *tablet*, ma non sono sicuro. ☐

4. A: Ragazzi, inviterete alla cena anche Lorenzo?
   B: Lo (invitare) _____ volentieri, ma non abbiamo il suo numero di telefono. ☐

5. A: Voglio mangiare in modo più sano.
   B: Al posto tuo, io (seguire) _____ una dieta vegetariana. ☐

a. eventualità/dubbi **b.** desideri/volontà in forma attenuata
c. consigli/suggerimenti **d.** richieste cortesi

obiettivo grammatica

FORME | **USI E FUNZIONI**

5 Scrivi una frase con il condizionale semplice dei verbi sottolineati, come nell'esempio.

1. richiesta cortese: <u>Chiudi</u> la finestra, per favore? Fa freddo.
   Chiuderesti la finestra, per favore? Fa freddo.

2. desiderio/volontà in forma attenuata: Ha qualche ora libera e <u>guarda</u> volentieri la tv.
   _____

3. consiglio/suggerimento: Hai una brutta tosse. Per me, <u>devi</u> andare dal medico.
   _____

4. eventualità/dubbio: Che cosa <u>posso</u> portare ai Signori Rossi come regalo?
   _____

5. consiglio/suggerimento: Laura, <u>dobbiamo</u> cercare di arrivare in orario all'incontro.
   _____

6. eventualità/dubbio: I biglietti aerei sono esauriti, ma non importa perché eventualmente <u>partono</u> in nave.
   _____

7. richiesta cortese: Signora, <u>sa</u> dirmi a che ora passa l'ultimo autobus?
   _____

8. desiderio/volontà in forma attenuata: Oggi voi <u>volete</u> uscire un'ora prima dal lavoro, lo so.
   _____

6 Completa il testo con il condizionale semplice.

Una e-mail a un amico

Nuovo messaggio
A: Francesco95@gmail.com
Oggetto: Come stai?

Caro Francesco,
grazie per la tua ultima e-mail e per le notizie sulla tua nuova vita romana. Ora ti aggiorno con le mie ultime novità. Quest'anno ho fatto la maturità, ma ora (1. io-dovere) _____ decidere che cosa fare nel futuro. Come sai, (2. io-volere) _____ iscrivermi a Studi umanistici e nelle prossime settimane cercherò di capire se frequentare l'università qui a Firenze, oppure se iscrivermi in un ateneo più piccolo, come Perugia. Io amo stare in luoghi tranquilli! A Perugia (3. abitare) _____ con una mia amica, che studia Agraria in quella città. Al momento vive da sola, ma le spese sono troppe e sta cercando qualcuno con cui dividere la casa. Insieme (4. aiutarsi) _____ e ci faremmo compagnia. Ovviamente nel fine settimana (5. io-tornare) _____ a Firenze, così (6. stare) _____ con i miei, ma qualche volta anche loro (7. potere) _____ venire da me. Se realizzerò davvero questo progetto, mi (8. fare) _____ piacere fare un salto da te a Roma, che non dista molto da Perugia.
Per ora è tutto, ma ti scriverò di nuovo presto.

Ciao ciao da Sofia

obiettivo grammatica

FORME | **USI E FUNZIONI**

3. IMPERATIVO

Il modo imperativo può esprimere un ordine/un comando o un divieto. Si usa in frasi indipendenti. L'imperativo ha solo un tempo semplice (presente).

Verbi regolari e verbi *essere* e *avere*

	-are parl-are	-ere ripet-ere	-ire part-ire
tu	parl-a	ripet-i	part-i
noi	parl-iamo	ripet-iamo	part-iamo
voi	parl-ate	ripet-ete	part-ite

	essere	avere
tu	sii	abbi
noi	siamo	abbiamo
voi	siate	abbiate

	parl-are	ripet-ere	part-ire	essere	avere
Lei	parl-i	ripet-a	part-a	sia	abbia
Loro	parl-ino	ripet-ano	part-ano	siano	abbiano

Forma negativa dell'imperativo alla II persona singolare (tu)

L'imperativo negativo alla II persona singolare (tu) si forma con *non* + infinito (*Carlo, **non parlare!***).

| tu | non parlare | non ripetere | non partire | non essere | non avere |

Verbi irregolari

- **andare:** (tu) *vai/va',* (voi) *andate;* (Lei) *vada,* (noi) *andiamo,* (Loro) *vadano*
- **bere:** (tu) *bevi,* (voi) *bevete;* (Lei) *beva,* (noi) *beviamo,* (Loro) *bevano*
- **dare:** (tu) *dai/da',* (voi) *date;* (Lei) *dia,* (noi) *diamo,* (Loro) *diano*
- **dire:** (tu) *di',* (voi) *dite;* (Lei) *dica,* (noi) *diciamo,* (Loro) *dicano*
- **fare:** (tu) *fai/fa',* (voi) *fate;* (Lei) *faccia,* (noi) *facciamo,* (Loro) *facciano*
- **rimanere:** (tu) *rimani,* (voi) *rimanete;* (Lei) *rimanga,* (noi) *rimaniamo,* (Loro) *rimangano*
- **sapere:** (tu) *sappi,* (voi) *sappiate;* (Lei) *sappia,* (noi) *sappiamo,* (Loro) *sappiano*
- **scegliere:** (tu) *scegli,* (voi) *scegliete;* (Lei) *scelga,* (noi) *scegliamo,* (Loro) *scelgano*
- **stare:** (tu) *stai/sta',* (voi) *state;* (Lei) *stia,* (noi) *stiamo,* (Loro) *stiano*
- **tenere:** (tu) *tieni,* (voi) *tenete;* (Lei) *tenga,* (noi) *teniamo,* (Loro) *tengano*
- **tradurre:** (tu) *traduci,* (voi) *traducete;* (Lei) *traduca,* (noi) *traduciamo,* (Loro) *traducano*
- **uscire:** (tu) *esci,* (voi) *uscite;* (Lei) *esca,* (noi) *usciamo,* (Loro) *escano*
- **venire:** (tu) *vieni,* (voi) *venite;* (Lei) *venga,* (noi) *veniamo,* (Loro) *vengano*

➤ Tavola dei verbi irregolari, p. 155

obiettivo grammatica

FORME | **USI E FUNZIONI**

Persone dell'imperativo

L'imperativo non ha la I persona singolare. Esprimiamo la III persona singolare (Lei), la I persona e la III persona plurali (noi, Loro) con il congiuntivo presente (congiuntivo esortativo) (**Parli** pure, signora; Non **parliamo** tutti insieme; Signori, **parlino** liberamente).

Imperativo e posizione dei pronomi

	pronome diretto		pronome indiretto		pronome riflessivo	
	studiare		scrivere		vestirsi	
	forma affermativa	forma negativa	forma affermativa	forma negativa	forma affermativa	forma negativa
tu	studia**lo**	- non studiar**lo** - non **lo** studiare	scrivi**gli**	- non scriver**gli** - non **gli** scrivere	vesti**ti**	- non vestir**ti** - non **ti** vestire
noi	studiamo**lo**	- non studiamo**lo** - non **lo** studiamo	scriviamo**gli**	- non scriviamo**gli** - non **gli** scriviamo	vestiamo**ci**	- non vestiamo**ci** - non **ci** vestiamo
voi	studiate**lo**	- non studiate**lo** - non **lo** studiate	scrivete**gli**	- non scrivete**gli** - non **gli** scrivete	vestite**vi**	- non vestite**vi** - non **vi** vestite
Lei	**lo** studi	non **lo** studi	**gli** scriva	non **gli** scriva	**si** vesta	non **si** vesta
Loro	**lo** studino	non **lo** studino	**gli** scrivano	non **gli** scrivano	**si** vestano	non **si** vestano

La posizione dei pronomi con l'imperativo

Con l'imperativo in forma affermativa alla II persona singolare (tu) e plurale (voi), e alla I persona plurale (noi) (congiuntivo esortativo) i pronomi atoni (diretti, indiretti, riflessivi), e le particelle *ci* e *ne* seguono il verbo e si uniscono all'imperativo (*Torna al tuo posto, torna**ci** ora!*).

Con l'imperativo in forma negativa alla II persona singolare (tu) e plurale (voi), e alla I persona plurale (noi) (congiuntivo esortativo) i pronomi atoni (diretti, indiretti, riflessivi), ma anche le particelle *ci* e *ne* possono seguire o precedere il verbo (*Comprate il pane, ma non **ne** prendete/prendete**ne** troppo*).

Con l'imperativo formale (congiuntivo esortativo), in forma affermativa e negativa, presente alla III persona singolare (Lei) e plurale (Loro) i pronomi atoni (diretti, indiretti, riflessivi), ma anche le particelle *ci* e *ne* si trovano prima del verbo alla forma positiva e negativa (*Torni al suo posto, **ci** torni subito!*).

PARTICOLARITÀ

I verbi della I coniugazione (-are)
- *andare, dare, fare, stare* alla II persona singolare hanno anche la forma con l'apostrofo (*dai/da', fai/fa', stai/sta', vai/va'*).

I verbi della III coniugazione (-ire)
- *dire* ha solo la forma con l'apostrofo (*di'*).
- in *–isc–* hanno il suffisso *–isc–* alla II e alla III persona singolare (tu, Lei) e alla III persona plurale (Loro) dell'imperativo (*fini**sci**, fini**sca**, fini**sc**ano*).

3. Imperativo

FORME | USI E FUNZIONI

3. Imperativo

1a Completa il cruciverba con i verbi all'imperativo regolare. Attenzione alla forma negativa!

Verticale
1. tu-non guardare
2. tu-non leggere
3. noi-aprire
6. voi-non dormire

Orizzontale
4. tu-pulire
5. tu-chiedere
7. voi-telefonare
8. noi-scrivere

1b Completa il cruciverba con i verbi all'imperativo irregolare. Attenzione alla forma negativa!

Verticale
1. voi-essere
3. tu-finire
4. voi-dare

Orizzontale
2. tu-stare
5. tu-avere
6. voi-non fare
7. tu-dire
8. voi-sapere

2 Trasforma i verbi all'imperativo dalla forma positiva alla forma negativa e dalla forma negativa alla forma positiva, come nell'esempio.

positiva	negativa	positiva	negativa
1. comprate	*non comprate*	6. va'	_____
2. _____	non guardare	7. siate	_____
3. bevi	_____	8. _____	non uscire
4. pensate	_____	9. da'	_____
5. _____	non venire	10. abbiate	_____

* 3 Trasforma i verbi dall'imperativo (tu) al congiuntivo esortativo (Lei).

1. apri _____
2. esprimi _____
3. senti _____
4. aspetta _____
5. scusa _____
6. finisci _____
7. parti _____
8. chiedi _____
9. fa' _____

obiettivo grammatica

FORME | **USI E FUNZIONI**

USI E FUNZIONI

Esempi	Usiamo l'imperativo per
– *Iniziate* subito a studiare.	– esprimere ordini/comandi
– *Mangia* più verdura.	– dare consigli/suggerimenti
– *Vai/Va'* diritto.	– dare istruzioni
– *Entra* pure.	– dare i permessi
– *Se vuoi parlare, parla pure; Se verrete a Firenze, passate a trovarmi.*	– indicare conseguenze reali nel periodo ipotetico

Verbi senza imperativo
Alcuni verbi, come *dovere, potere, volere,* non hanno l'imperativo.

LINGUA IN USO

Uso dell'imperativo attenuato
Per esprimere un ordine/comando in modo attenuato e cortese, usiamo espressioni come *per piacere, per favore, per cortesia* (**Per favore**, telefona a Giacomo).

Uso dell'imperativo rafforzato
Per rafforzare un permesso, usiamo espressioni come *prego* e *pure* (**Prego**, entra **pure**!).

---

4 Completa le frasi con l'imperativo. Abbina le frasi alle funzioni.

1. A: Ragazzi, non (parlare) _____ all'autista, mentre sta guidando!
   B: Va bene.

2. A: Scusa, posso aprire la finestra? Fa caldo.
   B: Certo. (tu-aprire) _____ pure!

3. A: Non riesco a trovare il cellulare.
   B: Prendi il mio telefono e (chiamare) _____ il tuo numero.

4. A: È possibile comprare online questo tipo di biglietto del treno?
   B: Sì. Seleziona il tipo di biglietto, poi (inserire) _____ i tuoi dati.

5. A: Devo controllare la posta elettronica, ma non ho il wi-fi.
   B: Se hai bisogno del wi-fi, (tu-usare) _____ pure il mio computer, è acceso.

6. A: Noi andiamo al supermercato. Serve qualcosa?
   B: Sì. (voi-prendere) _____ il pane, per favore.

a. ordini/comandi **b.** consigli/suggerimenti
c. istruzioni **d.** permessi **e.** conseguenze

FORME | USI E FUNZIONI

3. Imperativo

5 Trasforma i verbi sottolineati e scrivi la funzione, come nell'esempio.

1. Potete aprire la finestra, per favore? Fa caldo.
   Aprite la finestra, per favore! Fa caldo.
2. Puoi giocare pure, ma non fare confusione.
3. Dovete bere almeno un litro d'acqua al giorno!
4. Non devi chiacchierare, quando l'insegnante spiega!
5. Devi venire prima la mattina!
6. Potete cuocere il dolce nel forno per 40 minuti.
7. Se volete entrare al museo, potete fare il biglietto online.

funzione
ordine/comando

6 Completa le frasi con l'imperativo (tu, voi) e sostituisci la parte sottolineata con i pronomi adatti, come nell'esempio.

1. Se volete *prendere* un cappuccino, *prendetelo* con un po' di cacao.
2. Se devi *telefonare* a Patrizia, _____ ora.
3. Se *ti* vuoi *riposare*, _____ un po' nel pomeriggio.
4. Se volete *chiedere* informazioni, _____ alla segretaria.
5. Se devi *regalare* qualcosa a Francesco, _____ un libro.
6. Se domattina *vi* dovete *svegliare* presto, _____ con la sveglia.
7. Se vuoi *comprare* le scarpe, _____ durante i saldi.
8. Se dovete *scrivere* ai vostri amici, _____ da questo computer.

obiettivo grammatica

FORME | **USI E FUNZIONI**

7 Completa il testo con i verbi all'imperativo (tu). Attenzione alla forma negativa.

Impara a leggere velocemente!

Leggere velocemente un testo è molto utile quando abbiamo poco tempo per concentrarci. Con la lettura veloce di un testo è possibile identificare i contenuti più importanti, come quando cerchiamo le informazioni principali in un articolo in Internet. Qui di seguito ti diamo alcuni semplici consigli per leggere velocemente un testo.

Non (1. leggere) _____ subito il testo scritto: prima (2. analizzare) _____ elementi come titolo, sottotitolo e immagini, e poi (3. fare) _____ ipotesi sul contenuto del testo per anticipare le informazioni.

(4. osservare) _____ anche la divisione in parti del testo e (5. leggere) _____ la frase iniziale di ogni paragrafo, perché può presentare un aspetto nuovo dell'argomento. Poi (6. dare) _____ un titolo a ogni parte del testo.

(7. esaminare) _____ l'impostazione grafica e se le parole sono evidenziate in qualche modo: grassetto, sottolineato ecc.

Insomma, (8. seguire) _____ questi consigli e non (9. cercare) _____ di capire tutti i contenuti, ma (10. individuare) _____ quelli che sono più importanti per te!

obiettivo grammatica

FORME | USI E FUNZIONI

4. INFINITO

L'infinito è un modo verbale indefinito/non finito. Si usa in frasi indipendenti e subordinate implicite. L'infinito ha due tempi (semplice e composto).

4.1. Infinito - Semplice/Presente

Verbi regolari e verbi *essere* e *avere*

-are	-ere	-ire		
parl-are	ripet-ere	part-ire	essere	avere

Verbi irregolari

Alcuni verbi della II coniugazione hanno l'infinito semplice irregolare. Verbi in
- **- arre:** *ritrarre, sottrarre, trarre…*
- **- orre:** *comporre, porre, proporre…*
- **- urre:** *introdurre, ridurre, tradurre…*

> Tavola dei verbi irregolari, p. 155

Infinito semplice con i verbi modali *(dovere, potere, volere)* e posizione dei pronomi

pronome diretto		pronome indiretto		pronome riflessivo	
(io) dovere studiare		(io) potere scrivere		(io) volere vestirsi	
prima	dopo	prima	dopo	prima	dopo
lo devo studiare	devo studiar**lo**	**gli** posso scrivere	posso scriver**gli**	**mi** voglio vestire	voglio vestir**mi**

> **Posizione dei pronomi atoni con i verbi modali**
> Con i verbi modali (*dovere, potere, volere* + infinito) i pronomi atoni (diretti, indiretti, riflessivi) possono precedere il verbo oppure unirsi all'infinito, che perde la vocale finale (**Lo** devo chiamare/Devo chiamar**lo**; **Vi** posso telefonare/Posso telefonar**vi**; **Mi** voglio alzare/Voglio alzar**mi**).

obiettivo grammatica

| FORME | USI E FUNZIONI |

1 Trasforma i verbi dal passato prossimo all'infinito semplice, come nell'esempio.

1. ha reso *rendere*
2. è morto _____
3. ha rotto _____
4. sono saliti _____
5. hai espresso _____
6. ho ritratto _____
7. ha imposto _____
8. ha pulito _____
9. siamo stati _____

2 Scrivi i verbi all'infinito regolare e irregolare, come nell'esempio.

amo   riduco   sottraggono   partono   rimani   trarre

studi   poni   introducono   piango   devo   traduci

ritraggo   preferisci   chiudono   propongono   compongo

Regolari: *amare*, _____

Irregolari: _____

USI E FUNZIONI

Esempi	Usiamo l'infinito semplice
– **Devi pagare** in contanti; Anna non **può dare** l'esame; I bambini **vogliono andare** al parco.	– con i verbi *dovere, potere, volere* (verbi modali)
– Mi **piace camminare** in montagna.	– con il verbo *piacere*
– Torno in biblioteca **a cercare** il mio zainetto; Vado a Roma **per visitare** i Musei Vaticani.	– per esprimere il fine con le preposizioni *a o per* (subordinata finale)
– Sofia, **non interrompere**, quando qualcuno parla.	– per esprimere ordini in forma negativa (II persona singolare, imperativo)

Con l'infinito per esprimere un
- fine, preceduto da *a* o *per*, i pronomi si uniscono all'infinito (*Marta non c'è: torno indietro a cercar**la**; Cerco Antonio: sono qui per parlar**gli***)
- ordine in forma negativa (II persona singolare) i pronomi possono precedere il verbo o unirsi all'infinito (*Le chiavi? Non **le** dimenticare/Non dimenticar**le** di nuovo*).

4.1. Infinito Semplice/Presente

FORME | **USI E FUNZIONI**

4.1. Infinito Semplice/Presente

* **3** Indica la funzione dell'infinito sottolineato: esprimere un ordine in forma negativa (A), esprimere il fine (B), come nell'esempio.

	A	B
1. A: Aspetti Pietro? B: Sì, sono qui <u>ad aspettarlo</u>.	☐	☐
2. A: Posso chiudere le finestre, va bene? B: <u>Non chiuderle</u>, fa troppo caldo qui.	☐	☐
3. A: Hai riportato i libri in biblioteca? B: No. Vado <u>a riportarli</u> nel pomeriggio.	☐	☐
4. A: Posso dire a Marta che hai vinto la borsa di studio? B: Ti prego, <u>non dirle</u> ancora niente.	☐	☐
5. A: Luca sta preparando il risotto? B: Sì. È in cucina <u>a prepararlo</u>.	☐	☐
6. A: Telefono io all'operatore turistico? B: No, <u>non telefonargli</u>. L'ho già chiamato io.	☐	☐

4 Completa le frasi con le preposizioni *a* o *per* nella posizione adatta, quando è necessario, come nell'esempio.

1. Vado ✔ prendere Alberto.   *Vado **a** prendere Alberto*
2. Agli studenti piace parlare in italiano.   _____
3. Vengo aiutarti.   _____
4. Non mi posso laureare quest'anno.   _____
5. Non ho suonato non disturbarti.   _____
6. Mi piacerebbe incontrarli.   _____
7. Luca si dovrà preparare in fretta.   _____
8. Vado in biblioteca studiare.   _____
9. Vogliamo vedere un bel film.   _____
10. Esco rilassarmi un po'.   _____

47

obiettivo grammatica

FORME | **USI E FUNZIONI**

* **5** Completa il testo con i verbi della lista e con le preposizioni *a* o *per* nella posizione adatta, quando è necessario, come nell'*esempio*.

andare – organizzare – raccontarti – camminare – rilassarsi – svegliarsi – *scriverti*
preoccuparsi – incontrare – allontanarsi – dormire – passeggiare

E-mail a una amica

A: Gulia95@gmail.com
Oggetto: Ciao

Cara Giulia,
sono in vacanza in montagna da quasi una settimana con Roberto e i quadrupedi e voglio (1) *scriverti* due righe (2) _____ come passiamo le giornate.
La mattina ci piace (3) _____ presto e fare una bella colazione. Poi io esco di casa (4) _____ con Bianca, la lupacchiotta, (5) _____. Roberto preferisce invece (6) _____ a casa, dove legge il giornale e naviga su Internet. Neri, la gattina, resta ovviamente con mio marito e non vuole (7) _____ da lui per nessuna ragione.
Per la passeggiata mattutina, non devo neppure (8) _____ di prendere la macchina, perché basta uscire di casa e siamo già nella natura. In genere mi piace (9) _____ per almeno due ore poi torno a casa (10) _____ Roberto e una coppia di nostri amici. Con loro ci piace (11) _____ ogni giorno un'escursione diversa nei dintorni della nostra località di vacanza.
Facciamo ritorno a casa nel tardo pomeriggio, stanchi ma felici e, dopo una bella cena a casa o al ristorante, andiamo (12) _____ presto.

Ma ora basta parlare di me…

4.1. Infinito Semplice/Presente

| FORME | USI E FUNZIONI |

5. GERUNDIO

Il gerundio è un modo verbale indefinito/non finito. Si usa in genere in frasi subordinate implicite. Il gerundio ha due tempi (semplice e composto).

5.1. Gerundio - Semplice/Presente

Verbi regolari e verbi *essere* e *avere*

-are	-ere	-ire	essere	avere
parl-are	ripet-ere	part-ire	essendo	avendo
parl-ando	ripet-endo	part-endo		

Verbi irregolari

- **bere:** bevendo
- **condurre:** conducendo
- **dire:** dicendo
- **fare:** facendo
- **porre:** ponendo
- **tradurre:** traducendo
- **trarre:** traendo

→ Tabella dei verbi irregolari, p. 155

Gerundio semplice e posizione dei pronomi

pronome diretto	pronome indiretto	pronome riflessivo
studiare	scrivere	vestirsi
studiando**lo**	scrivendo**gli**	vestendo**si**

> **Posizione di *ci* e *ne* con il gerundio**
> Con i verbi al gerundio semplice i pronomi atoni (diretti, indiretti, riflessivi), ma anche le particelle *ci* e *ne* si uniscono al verbo (*Vai in biblioteca? Sì, **ci** sto andando/Sì, sto andando**ci***).

obiettivo grammatica

FORME | **USI E FUNZIONI**

1a Completa il cruciverba con i verbi al gerundio semplice regolare.

1b Completa il cruciverba con i verbi al gerundio semplice irregolare.

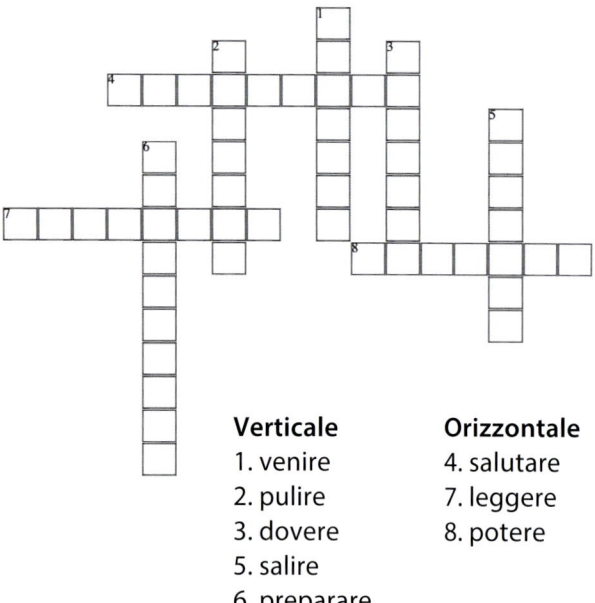

Verticale
1. venire
2. pulire
3. dovere
5. salire
6. preparare

Orizzontale
4. salutare
7. leggere
8. potere

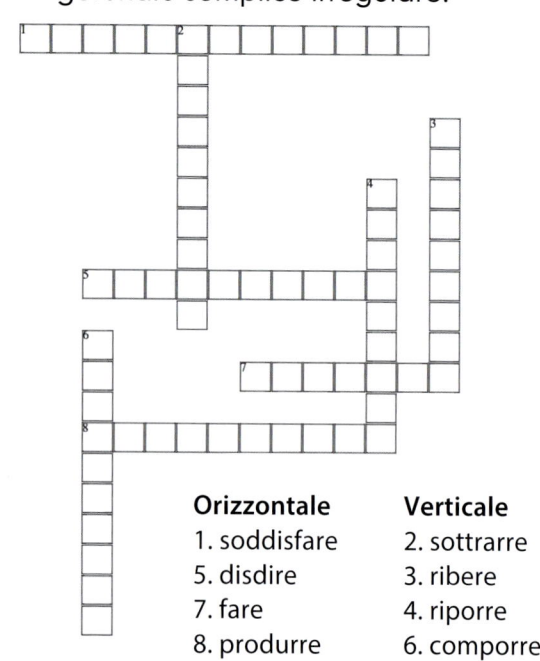

Orizzontale
1. soddisfare
5. disdire
7. fare
8. produrre

Verticale
2. sottrarre
3. ribere
4. riporre
6. comporre

2 Trasforma i verbi dall'indicativo presente al gerundio semplice, come nell'esempio.

1. vado — *andando*
2. cado — _____
3. sto — _____
4. sottraggo — _____
5. rimango — _____
6. traduco — _____
7. metto — _____
8. vengo — _____
9. sono — _____

3 Trasforma il verbo dal gerundio semplice all'infinito semplice.

1. rifacendo — _____
2. esponendo — _____
3. avendo — _____
4. muovendo — _____
5. conducendo — _____
6. bevendo — _____

USI E FUNZIONI

Esempi	Usiamo il gerundio semplice con il verbo *stare* per esprimere
– Il tempo a disposizione **sta finendo**; Ieri a quest'ora **stava piovendo**; A Natale **starò scrivendo** ancora la tesi.	– **azioni in svolgimento** nel presente, nel passato, nel futuro.

▶ Perifrasi verbali, p. 52

Stare + gerundio semplice e posizione dei pronomi

Con *stare* + gerundio i pronomi diretti, indiretti, riflessivi e le particelle pronominali *ci* e *ne* precedono il verbo *stare* o si uniscono al gerundio semplice (**Mi** sto riposando/Sto riposando**mi** sul letto).

5.1. Gerundio semplice/presente

5.1. Gerundio semplice/presente

4 Completa le frasi con il gerundio semplice. Abbina le frasi alle funzioni.

1. A: Che cosa stava facendo Maria mentre io dormivo?
   B: Stava (preparare) _____ la lezione per domani. ☐

2. A: Ragazzi, dove sarete nel fine settimana?
   B: A casa. E staremo ancora (finire) _____ di sistemare l'orto. ☐

3. A: Pronto Laura, sono Giulia. Ti disturbo?
   B: No, ma ti richiamo più tardi: sto (fare) _____ ancora le valigie. ☐

4. A: Perché non mi hai risposto al telefono?
   B: Perché ero occupato: stavo (comporre) _____ un nuovo brano musicale. ☐

5. A: La posso aiutare? Che cosa sta (cercare) _____ ? ☐
   B: Sì, grazie. Cerco un vestito elegante da cerimonia.

a. azione in svolgimento nel presente   **b.** azione in svolgimento nel passato
c. azione in svolgimento nel futuro

5 Trasforma i verbi con *stare* + gerundio rispettando i tempi, come nell'esempio.

1. Piero *legge* _sta leggendo_ il giornale.
2. Ti riposi _____ sul divano.
3. Si mettono _____ in viaggio.
4. Il bambino sogna _____ .
5. Seguite _____ il programma.
6. Gioco _____ a calcio.
7. Veniamo _____ a casa tua.
8. Pensate _____ a quel fatto.
9. Prendete _____ il sole.
10. Ti abitui _____ alla situazione.

6 Completa il testo con *stare* + gerundio all'indicativo presente e imperfetto.

Siena, rapina da 100 mila euro in una gioielleria del centro

di Mario Rossi

Siena – Due rapinatori armati, un giovane e un anziano, sono entrati nella gioielleria, mentre il proprietario e la commessa (1. terminare) _____ la giornata di lavoro. Il giovane ha puntato la pistola contro la donna e ha ordinato di aprire la cassaforte. I due ladri (2. fuggire) _____ via, quando è entrato un cliente nel negozio. Il ladro più anziano, che proprio in quel momento (3. andare) _____ verso l'uscita, ha colpito l'uomo con la pistola. I ladri sono scappati con tre chili di oro e con il denaro.
Il proprietario della gioielleria, che in queste ore (4. calcolare) _____ il danno, (5. parlare) _____ di un bottino di almeno 100 mila Euro. La rapina è avvenuta in una nota gioielleria di Via Pantaneto intorno alle 20:00, proprio quando il proprietario (6. chiudere) _____ il negozio.
Secondo i carabinieri, che (7. lavorare) _____ al caso, il colpo è opera di due noti ricercati che da alcuni mesi (8. fare) _____ numerose rapine nel territorio senese. I carabinieri (9. investigare) _____ negli ambienti della malavita locale e (10. svolgere) _____ ricerche in tutta la città per arrestare i due rapinatori.

6. PERIFRASI VERBALI/VERBI FRASEOLOGICI

Le perifrasi verbali (o verbi fraseologici) sono forme verbali composte. Sono costituite da un verbo di modo finito e da uno di modo non finito (infinito, gerundio, participio) e in alcuni casi anche da altri elementi. Le perifrasi verbali hanno un significato diverso rispetto al verbo principale.

verbo di modo finito	+	elementi	+	verbo di modo non finito
Sta		–		piovendo.
Ha		l'abitudine di		dormire poco.

Esempi	Usiamo le perifrasi verbali
– La signora Rossi **sta/stava/starà parlando** al telefono.	– **stare** + gerundio semplice (perifrasi progressiva) per esprimere un'azione in svolgimento nel presente, nel passato o nel futuro
– Giovanni **aveva l'abitudine di parlare** ad alta voce.	– **avere l'abitudine di** + infinito semplice per esprimere un'abitudine

Perifrasi verbali impossibili

Non usiamo *stare* + gerundio semplice con
- tempi composti (~~Sono stato studiando~~)
- imperativo (~~Sta' studiando!~~)
- verbi che indicano uno stato:
  - *avere* con il significato di "possedere" (~~Sto avendo una casa~~)
  - *essere* con il significato di "esistere", "stare" (~~Sto essendo bene~~)
- verbi modali (~~Sto dovendo uscire~~).

Non usiamo in genere *avere l'abitudine di* + infinito semplice con i tempi composti.
Non è possibile in genere separare le perifrasi verbali con altri elementi (*Stavo dormendo bene,* ma non ~~Stavo bene dormendo~~).

1 Abbina le parti di frasi, come nell'esempio.

1. *In questo momento il professore*
2. Oggi i giovani
3. Quando sono in vacanza
4. Una buona parte degli italiani
5. Adesso non posso uscire,
6. È tardi e
7. Di solito alle cinque
8. I ragazzi sono in salotto

a. ho l'abitudine di fare una passeggiata al giorno.
b. sto studiando per l'esame di fisica.
c. tu stai ancora dormendo.
d. hanno l'abitudine di comunicare su Internet.
e. ha l'abitudine di bere un caffè dopo pranzo.
f. e stanno giocando con la *play station*.
g. *sta entrando nell'aula.* [1]
h. la mamma ha l'abitudine di prendere un tè.

FORME | **USI E FUNZIONI**

6. Perifrasi verbali/Verbi fraseologici

2 Scrivi una frase con una perifrasi verbale all'indicativo presente, come nell'esempio.

1. azione abituale: ogni anno / io-fare / le vacanze in montagna
   Ogni anno ho l'abitudine di fare le vacanze in montagna.

2. azione in svogimento: a quest'ora / forse / Giovanna / lavorare / ancora
   _____

3. azione abituale: solitamente / i giovani / non coprirsi abbastanza / in inverno
   _____

4. azione in svogimento: in questo preciso istante / i nostri amici / partire
   _____

5. azione abituale: i miei genitori / guardare / la TV / solo di sera
   _____

6. azione in svogimento: proprio adesso / lo studente / fare / l'esame di italiano
   _____

7. azione abituale: ogni anno / in estate / noi-ospitare / i nostri amici francesi
   _____

* **3** Trasforma i verbi all'imperfetto sottolineati e usa una perifrasi verbale di significato simile. Indica la funzione: azione abituale (A), azione in svolgimento (B), come nell'esempio.

	A	B
1. La nonna da piccola <u>andava a lavare</u>/*aveva l'abitudine di andare a lavare* i panni al torrente.	✓	☐
2. Quando il treno è arrivato, il personale <u>controllava</u> / _____ i biglietti.	☐	☐
3. In passato Pierluigi <u>giocava</u> / _____ spesso con la sorella più grande.	☐	☐
4. Mentre <u>passeggiavamo</u> / _____, abbiamo visto un brutto incidente.	☐	☐
5. Il professore <u>dava</u> / _____ la parola a tutti i suoi studenti.	☐	☐
6. Ogni mattina prima di andare al lavoro <u>facevamo</u> / _____ colazione al bar.	☐	☐

53

obiettivo grammatica

FORME | **USI E FUNZIONI**

7. FORMA RIFLESSIVA E PRONOMINALE DEL VERBO

Nella forma riflessiva l'azione del soggetto della frase ricade sul soggetto stesso. La forma riflessiva è possibile solo con i verbi transitivi. Alcuni verbi intransitivi hanno la forma pronominale.

FORME

Verbi regolari

	-are	-ere	-ire
	lav-arsi	ved-ersi	divert-irsi
(io)	mi lavo	mi vedo	mi diverto
(tu)	ti lavi	ti vedi	ti diverti
(lui/lei/Lei)	si lava	si vede	si diverte
(noi)	ci laviamo	ci vediamo	ci divertiamo
(voi)	vi lavate	vi vedete	vi divertite
(loro/Loro)	si lavano	si vedono	si divertono

1 Scrivi i verbi al presente indicativo nella forma riflessiva, come nell'*esempio*.

1. (lui-pettinarsi) *si pettina*
2. (noi-salutarsi) _____
3. (tu-guardarsi) _____
4. (voi-consolarsi) _____
5. (loro-capirsi) _____
6. (io-vestirsi) _____
7. (lei-coprirsi) _____
8. (loro-riconoscersi) _____
9. (tu-vedersi) _____
10. (noi-prendersi) _____

USI E FUNZIONI

Esempi	Usiamo la forma riflessiva o pronominale
– La signora Rossi **si** (= la signora Rossi) **veste** (= La signora Rossi veste se stessa).	– per esprimere un'azione che il soggetto fa su *se stesso* (riflessivo diretto)
– Francesca e Giovanni **si amano** molto (= Francesca ama Giovanni e Giovanni ama Francesca).	– per esprimere un'azione che due soggetti fanno reciprocamente, l'un l'altro (reciproco diretto)
– La signora **si arrabbia** spesso.	– con verbi che hanno solo la forma riflessiva (*arrab-biarsi*) (riflessivo pronominale)

Uso e posizione dei pronomi riflessivi

Con i verbi di modo finito i pronomi riflessivi si trovano prima del verbo (*Maria **si** lava*), con i verbi all'imperativo positivo i pronomi riflessivi seguono il verbo e si uniscono a esso alla II persona singolare e alla I e II persona plurali (*lava**ti**, laviamo**ci**, lavate**vi***).
Con i verbi modali *potere*, *dovere* e *volere* + infinito nella forma riflessiva il pronome riflessivo si può trovare prima del verbo (***ti** puoi vestire*) o dopo il verbo (*puoi vestir**ti***). Nei tempi composti dei verbi modali, quando il pronome è prima del verbo riflessivo, usiamo l'ausiliare *essere* (***Mi sono** dovuto trasferire in agosto*), quando il pronome è dopo il verbo, usiamo l'ausiliare *avere* (***Ho** dovuto trasferir**mi** in agosto*).

Ausiliare con i verbi riflessivi e pronominali

Le forme riflessive e pronominali del verbo nei tempi composti hanno l'ausiliare *essere* e il participio passato si accorda con il soggetto (*Giovanna e io ci siamo salutat**e***) o con il complemento oggetto (*Marco si è mangiat**o**/mangiat**a** una mela*).

7. Forma riflessiva e pronominale del verbo

| | FORME | USI E FUNZIONI |

7. Forma riflessiva e pronominale del verbo

2 Completa le frasi con l'indicativo presente nella forma riflessiva o pronominale. Abbina le frasi ai valori dei verbi.

a. azione che il soggetto fa su se stesso – b. azione che due soggetti fanno reciprocamente – c. verbi che hanno solo la forma riflessiva

	A	B	C
1. Alle otto Giovanni (lavarsi) _____ e poi fa colazione.	☐	☐	☐
2. Il ragazzo (vergognarsi) _____ molto per la brutta figura che ha fatto.	☐	☐	☐
3. I fratelli (salutarsi) _____ prima di uscire.	☐	☐	☐
4. Non (pentirsi) _____ per quello che ho detto a Maria perché è la verità.	☐	☐	☐
5. In estate Francesco dopo la doccia non (asciugarsi) _____ mai!	☐	☐	☐
6. Attenti! Non (voi-accorgersi) _____ degli errori?	☐	☐	☐
7. Non (noi-salutarsi) _____ più perché abbiamo litigato.	☐	☐	☐
8. Quel ragazzo non (pettinarsi) _____ mai prima di uscire.	☐	☐	☐
9. Dove (noi-incontrarsi) _____ oggi?	☐	☐	☐
10. (Tu-dovere prepararsi) _____ per uscire.	☐	☐	☐
11. Perché (tu-arrabbiarsi) _____ così spesso con il tuo collega?	☐	☐	☐
12. Perché non (voi-aiutarsi) _____ a vicenda?	☐	☐	☐

* 3 Trasforma le frasi e usa i verbi nella forma riflessiva, come nell'*esempio*.

1. Il bambino saluta la bambina e la bambina saluta il bambino.
   Il bambino e la bambina si salutano.

2. Il ragazzo ha guardato se stesso allo specchio.
   _____

3. Il direttore ha aiutato l'impiegato e l'impiegato ha aiutato il direttore.
   _____

4. Marco non riconoscerà Anna e Anna non riconoscerà Marco dopo tanto tempo.
   _____

5. La modella truccava sempre se stessa in modo professionale.
   _____

6. Il gatto Filù non lava se stesso perché è malato.
   _____

* 4 Completa le frasi con i verbi al passato prossimo alla forma riflessiva o attiva, come nell'*esempio*.

1. La bambina (vestire/vestirsi) *si è vestita* da sola.
2. L'insegnante (aiuta/aiutarsi) _____ gli studenti.
3. I ragazzini sono caduti a terra e (rialzare/rialzarsi) _____ subito.
4. Gli amici (incontrare/incontrarsi) _____ alla caffetteria della stazione.
5. Le studentesse (preparare/prepararsi) _____ per l'esame.
6. Questa mattina (noi-lavare/lavarsi) _____ prima di fare colazione.
7. I due fidanzati (baciare/baciarsi) _____ teneramente.
8. La donna (abbracciare/abbracciarsi) _____ l'amica con affetto.

8. PERIODO IPOTETICO

Il periodo ipotetico si forma con una frase che indica una condizione (subordinata condizionale) introdotta da *se* e con una frase che indica la conseguenza (frase principale).

Il periodo ipotetico può essere di tre tipi in base al grado di probabilità dell'ipotesi (condizione): periodo ipotetico della realtà (I tipo), della possibilità (II tipo) e dell'irrealtà (III tipo).

se + condizione (protasi)	conseguenza (apodosi)
(subordinata condizionale)	(frase principale)
Se arrivo in tempo per il concerto,	ti telefono.

Posizione della subordinata condizionale

Nel periodo ipotetico la posizione della condizione (subordinata condizionale) non è fissa e si può trovare prima o dopo la conseguenza (frase principale) (**Se** *arrivo tardi, ti telefono* = *Ti telefono,* **se** *arrivo in tempo per lo spettacolo*).

Periodo ipotetico della realtà (I tipo)

Usiamo il periodo ipotetico della realtà quando l'ipotesi è reale o molto probabile.

se + condizione (protasi)	conseguenza (apodosi)
(subordinata condizionale)	(frase principale)
se + indicativo presente	indicativo presente
Se finisco questo lavoro prima di cena,	questa sera **esco** con gli amici.
se + futuro	futuro
Se finirò questo lavoro prima di cena,	questa sera **uscirò** con gli amici.
se + indicativo presente	imperativo
Se finisci questo lavoro prima di cena,	questa sera **esci** con gli amici!

1 Completa le frasi con il verbo al tempo e al modo adatti (indicativo, imperativo), e indica se i verbi esprimono la condizione (A) o conseguenza (B).

                A B

1. Se (tu-mangiare) _____ tutto quel gelato, ti verrà mal di stomaco.
2. Se il paziente non farà sforzi, (guarire) _____ dal male alla schiena in una settimana.
3. Se gli automobilisti non rispettano il limite di velocità, (dovere) _____ pagare multe elevate.
4. Se quest'anno (io-guadagnare) _____ abbastanza, andrò in vacanza a New York.
5. Se hai fame, (ordinare) _____ pure qualcosa da mangiare.

FORME | USI E FUNZIONI

8. Periodo ipotetico

6. Se (voi-trasferirsi) _____ entro il mese, verrò a trovarvi nella nuova casa.
7. Se il dolore aumenterà, (tu-prendere) _____ un antidolorifico.
8. Consegnate il modulo in segreteria, se (volere) _____ partecipare alla gita.
9. Se la prossima settimana le temperature (aumentare) _____, bisognerà fare attenzione a bambini e ad anziani.
10. Se vuoi fissare un appuntamento con il professore, (richiamare) _____ domani.

2 Scrivi frasi ipotetiche della realtà, come nell'*esempio*.

1. tu portare i bambini al mare / mettere loro la crema ad alta protezione
   Se porti i bambini al mare, metti loro la crema ad alta protezione.
2. oggi piovere / io-mettere l'impermeabile
3. tu-volere prendere il treno alle sette / affrettarsi a uscire di casa
4. voi-avere bisogno di aiuto / chiedere a me
5. la prossima settimana il professore fare lezione / io-andarci sicuramente
6. voi-bere l'acqua ghiacciata / vi venire mal di pancia
7. la scuola trovarsi nel centro della città / noi-prendere i mezzi pubblici
8. la prossima settimana noi-andare al cinema / vedere l'ultimo film di Sorrentino

3 Completa il testo con il periodo ipotetico.

Piccole regole per stare in salute

Se vuoi vivere in forma e in modo sano, (1. seguire) _____ questi piccoli consigli:
Se la mattina (2. svegliarsi) _____ con molta fame, bevi un bicchiere d'acqua tiepida con un po' di limone.
Se devi fare la spesa, prima (3. mangiare) _____ un po' di frutta e non (4. andare) _____ a stomaco vuoto.
Se non (5. fare) _____ molto sport, allora approfitta di tutte le occasioni per andare a piedi e lasciare la macchina in garage.
Se vuoi saziarti senza mangiare troppo, (6. masticare) _____ i cibi lentamente.

SEZIONE 2
ARTICOLO, NOME, AGGETTIVO, PRONOME, AVVERBIO, PREPOSIZIONI, CONNETTIVI

1. ARTICOLO
1.1. Articolo determinativo
1.2. Articolo indeterminativo
1.3. Articolo partitivo

2. NOME
2.1. Maschile e femminile, singolare e plurale
2.2. Formazione del femminile

3. AGGETTIVO
3.1. Aggettivo qualificativo
    3.1.1. Maschile e femminile, singolare e plurale
    3.1.2. Gradi dell'aggettivo
3.2. Aggettivi e pronomi
    3.2.1. Possessivi
    3.2.2. Dimostrativi
    3.2.3. Indefiniti
    3.2.4. Interrogativi ed esclamativi
    3.2.5. Numerali

4. PRONOME
4.1. Pronomi personali
    4.1.1. Pronomi soggetto
    4.1.2. Pronomi riflessivi
    4.1.3. Pronomi diretti
    4.1.4. Pronomi indiretti
    4.1.5. Pronomi allocutivi e forma di cortesia
    4.1.6. Pronomi personali: sintesi
4.2. Particelle pronominali *ci/vi* e *ne*
4.3. Pronomi relativi

5. AVVERBIO
5.1. Avverbi interrogativi, di giudizio, tempo, luogo, quantità, modo

6. PREPOSIZIONI
6.1. Preposizioni semplici (proprie) e articolate
6.2. Preposizioni improprie

7. CONNETTIVI
7.1. Connettivi coordinanti
7.2. Connettivi subordinanti

| FORME | USI E FUNZIONI |

1. ARTICOLO

L'articolo è una parte variabile del discorso che precede un nome. L'articolo concorda nel genere e nel numero con il nome a cui si riferisce. L'articolo può essere determinativo, indeterminativo e partitivo.

1.1. Articolo determinativo

L'articolo determinativo accompagna il nome e ha la funzione di specificare cose, persone, animali ed eventi conosciuti e specifici. L'articolo determinativo si trova davanti al nome e concorda con questo in genere (maschile o femminile) e in numero (singolare o plurale).

	singolare	plurale	esempi	
maschile	il	i		
	davanti a nomi che iniziano con consonante (*b, c, d…*)		*il* ragazzo	*i* ragazzi
	lo	gli		
	davanti a nomi che iniziano con – z– – s– + consonante – ps–; pn–, gn– – j–; x–, y–		*lo* zio *lo* studente *lo* psicologo *lo* pneumatico *lo* gnocco *lo* juventino *lo* xilofono *lo* yogurt	*gli* zii *gli* studenti *gli* psicologi *gli* pneumatici *gli* gnocchi *gli* juventini *gli* xilofoni *gli* yogurt
	l'	gli		
	davanti a nomi che iniziano con vocale (*a, e, i…*)		*l'*amico	*gli* amici
femminile	la	le		
	davanti a nomi che iniziano con consonante		*la* ragazza	*le* ragazze
	l'	le		
	davanti a nomi che iniziano con vocale		*l'*aula	*le* aule

1 Completa con gli articoli determinativi singolari.

maschile		femminile	
1. ___ libro	6. ___ tavolo	11. ___ donna	16. ___ luce
2. ___ yoga	7. ___ gnocco	12. ___ amica	17. ___ carne
3. ___ insegnante	8. ___ aereo	13. ___ penna	18. ___ zia
4. ___ amico	9. ___ studente	14. ___ lampada	19. ___ azienda
5. ___ zucchero	10. ___ tappeto	15. ___ stanza	20. ___ insegnante

FORME | USI E FUNZIONI

1.1. Articolo determinativo

2 Completa con gli articoli determinativi plurali.

maschile		femminile	
1. ___ quaderni	6. ___ esami	11. ___ famiglie	16. ___ passeggiate
2. ___ bagni	7. ___ yogurt	12. ___ arance	17. ___ immagini
3. ___ aerei	8. ___ frigoriferi	13. ___ spiegazioni	18. ___ isole
4. ___ professori	9. ___ poster	14. ___ zanzare	19. ___ lavagne
5. ___ teatri	10. ___ zaini	15. ___ sedie	20. ___ finestre

3 Completa con gli articoli determinativi singolari o plurali, maschili o femminili.

1. _____ zuccheri
2. _____ armadio
3. _____ yacht
4. _____ bar
5. _____ pere
6. _____ papà
7. _____ moto
8. _____ jeans
9. _____ aranciata
10. _____ formaggi

4 Abbina i nomi della lista agli articoli determinativi.

brindisi – amico – zio – psicologo – monitor – abiti – crisi – quaderni – aranciata – righelli
lavagna – studio – accendini – moto – aeroporti – fotografie – scontrino – foglio – carne
pesce – ape – alberi – aereo – aria – armadio – isola – signore – anello

maschile singolare		femminile singolare	
il		**la**	
lo		**l'**	
l'			

maschile plurale		femminile plurale	
i		**le**	
gli			

obiettivo grammatica

FORME | **USI E FUNZIONI**

5 Completa il testo con gli articoli determinativi e indica quando sono maschili (M) o femminili (F), singolari (S) o plurali (P), come nell'esempio.

L'appartamento di Luciana

(M/S) L' appartamento della signora Luciana si trova al quinto piano di un palazzo storico della città.
(____) _____ abitazione è moderna ed è composta da quattro stanze: (____) _____ bagno, (____) _____ cucina, (____) _____ camera da letto matrimoniale, (____) _____ studio, (____) _____ ripostiglio.
(____) _____ casa è molto luminosa: (____) _____ finestre sono ampie e danno sul cortile interno del palazzo.
Tutte (____) _____ pareti dell'edificio sono bianche, ma (____) _____ porte sono color legno. (____) _____ condomino ha anche (____) _____ garage privato per tutti (____) _____ condomini.

Presenza dell'articolo determinativo

Esempi	Usiamo l'articolo determinativo con
– *Il* **1980** è l'anno della mia nascita.	– date
– Sono *le* **cinque** del pomeriggio.	– ore
– *Il* **lunedì** inizio a lavorare presto.	– giorni (con il significato di "tutti i lunedì", "tutti i martedì"…)
– *Il* **dottor** Rossi e *l'* **avvocato** Martini sono qui.	– appellativi accompagnati dal cognome
– *L'* **Africa** è il continente più antico.	– nomi di continenti
– *La* **Danimarca** è a sud della Norvegia.	– nomi di Stati
– *La* **Campania** è nel Sud Italia.	– nomi di regioni
– *Il* **lago di Garda** è il maggiore lago italiano.	– nomi di fiumi, laghi
– Giovanni **fa** *l'* **avvocato**.	– *fare* per indicare la professione
– Ho bevuto **tutta** *l'* **acqua**.	– *tutto*
– *Il* **mio** libro costa come *il* **tuo**.	– possessivi (aggettivi, pronomi)

> **Uso dell'articolo con i nomi di parentela**
>
> Usiamo l'articolo determinativo con le varianti affettive dei nomi di parentela al singolare come *babbo/papà*, *mamma*, *figliolo* (*il mio* babbo, ma *mio padre*), con gli aggettivi alterati (*il mio* fratellino, ma *mio fratello*) e quando è presente una specificazione (*il mio* secondo figlio, ma *mio figlio*).

1.1. Articolo determinativo

1.1. Articolo determinativo

Assenza dell'articolo determinativo

Esempi	Non usiamo l'articolo determinativo con
– Vado a *Milano* a trovare *Giovanna*.	– nomi propri di persona, città
– Non prendo *questo* libro ma *quello*.	– dimostrativi (aggettivi, pronomi)
– *Mio* cugino Luigi è molto simpatico.	– aggettivi possessivi con nomi di parentela singolari, eccetto *loro*
– *Via* Martiri della Libertà è una laterale di *Viale* Venezia.	– nomi di via, piazza, vicolo, viale, corso
– Che ora è? È *mezzogiorno*.	– ore al singolare (*mezzogiorno, mezzanotte*)
– *Lunedì* prossimo inizio a lavorare presto.	– giorni della settimana (con il significato di "solo quel giorno")
– In *dicembre*, per *Natale*, vado a sciare.	– mesi, festività
– Giovanni è *avvocato*.	– *essere* per indicare la professione
– All'università studio *matematica* e *fisica*.	– discipline di studio

6 Completa le frasi con l'alternativa corretta.

1. ☐ La ☐ Le ☐ I città del Nord hanno ☐ il ☐ la ☐ l' grosso problema dello smog.
2. ☐ La ☐ Le ☐ I isole Eolie formano un arcipelago che si trova in ☐ la ☐ il ☐ Ø Sicilia.
3. Tra pochi giorni sarà ☐ il ☐ lo ☐ Ø Natale e ☐ i ☐ gli ☐ Ø bambini riceveranno dei regali.
4. Non uscire dal ristorante senza ☐ il ☐ lo ☐ Ø scontrino, perché ti fanno ☐ la ☐ l' ☐ Ø multa.
5. ☐ La ☐ Le ☐ Ø quelle due signore sono ☐ la ☐ le ☐ Ø donne più vecchie del paese.
6. ☐ Il ☐ L' ☐ Ø ogni bambino ha ☐ il ☐ lo ☐ Ø suo padre che lo aspetta fuori dalla scuola.
7. ☐ Il ☐ L' ☐ Ø primo studente che finirà ☐ il ☐ l' ☐ Ø esercizio, vincerà un premio.
8. ☐ I ☐ Gli ☐ Ø Bianchi non sono in casa perché ☐ i ☐ le ☐ Ø loro finestre sono chiuse.

7 Completa le frasi con gli articoli determinativi, quando è necessario.

1. ____ signora con il vestito blu è ____ mia insegnante di inglese.
2. ____ domenica mattina vado sempre a correre lungo ____ fiume vicino a casa.
3. ____ Padova è una bellissima città universitaria e ____ servizi sono eccellenti.
4. Non voglio mangiare ____ questo dolce, preferisco ____ quello.
5. Sono ____ tre, abbiamo ancora un po' di tempo per consegnare ____ relazione.
6. Questo è ____ dottor Manieri, ____ marito della signora Lara.
7. ____ strada più famosa di Milano è ____ Via Montenapoleone.
8. ____ sua madre fa ____ archeologa.
9. Quest'anno a ____ Natale andremo in vacanza con ____ nonni.
10. ____ questa è ____ gonna che Marta ha appena comprato.
11. I ragazzi hanno fatto tutti ____ esercizi di matematica per ____ lunedì.
12. ____ fine settimana anche ____ Francesca andrà in campeggio.
13. Studio ____ psicologia all'Università di Firenze da ____ due anni.
14. Vedo Matteo ____ martedì prossimo verso ____ cinque.

obiettivo grammatica

FORME | **USI E FUNZIONI**

8 Completa i testi con gli articoli determinativi, quando è necessario.

Gli alberi di Natale rovesciati

Ecco in arrivo (1) _____ nuova moda: gli alberi di Natale rovesciati.
(2) _____ dicembre è il mese del Natale. Con (3) _____ clima natalizio arriva anche (4) _____ momento di decorare (5) _____ proprie case, ogni anno in modo sempre più fantasioso e creativo.
Quest'anno (6) _____ idea più originale è (7) _____ albero rovesciato, cioè un albero che ha (8) _____ punta al posto della base. Una vera stranezza: (9) _____ palline sembrano sospese nell'aria.

La moda a Milano

Milano e (1) _____ vie dello shopping. (2) _____ Corso Vittorio Emanuele II è una strada con tantissimi negozi di abbigliamento, adatti anche ai giovani e non eccessivamente costosi. (3) _____ via si trova vicino (4) _____ Piazza Duomo. (5) _____ strada ha un'origine molto antica: durante (6) _____ periodo romano rappresentava (7) _____ primo tratto di strada che a Milano univa (8) _____ piazza alla Porta orientale della città.

Insalata di riso con gamberetti

Devi preparare (1) _____ ingredienti.
Prima devi pulire e lavare (2) _____ carote, poi devi tagliarle a fettine e cucinarle per un minuto in acqua bollente salata. Dopo devi toglierle dalla pentola e farle raffreddare un po' sotto un getto d'acqua fredda per fermare (3) _____ cottura. Devi poi lavare (4) _____ verdure e tagliarle a pezzettini. Devi pulire (5) _____ gamberetti, devi togliere (6) _____ testa e il guscio. Con un coltellino devi aprire (7) _____ dorso, devi togliere (8) _____ filetto nero e devi lavarli con cura sotto (9) _____ getto di acqua corrente. Infine, devi mescolare (10) _____ ingredienti con il riso bollito e servire.

1.1. L'articolo determinativo

obiettivo grammatica

FORME | **USI E FUNZIONI**

1.2. Articolo indeterminativo

L'articolo indeterminativo accompagna il nome e ha la funzione di specificare cose, persone, animali ed eventi non conosciuti. Si trova davanti al nome e concorda con questo nel genere (maschile o femminile). L'articolo indeterminativo ha solo il singolare.

	singolare	esempi
maschile	**un** davanti a nomi che iniziano con – consonante (b, c, d…) – vocale (a, e, i…)	*un* ragazzo *un* amico
	uno – z– – s– + consonante – gn–, pn–, ps– – j–, x–, y–	*uno* zio *uno* studente *uno* gnocco, *uno* pneumatico, *uno* psicologo *uno* jesolano, *uno* xilofono, *uno* yogurt
femminile	**una** davanti a nomi che iniziano con consonante	*una* ragazza
	un' davanti a nomi che iniziano con vocale	*un'* aula

1 Completa con gli articoli indeterminativi.

maschile		femminile	
1. ___ libro	5. ___ tappeto	9. ___ donna	13. ___ lampada
2. ___ tavolo	6. ___ zoccolo	10. ___ amica	14. ___ penna
3. ___ aereo	7. ___ yogurt	11. ___ stanza	15. ___ insegnante
4. ___ studente	8. ___ jeti	12. ___ zia	16. ___ star

2 Scegli l'alternativa corretta.

1. ☐ un ☐ uno ☐ una ☐ un'   spettacolo
2. ☐ un ☐ uno ☐ una ☐ un'   palazzo
3. ☐ un ☐ uno ☐ una ☐ un'   sedia
4. ☐ un ☐ uno ☐ una ☐ un'   aula
5. ☐ un ☐ uno ☐ una ☐ un'   cartella
6. ☐ un ☐ uno ☐ una ☐ un'   orologio
7. ☐ un ☐ uno ☐ una ☐ un'   opera
8. ☐ un ☐ uno ☐ una ☐ un'   stadio

obiettivo grammatica

FORME | USI E FUNZIONI

3 Abbina i nomi della lista agli articoli indeterminativi.

scontrino – caffè – zoccolo – alba – penna – sciarpa – aranciata – cane – armadio – ambulanza juventino – chef – orto – studio – acqua – moto – psicologo – bici – foto – ala – zaino – pesce isola – wafer – zebra – ape – gnocco – sbaglio – agenda

maschile		femminile	
un		**una**	
uno		**un'**	

* **4** Completa il testo con gli articoli indeterminativi.

Cubo di carta: istruzioni

Come fare (1) _____ cubo di carta?
– Prendi (2) _____ foglio di carta A4.
– Al centro del foglio traccia (3) _____ lungo rettangolo e dividilo in quattro quadrati.
– Crea (4) _____ prima faccia del cubo: a destra sopra il secondo quadrato disegna (5) _____ altro quadrato e fai la stessa cosa a sinistra.
– Il disegno dovrebbe assomigliare a (6) _____ croce. Se hai (7) _____ stampante puoi stampare il disegno.
– Prendi (8) _____ paio di forbici e taglia il disegno, poi piega (9) _____ lato alla volta.

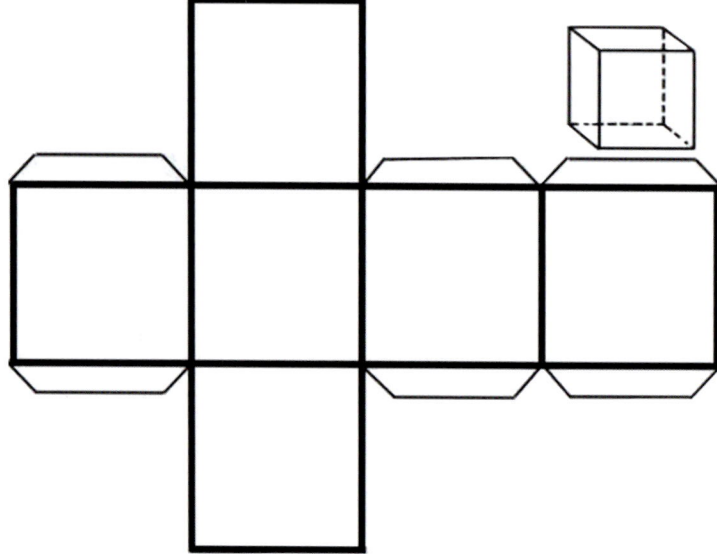

1.2. Articolo indeterminativo

obiettivo grammatica

FORME | **USI E FUNZIONI**

1.3. Articolo partitivo

L'articolo partitivo si forma con la preposizione semplice *di* più l'articolo determinativo (*il, lo, la*…) e indica una parte di un insieme, una quantità o una qualità non precisata. Usiamo in genere l'articolo partitivo plurale come forma plurale dell'articolo indeterminativo.

FORME

	singolare	plurale	esempi	
maschile	**del**	**dei**	*del* latte	*dei* libri
	davanti a nomi che iniziano con consonante (*b, c, d*…)			
	dell'	**degli**	*dell'*olio	*degli* amici
	davanti a nomi che iniziano con vocale (*a, e, i*…)			
	dello	**degli**	*dello* zucchero	*degli* zaini
	davanti a nomi che iniziano con −z− −s− + consonante (anche con nomi che iniziano con *pn−, ps−, gn−* e con nomi che iniziano con *x−, j−, y−*)		*dello* stracchino *dello* yogurt	*degli* sbagli *degli* psicologi
femminile	**della**	**delle**	*della* torta	*delle* penne
	davanti a nomi che iniziano con consonante (*b, c, d*…)			
	dell'	**delle**	*dell'*aranciata	*delle* aule
	davanti a nomi che iniziano con vocale (*a, e, i*…)			

USI E FUNZIONI

Assenza dell'articolo partitivo

Esempi	Non usiamo l'articolo partitivo
− Ho comprato **un** libro (Ho comprato ~~del libro~~).	− con i nomi che indicano un singolo oggetto (*libro, sedia, tavolo*…)
− Nel cortile ci sono **alcuni** uomini (Nel cortile ci sono ~~degli alcuni uomini~~).	− con gli aggettivi indefiniti di quantità (*alcuni, molto, poco*…)

obiettivo grammatica

FORME | **USI E FUNZIONI**

1 Scegli gli articoli partitivi dei nomi al singolare.

1. ☐ del ☐ dello ☐ della ☐ dell' zenzero
2. ☐ del ☐ dello ☐ della ☐ dell' acqua
3. ☐ del ☐ dello ☐ della ☐ dell' vino
4. ☐ del ☐ dello ☐ della ☐ dell' frutta
5. ☐ del ☐ dello ☐ della ☐ dell' pane
6. ☐ del ☐ dello ☐ della ☐ dell' aglio
7. ☐ del ☐ dello ☐ della ☐ dell' aranciata
8. ☐ del ☐ dello ☐ della ☐ dell' olio
9. ☐ del ☐ dello ☐ della ☐ dell' zucchero
10. ☐ del ☐ dello ☐ della ☐ dell' marmellata
11. ☐ del ☐ dello ☐ della ☐ dell' latte
12. ☐ del ☐ dello ☐ della ☐ dell' aceto

2 Completa con gli articoli partitivi singolari.

1. Per fare la torta della nonna è necessario _____ zucchero a velo.
2. Buongiorno, vorrei _____ acqua fresca.
3. A colazione mangio _____ pane con la marmellata.
4. Metti _____ olio sulle fette di pane tostato, per favore.
5. Al mercato compriamo _____ frutta fresca.
6. Hai _____ tempo libero questo pomeriggio?

3 Completa con con gli articoli partitivi plurali.

1. Andiamo in vacanza in Sardegna , ci sono _____ posti stupendi.
2. Per la mia festa di laurea ho invitato _____ amici.
3. Sul pavimento ci sono _____ impronte di gatto.
4. La signora Maria fa _____ dolci buonissimi.
5. Marta, hai _____ scarpe bellissime!
6. Mi puoi dare _____ consigli per l'esame di chimica?

4 Completa il testo con gli articoli partitivi.

Estate in campagna

La casa di campagna delle vacanze è una casa molto grande con (1) _____ finestre ampie che fanno entrare molta luce. Ci sono quattro camere da letto con (2) _____ letti a castello per ospitare molte persone. Infatti, in estate ci vado con la mia famiglia, (3) _____ cugine o (4) _____ amici d'infanzia. Intorno alla casa c'è un bellissimo giardino con (5) _____ rose bianche e gialle, e una vasca con i pesci rossi. Mio nonno ha anche piantato (6) _____ salici piangenti, che sono ormai grandi e in estate fanno molto ombra. La mattina facciamo colazione proprio sotto gli alberi: gli adulti bevono solo (7) _____ caffè con (8) _____ zucchero, mentre noi ragazzi prendiamo (9) _____ latte con (10) _____ pane. La domenica nonna ci compra (11) _____ cornetti caldi e ci fa anche (12) _____ buonissime spremute.

1.3. Articolo partitivo

obiettivo grammatica

FORME | USI E FUNZIONI

2. NOME

Il nome è una parte variabile del discorso e indica un essere animato, un essere inanimato, un concetto, un'emozione, un'azione o un evento. È possibile classificare i nomi in base al significato e alla forma.

2.1. Maschile e femminile, singolare e plurale

	singolare	plurale	esempi	
maschile	–o	–i	il gelat**o**	i gelat**i**
femminile	–a	–e	la cas**a**	le cas**e**
maschile	–e	–i	il giornal**e**	i giornal**i**
femminile			la stazion**e**	le stazion**i**

1 Indica se il nome è maschile (M) o femminile (F) e scrivi il plurale, come nell'esempio. Usa il dizionario, quando è necessario.

nome	M	F	plurale	nome	M	F	plurale
1. strada	☐	☑	*strade*	11. giornale	☐	☐	
2. fiore	☐	☐		12. scarpa	☐	☐	
3. notte	☐	☐		13. discorso	☐	☐	
4. sogno	☐	☐		14. nave	☐	☐	
5. cortile	☐	☐		15. gonna	☐	☐	
6. immagine	☐	☐		16. bicchiere	☐	☐	
7. tappeto	☐	☐		17. libro	☐	☐	
8. scuola	☐	☐		18. canzone	☐	☐	
9. sapore	☐	☐		19. bottiglia	☐	☐	
10. tetto	☐	☐		20. luce	☐	☐	

obiettivo grammatica

FORME | **USI E FUNZIONI**

Singolare e plurale: particolarità dei nomi maschili

singolare	plurale	esempi	
–a nomi derivanti dal greco	–i	il problema	i problemi
nomi stranieri terminanti con consonante (anche femminili)	invariabile	il bar (la password)	i bar (le password)
–à / –è / –ì / –ò / –ù nomi con l'accento sull'ultima sillaba (anche femminili)	invariabile	il papà, il caffè, il lunedì, l'oblò, il tabù (la pipì, la tribù)	i papà, i caffè, i lunedì, gli oblò, i tabù (le pipì, le tribù)

Singolare e plurale: particolarità dei nomi femminili

singolare	plurale	esempi	
–o	–i	la mano	le mani
–o	invariabile	la radio, l'auto(mobile)	le radio, le auto(mobili)
–i (anche maschili)	invariabile	l'analisi, la bici(cletta) (il bikini, il brindisi)	le analisi, le bici(clette) (i bikini, i brindisi)
–tà (anche maschili)	invariabile	la città (il podestà)	le città (i podestà)
–tù (anche maschili)	invariabile	la virtù (il tutù)	le virtù (i tutù)

Nomi maschili
Alcuni nomi maschili in
- –o al plurale diventano femminili in –a (il braccio, le braccia; il dito, le dita; il paio, le paia; l'uovo, le uova)
- –a che derivano da lingue straniere, hanno il plurale uguale al singolare (il karma, i karma; il mantra, i mantra; il nirvana, i nirvana; il gorilla, i gorilla; il lama, i lama; il panda, i panda)

Alcuni nomi maschili formano il plurale in modo particolare (l'uomo, gli uomini; il bue, i buoi; l'euro, gli euro).
Il nome maschile l'orecchio al plurale diventa femminile (le orecchie).

Nomi femminili
Alcuni nomi femminili in
- –a formano il plurale in modo particolare (l'ala, le ali; l'arma, le armi)
- –o (l'auto, la foto, la metro, la moto) e in –i (la bici), e il nome maschile in –a (il cinema), hanno il plurale variabile quando non sono abbreviati (le auto(mobili), le foto(grafie), le metro(politane), le moto(ciclette); le bici(clette); i cinema(tografi).

Il nome femminile l'eco al plurale diventa maschile (gli echi).

Nomi maschili e femminili
I nomi maschili e femminili con una sola sillaba hanno il plurale uguale al singolare (il re, i re; la gru, le gru).

2.1. Maschile e femminile, singolare e plurale

FORME | **USI E FUNZIONI**

2.1. Maschile e femminile, singolare e plurale

2 Forma il plurale dei nomi maschili e femminili, come nell'esempio.

singolare	plurale	singolare	plurale
1. il sistema	*i sistemi*	11. la bici	
2. l'auto		12. il puma	
3. l'uomo		13. il brindisi	
4. la libertà		14. la radio	
5. il software		15. il computer	
6. la fiction		16. l'oasi	
7. l'euro		17. il braccio	
8. l'ipotesi		18. la reception	
9. il tè		19. il paio	
10. il teorema		20. l'età	

Nomi usati soprattutto al singolare o al plurale (nomi difettivi)

Nomi soltanto al singolare	Esempi
– astratti	– l'amore, la chimica, la verità
– collettivi	– la gente, la roba
– di elementi chimici, materiali, metalli	– l'acqua, il legno, il ferro
– di prodotti alimentari	– il burro, il latte, il riso, il sale
– di malattie	– l'Aids, l'influenza, il morbillo

Nomi soltanto al plurale	Esempi
– di oggetti formati da due o più elementi	– le forbici, le mutande, i pantaloni
– che indicano una pluralità	– i dintorni, gli spiccioli, le stoviglie
– al plurale anche in latino	– le congratulazioni, le ferie, le nozze

Nomi difettivi
Alcuni nomi difettivi hanno tutte e due le forme (singolare e plurale), ma con significati diversi (*un pantalone*) (= un paio di pantaloni); *le genti* (= i popoli)).

2.2. Formazione del femminile

I nomi di esseri animati di sesso maschile sono maschili e i nomi di esseri animati di sesso femminile sono femminili (genere naturale). I nomi di esseri inanimati sono o maschili o femminili per convenzione (genere grammaticale).

Nomi che cambiano la vocale finale (nomi di genere mobile)

maschile	femminile	Esempi	
–o	–a	il bambin**o**, il gatt**o**	la bambin**a**, la gatt**a**
–a	–essa	il duc**a**, il poet**a**	la duch**essa**, la poet**essa**
–e	–a	il camerier**e**, il signor**e**	la camerier**a**, la signor**a**
–e	–essa	lo student**e**, il leon**e**	la student**essa**, la leon**essa**
–tore	–trice	l'au**tore**, il let**tore**	l'au**trice**, la let**trice**

Nomi in –sore
I nomi in –sore per formare il femminile aggiungono –itrice al tema dell'infinito del verbo da cui derivano: il possessore (< possedere) al femminile è la posseditrice).

Dottore e professore
I nomi maschili il dottore e il professore al femminile sono la dottoressa e la professoressa.

Nomi che hanno radici differenti (nomi di genere indipendente)

maschile	femminile	maschile	femminile
il bue	la mucca	il marito	la moglie
il celibe	la nubile	il montone	la pecora
il frate	la suora	il padre	la madre
il fratello	la sorella	il papà/babbo	la mamma
il genero	la nuora	il toro	la vacca
il maschio	la femmina	l'uomo	la donna

1 Trasforma la parte sottolineata dal maschile al femminile o dal femminile al maschile.

1. La donna entra in casa.
2. Il figlio di Luisa ha dieci anni.
3. La leonessa gioca con i cuccioli.
4. Il papà di Roberto è in viaggio.
5. La moglie di Andrea lavora molto.
6. È l'attore più popolare del momento.
7. La suora è in chiesa.

| | FORME | USI E FUNZIONI |

2.2. Formazione del femminile

8. <u>Lo studente</u> di medicina è capace. _____
9. <u>Il portiere</u> della squadra è di Roma. _____
10. <u>La poetessa</u> è importante. _____
11. <u>Il bue</u> dorme sul prato. _____
12. <u>La signora</u> del terzo piano è gentile. _____

2 Forma il singolare o il plurale dei nomi maschili e femminili, come nell'esempio.

singolare	plurale	singolare	plurale
1. *la mano*	le mani	9. _____	i giornali
2. il giovedì	_____	10. la classe	_____
3. _____	le armi	11. _____	le bottiglie
4. l'euro	_____	12. l'uovo	_____
5. il dito	_____	13. _____	i bicchieri
6. _____	i quiz	14. la facoltà	_____
7. la chiave	_____	15. il cinema	_____
8. la pittrice	_____	16. _____	gli scultori

3 Completa i nomi maschili e femminili, singolari e plurali, con la vocale finale.

1. il fior___
2. i marted___
3. la stazion___
4. i caff___
5. il pap___
6. la camerier___
7. l'universit___
8. gli alber___
9. il clim___
10. le radi___
11. gli uomin___
12. il bu___
13. le cris___
14. la sorell___
15. le pai___
16. gli insegnant___
17. le citt___
18. il tavol___
19. la donn___
20. la bic___
21. la metropol___
22. i pand___
23. il duc___
24. le aut___

obiettivo grammatica

FORME | **USI E FUNZIONI**

4 Completa il testo con i nomi della lista, come nell'esempio.

mantello – cibo – estinzione – rifugio – frutta – animali – uccelli
femmine – orecchie – inverno – dieta – pere – *mammiferi*

L'Orso bruno marsicano

I boschi e i prati del Parco nazionale d'Abruzzo, Lazio e Molise ospitano l'Orso bruno marsicano, uno dei (1) *mammiferi* più grandi d'Italia e simbolo del Parco. È una specie in (2) _____ (55-85 esemplari), che vive solo nell'Italia centro-meridionale. L'Orso bruno marsicano ha una struttura grossa e robusta. La testa è grossa con le (3) _____ arrotondate medio-piccole. Il colore del (4) _____ è in genere marrone scuro, ma può variare. I maschi solitamente pesano fra i 150 e i 200 kg, mentre le (5) _____ fra gli 80 e i 150 kg. Sono (6) _____ timidi e solitari, che si muovono soprattutto di notte. La (7) _____ dell'Orso marsicano è quasi esclusivamente vegetale. Mangiano infatti radici e (8) _____ selvatica (per esempio, castagne, ciliegie, (9) _____), ma in primavera, quando i vegetali freschi sono rari, si nutrono anche di piccoli animali ((10) _____, conigli). Quando comincia a fare freddo e il (11) _____ inizia a mancare, l'orso cerca un (12) _____ sicuro dove andare in letargo e superare l'(13) _____.

(Testo adattato, s.a. *Orso bruno marsicano*, «Parco nazionale d'Abruzzo, Lazio e Molise).

5 Completa il testo con la parte finale dei nomi.

Che cosa significa essere vegano?

Il termine "vegano" indica una person___ che ha deciso di eliminare dalla alimentazion___ tutti gli aliment___ di origin___ animale. Lo scrittor___ e poet___ vegano Vincent dice: "Il vegan___ è chi mangia tutto senza mangiare nessuno". Questa scelt___ non riguarda solo l'alimentazione, ma tutta la vit___ quotidiana ed è un mod___ di vivere che cerca di avere un basso impatto sull'ambient___ e di rispettare gli animal___.
Un vegano, dunque, non mangia la carn___ e i suoi derivati (il prosciutt___, il salam___, le salsicc___), il pesc___, il latt___ e i suoi derivati (il burr___, il formaggi___, la pann___, lo yogurt), le uov___, il miel___. Un vegano non utilizza neanche la lan___ e la pell___ nell'abbigliamento. I vegani mangiano tutti i cib___ che non prevedono l'utilizzo degli animali: i cereal___, la past___, la frutt___, la verdur___, i sem___, la soi___ e i suoi derivati (il tofu, il tempeh). Il veganesimo è una scelta etica ed ecologica, ma anche utile alla salute, che la comunit___ scientifica internazionale ha dichiarato possibile e augurabile per la "salut___" del nostro pianet___.

(Testo adattato, L. Di Cintio, *Alimentazione vegana: tutto (ma proprio tutto) quello che c'è da sapere*, "Vegolosi.it. Magazin di cultura e cucina 100% vegetale").

2.2. Formazione del femminile

obiettivo grammatica

FORME | USI E FUNZIONI

3. AGGETTIVO

L'aggettivo è una parte variabile del discorso e si riferisce a un nome. L'aggettivo esprime una qualità (aggettivo qualificativo) o una determinazione (aggettivo determinativo). L'aggettivo determinativo può essere possessivo, dimostrativo, indefinito, interrogativo, esclamativo, numerale. L'aggettivo concorda nel genere e nel numero con il nome a cui si riferisce.

3.1. Aggettivo qualificativo

L'aggettivo qualificativo specifica una qualità del nome e concorda nel genere e nel numero con il nome a cui si riferisce.

3.1.1. Maschile e femminile, singolare e plurale

Aggettivi in –o/–a, –e

	singolare	plurale	esempi	
maschile	–o	–i	ragazzo italian**o**	ragazzi italian**i**
femminile	–a	–e	ragazza italian**a**	ragazze italian**e**
maschile	–e	–i	ragazzo interessant**e**	ragazzi interessant**i**
femminile			ragazza interessant**e**	ragazze interessant**i**

1 Indica se l'aggettivo è maschile (M) o femminile (F), singolare (S) o plurale (P), come nell'*esempio*.

	M	F	S	P
1. messicano	☑	☐	☑	☐
2. allegre	☐	☐	☐	☐
3. bella	☐	☐	☐	☐
4. svedese	☐	☐	☐	☐
5. alti	☐	☐	☐	☐
6. forti	☐	☐	☐	☐
7. generose	☐	☐	☐	☐
8. cortesi	☐	☐	☐	☐

Particolarità degli aggettivi qualificativi

singolare	plurale	esempi	
aggettivi stranieri	invariabile	signore **snob** canzone **pop**	signori **snob** canzoni **pop**
alcuni aggettivi che indicano il colore	invariabile	cappotto **blu** maglietta **rosa**	cappotti **blu** magliette **rosa**

Altri aggettivi invariabili che indicano il colore sono: *blu, fucsia, lilla, rosa, viola, amaranto, indaco*.

obiettivo grammatica

FORME | **USI E FUNZIONI**

2 Completa la tabella con gli aggettivi, come nell'esempio.

maschile singolare	maschile plurale	femminile singolare	femminile plurale
1. chic	chic	chic	chic
2. ___	___	lilla	___
3. ___	___	___	americane
4. differente	___	___	___
5. ___	inglesi	___	___
6. ___	esperti	___	___
7. ___	___	grande	___
8. ___	___	brava	___

3 Completa con la parte finale degli aggettivi e poi trasforma al plurale, come nell'esempio.

1. ragazza italian**a**   *ragazze italiane*
2. persona gentil___   ___
3. dottore espert___   ___
4. ristorante tipic___   ___
5. uomo elegant___   ___
6. abito viol___   ___
7. ricetta gustos___   ___
8. film famos___   ___
9. riunione important___   ___
10. gonna blu   ___

4 Trasforma le espressioni dal singolare al plurale o dal plurale al singolare.

singolare	plurale
1. signore italiano	*signori italiani*
2. ___	commessi capaci
3. macchina nuova	___
4. ___	studentesse canadesi
5. negozio costoso	___
6. ___	libri interessanti
7. persona puntuale	___
8. ___	giacche fucsia
9. ___	penne nuove
10. museo comunale	___

3.1. Aggettivi qualificativi

3.1. Aggettivi qualificativi

5 Completa il testo con la parte finale degli aggettivi.

Hotel Impero

L'Hotel Impero presenta un ambiente elegant___ e una comoda posizione nel centro di Roma, vicino alle fermate dei principali mezzi pubblici cittadin___.
Offre il bar, la colazione inclusa, numerosi servizi alberghier___ e una terrazza panoramic___, il luogo ideal___ per trascorrere qualche ora di relax. Tutte le camere dell'Hotel Impero hanno un arredamento tradizional___ e raffinat___, e offrono ambienti molto accoglient___.

Camere singol___
Dispongono di aria condizionat___, TV a schermo piatto e bagno privat___ in stanza.

Camere matrimoniali / Doppie
Confortevoli camere con due letti singol___ o letto matrimoniale, che ospitano comodamente due persone. Offrono ambienti funzional___ con la connessione Wi-Fi gratuit___ e la TV satellitar___.

Matrimoniali / Doppie con balcone
Rispetto alle altre camere, presentano ambienti più spazios___ e una zona soggiorno con il divano e le poltrone. È disponibil___ un delizioso balcone con la vista sul Teatro dell'Opera.

(Testo adattato, s. a., *Hotel Impero. Camere*).

* 6 Completa il testo con le forme adatte degli aggettivi della lista, come nell'*esempio*.

privato – utile – esperto – culturale – chiuso – settimanale – digitale – nazionale

Le iniziative del Touring Club italiano

Il Touring Club Italiano nasce nel 1894. È un'associazione (1) *privata* che valorizza il patrimonio artistico e (2) _____, e il paesaggio italiano. Il Touring Club (TC) promuovere il viaggio etico, responsabile e sostenibile. Anche tu puoi partecipare alle iniziative e alle attività dell'Associazione. Ecco alcuni esempi.

Aperti per voi – Il progetto promuove l'apertura di luoghi che normalmente sono (3) _____ al pubblico!

Visite guidate e incontri – Ogni settimana i soci del TC possono partecipare a varie attività. Se cerchi visite con guide (4) _____ e qualificate, avrai tante occasioni tutto l'anno!

Penisola del tesoro – Vuoi scoprire un luogo del nostro Paese non turistico, ma suggestivo? Il progetto "La Penisola del Tesoro" organizza una serie di appuntamenti (5) _____ gratuiti in tutta Italia!

I Paradisi del Touring – I villaggi del TC si trovano in tre aree marine all'interno di parchi (6) _____: sull'isola di La Maddalena, sulle Isole Tremiti e sulla costa del Cilento.

Touring Editore – Il TC pubblica guide, atlanti, libri per ragazzi ed è molto importante nel campo delle pubblicazioni turistiche in Italia. In questo modo puoi preparare meglio il tuo viaggio e avere tutte le informazioni (7) _____ in anticipo!

Sito web – Il TC ha un sito sempre aggiornato con tanti consigli di viaggio, che puoi consultare prima di organizzare un viaggio.

App – Con le app del TC per smartphone e tablet puoi leggere i contenuti (8) _____ che ti aiuteranno a scoprire, per esempio, i ristoranti migliori e i musei da non perdere durante il viaggio.

FORME | **USI E FUNZIONI**

3.1.2. Gradi dell'aggettivo

L'aggettivo qualificativo può esprimere una qualità a differenti gradi di intensità tra uno o più elementi. I gradi dell'aggettivo qualificativo sono tre: grado positivo, quando si indica la qualità senza indicazioni di intensità, comparativo e superlativo (relativo e assoluto).

Comparativo di maggioranza e di minoranza

Antonio è	**più/meno**	bravo	**di**	Paolo. (nome)
				lui. (pronome)
				prima. (avverbio)

primo termine di paragone — *aggettivo* — *secondo termine di paragone*

Esempi	Comparativo di maggioranza
– Marco è **più** simpatico **di** Pietro.	– indica una qualità posseduta di più rispetto a un altro elemento

Esempi	Comparativo di minoranza
– Pietro è **meno** simpatico **di** Marco.	– indica una qualità posseduta di meno rispetto a un altro elemento

Modi per intensificare il comparativo
È possibile intensificare il comparativo di maggioranza e minoranza con l'avverbio *molto* (*Giovanni è **molto più/meno** simpatico di prima*).

Uso del pronome *quello* nel comparativo
Quando il secondo termine di paragone è uguale al primo, possiamo evitare di ripetere il nome e usare il pronome dimostrativo *quello* (*Il cane di Matteo è **più bravo di quello** (= del cane) di Maria*).

Comparativo di uguaglianza

| Antonio è | bravo | **come/quanto** | Lorenzo. |

primo termine di paragone — *aggettivo* — *secondo termine di paragone*

Esempi	Comparativo di uguaglianza
– Marco è simpatico **come** Pietro; Mi piace la storia **quanto** la geografia.	– indica una qualità posseduta allo stesso livello di intensità di un altro elemento

Altri modi per esprimere il comparativo di uguaglianza
Con il primo termine di paragone è possibile usare *tanto/altrettanto… quanto*, *e così… come* (*Ho comprato una gonna (**tanto**) costosa **quanto** la tua; Sono (**così**) arrabbiato **come** te*).

3.1.2. Gradi dell'aggettivo

FORME | **USI E FUNZIONI**

Superlativo assoluto

| Antonio è | bravissimo e diligentissimo. |

forma base aggettivo di grado positivo + –issimo

brav(o) + issimo → bravissimo
diligent(e) + issimo → diligentissimo

esempi	superlativo assoluto
Federica sembra contentissima.	indica il livello più alto di una qualità senza elementi di confronto

LINGUA IN USO

Uso del superlativo assoluto
Nella lingua parlata di uso colloquiale formiamo il superlativo assoluto con la ripetizione dell'aggettivo di grado positivo (*È un ragazzo simpatico simpatico*).

---

1 Completa le frasi con *di*, se necessario con l'articolo, e con *come/quanto*, come nell'esempio.

1. (minoranza) La schiacciata toscana è _meno_ salata _del_ pane napoletano.
2. (maggioranza) Il ghepardo è _____ veloce _____ tigre.
3. (uguaglianza) La tartaruga è lenta _____ la lumaca.
4. (maggioranza) La tua gita è stata _____ avventurosa _____ quella che ho fatto io.
5. (uguaglianza) L'Isola d'Elba è bella _____ l'Isola del Giglio.
6. (minoranza) Lorenzo Lotto è _____ famoso _____ Leonardo Da Vinci.
7. (maggioranza) Oggi mi sento _____ stanco _____ ieri.
8. (maggioranza) I cani sono _____ fedeli _____ gatti.

2 Trasforma il comparativo di maggioranza in comparativo di minoranza e il comparativo di minoranza in comparativo di maggioranza, come nell'esempio.

comparativo di maggioranza	comparativo di minoranza
1. Roma è più grande di Genova.	1. *Genova è meno grande di Roma.*
2.	2. Le trattorie sono meno care dei ristoranti.
3.	3. L'Italia è meno grande della Spagna.
4. La carta di credito è più sicura dei contanti.	4.
5. Lisa è più timida delle amiche Anna e Lia.	5.
6.	6. La macchina è meno veloce del treno.
7.	7. I romanzi rosa sono meno appassionanti dei gialli.
8. Il diamante è più prezioso del rubino.	8.

obiettivo grammatica

| FORME | USI E FUNZIONI |

3 Forma il superlativo assoluto degli aggettivi, come nell'esempio.

1. delfino (intelligente) — delfino *intelligentissimo*
2. persona (gentile) — ___
3. fotografie (bello) — ___
4. palazzi (antico) — ___
5. casa (grande) — ___
6. spesa (conveniente) — ___
7. esami (difficile) — ___
8. libro (nuovo) — ___

4 Scrivi le frasi con il comparativo di maggioranza e di minoranza con la forma adatta dell'aggettivo, come nell'esempio.

1. poltrone / più comodo / sedie — *Le poltrone sono più comode delle sedie.*
2. lingua cinese / più / difficile / lingua italiana — ___
3. argento / meno costoso / oro — ___
4. Umbria / più piccolo / Toscana — ___
5. cani / meno indipendente / gatti — ___
6. tisana / più rilassante / caffè — ___
7. macedonia / più salutare / dolce — ___
8. Genova / meno turistica / Venezia — ___

5 Completa il testo con le forme dei comparativi e dei superlativi adatti, come nell'esempio.

Sport in Italia

Lo sport è sempre stato uno dei divertimenti preferiti degli italiani. Ma quali sono gli sport più popolari in Italia? Il calcio è sicuramente al primo posto nella classifica degli sport più popolari e deve la sua popolarità anche alla semplicità del gioco e dell'attrezzatura che serve per praticarlo. Per esempio i calciatori sono (1. comparativo di maggioranza – famoso) *più famosi dei* giocatori di pallavolo, uno sport che, comunque, è (2. comparativo di maggioranza – diffuso) ___ prima anche nella sua versione da spiaggia: il beach volley. La Formula 1 è tra gli sport più seguiti dopo il calcio, grazie all' (3. superlativo assoluto – enorme) ___ tradizione motoristica del nostro paese e all'eccellenza del design: la Ferrari è ovviamente motivo d'orgoglio nazionale, anche se in questo periodo non è (4. comparativo di uguaglianza – vittorioso) ___ in passato. Negli ultimi anni una disciplina sportiva che ha registrato una crescita nella preferenza degli italiani è stato il rugby, che certamente è (5. comparativo di minoranza – popolare) ___ calcio, ma che è sempre più comune anche tra i ragazzi (6. superlativo assoluto – giovane) ___.
Se consideriamo gli sport più popolari per la pratica, che è (7. superlativo assoluto – importante) ___ per mantenersi in forma, troviamo il fitness, la ginnastica e l'aerobica.

obiettivo grammatica

FORME | **USI E FUNZIONI**

3.2. Aggettivi e pronomi

3.2.1. Possessivi

Gli aggettivi e i pronomi possessivi esprimono una relazione di possesso e di appartenenza generica con qualcuno o con qualcosa.

	singolare		plurale	
	maschile	femminile	maschile	femminile
(io)	mio	mia	miei	mie
(tu)	tuo	tua	tuoi	tue
(lui/lei/Lei)	suo/Suo	sua/Sua	suoi/Suoi	sue/Sue
(noi)	nostro	nostra	nostri	nostre
(voi)	vostro	vostra	vostri	vostre
(loro, Loro)	loro/Loro	loro/Loro	loro/Loro	loro/Loro

Accordo dei possessivi
I possessivi concordano in genere (maschile, femminile) e numero (singolare, plurale) con l'elemento posseduto (*il **suo** quadern**o*** (= "di lui", "di lei"); ***la sua** penna* (= "di lui", "di lei"), eccetto *loro,* che è invariabile (*il **loro** quadern**o**, la **loro** penn**a***)).
I possessivi sono sempre preceduti da un articolo o da una preposizione articolata (*il mio quaderno; il cane **del*** (= di + il) *mio vicino*).

Posizione degli aggettivi possessivi
In genere gli aggettivi possessivi, preceduti dall'articolo, si trovano prima del nome a cui si riferiscono (*il **nostro** libro*).

Uso dei pronomi possessivi
È possibile usare i pronomi possessivi come nomi (***I miei*** (= "i genitori", "i parenti") *abitano a Roma; Dico **la mia*** (= "opinione")).
Con il verbo *essere* è possibile usare i pronomi possessivi con o senza l'articolo (*Di chi è questo zaino? **È** (**il**) **tuo**?*).

1 Completa con gli articoli determinativi e gli aggettivi possessivi.

1. (io) _____ ragazzo mi ha lasciato due mesi fa.
2. (noi) _____ libri sono rimasti sul tavolo della biblioteca.
3. (lei) Laura ha affittato _____ appartamento per un mese.
4. (loro) I vicini di casa sono usciti con _____ figlia più piccola.
5. (voi) Il professore ha già corretto _____ relazioni di storia.
6. (tu) Ho incontrato _____ genitori all'ufficio postale.
7. (lui) Il segretario sta parlando al telefono con _____ collega.
8. (loro) Luca e Marta vanno a spasso con _____ cane nel parco.

obiettivo grammatica

FORME | **USI E FUNZIONI**

2 Completa con i possessivi e indica la funzione: aggettivo (A), pronome (B), come nell'esempio.

	A	B
1. Noi prendiamo la nostra macchina, voi prendete la *vostra*.	☐	✓
2. Luca, questo è il mio libro, non il _____.	☐	☐
3. Carlo e Luca hanno perso i _____ ideali.	☐	☐
4. Ragazzi, la mia materia preferita è la storia e la _____?	☐	☐
5. Io sono nata in Italia, ma i _____ genitori sono tunisini.	☐	☐
6. Angela è distratta e pensa sempre al _____ ragazzo.	☐	☐
7. Metto il telefono in borsa, voi mettete il _____ sulla cattedra.	☐	☐
8. Nella _____ scuola siamo in tutto centoventi studenti.	☐	☐

3 Scrivi l'aggettivo possessivo con l'articolo determinativo, come nell'esempio.

1. (noi) / macchina — *la nostra macchina*
2. (lei) / libro — _____
3. (voi) / cane — _____
4. (loro) / professore — _____
5. (noi) / compagni — _____
6. (tu) / scarpe — _____
7. (loro) / compiti — _____
8. (io) / borsa — _____
9. (lui) / ragazza — _____
10. (loro) / vacanze — _____

4 Completa la tabella con gli aggettivi, come nell'esempio.

maschile singolare	maschile plurale	femminile singolare	femminile plurale
1. *il mio* insegnante	*i miei* insegnanti	*la mia* insegnante	*le mie* insegnanti
2. _____	_____	la tua gatta	_____
3. il suo bambino	_____	_____	_____
4. _____	_____	la nostra amica	_____
5. _____	i vostri esperti	_____	_____
6. _____	_____	_____	le loro impiegate

3.2. Aggettivi e pronomi

3.2. Aggettivi e pronomi

5 Completa il testo con i possessivi.

A: alex92@gmail.com
Oggetto: Ciao da Venezia

Cara Alessandra,

da una settimana mi trovo a Venezia, ma solo ora ho trovato il tempo per scriverti. La città è molto bella e le (1) _____ giornate passano velocemente tra tante cose da fare: le lezioni di italiano, gli aperitivi con i (2) _____ nuovi amici, che ho conosciuto qui, le gite nei dintorni.
Vivo in un appartamento in centro e ho una camera singola, che non condivido con altri studenti ed è solo (3) _____. Quindi potresti venire a Venezia e stare a casa (4) _____.
Sento la tua mancanza e mi mancano le (5) _____ chiacchierate che facevamo fino a tardi.
So che hai cambiato lavoro. Brava! Ho sempre ammirato il (6) _____ carattere e la (7) _____ flessibilità.
Ora devo andare perché il (8) _____ telefono squilla e devo rispondere.

A presto,
Lisa

Aggettivi possessivi con i nomi di parentela

	singolare				plurale			
	maschile		femminile		maschile		femminile	
(io)	mio	cugino	mia	cugina	i miei	cugini	le mie	cugine
(tu)	tuo		tua		i tuoi		le tue	
(lui/lei/Lei)	suo/Suo		sua/Sua		i suoi/Suoi		le sue/Sue	
(noi)	nostro		nostra		i nostri		le nostre	
(voi)	vostro		vostra		i vostri		le vostre	
(loro/Loro)	il loro/Loro		la loro/Loro		i loro/Loro		le loro/Loro	

Possessivi con i nomi di parentela

Gli aggettivi possessivi con i nomi di parentela al singolare non hanno l'articolo determinativo (*mio* padre, *mia* madre), eccetto *loro*, che ha sempre l'articolo (*il loro* cugino; *i loro* cugini).
Usiamo l'articolo determinativo con le varianti affettive dei nomi di parentela al singolare come *babbo/papà, mamma, figliolo* (*il mio* babbo, ma *mio* padre), con i nomi alterati (*il mio* fratellino, ma *mio* fratello) e quando è presente una specificazione (*il mio* secondo figlio, ma *mio* figlio).

obiettivo grammatica

FORME | **USI E FUNZIONI**

6 Completa le frasi con gli aggettivi possessivi. Metti l'articolo quando è necessario.

1. (tu) Vai a scuola in autobus con _____ sorelle?
2. (noi) Stefania e io andiamo spesso in vacanza con _____ cugina Lisa.
3. (tu) Lorenzo, come sta _____ zia? Spero meglio.
4. (loro) Carlo e Anna sono molto severi con _____ figli.
5. (io) Qualche volta gioco con _____ fratellino di tre anni.
6. (noi) Usciamo spesso con _____ mamma a fare spese.
7. (lui) Francesco e _____ fratello arrivano oggi con il treno.
8. (lei) Ti presento Lisa e _____ marito Ludovico.

7 Completa il testo con i possessivi della lista.

della nostra – dei miei – mia – la mia – le sue – la tua – mio – i miei

L'estate in montagna
***Lessico famigliare*, di Natalia Ginzburg**

Passavamo sempre l'estate in montagna. Prendevamo una casa in affitto, per tre mesi, da luglio a settembre. Di solito, erano case lontane dall'abitato; e (1) (io) _____ padre e (2) _____ fratelli andavano ogni giorno, col sacco da montagna sulle spalle, a far la spesa in paese. Non c'era sorta di divertimenti o distrazioni. Passavamo la sera in casa, attorno alla tavola, noi fratelli e (3) _____ madre. Quanto a mio padre, se ne stava a leggere nella parte opposta della casa; e, di tanto in tanto, s'affacciava alla stanza dove eravamo raccolti a chiacchierare e a giocare. S'affacciava sospettoso, accigliato; e si lamentava con mia madre (4) (noi) _____ serva Natalina, che gli aveva messo in disordine certi libri; «(5) (tu) _____ cara Natalina», diceva.
A volte la sera, in montagna, mio padre si preparava per gite o ascensioni. Inginocchiato a terra, ungeva (6) _____ scarpe e quelle (7) _____ fratelli con del grasso di balena; pensava che lui solo sapeva ungere le scarpe con quel grasso. Poi si sentiva per tutta la casa un gran rumore di ferraglia: era lui che cercava i ramponi, i chiodi, le piccozze. – Dove avete cacciato (8) _____ piccozza? – tuonava. – Lidia! Lidia! dove avete cacciato la mia piccozza?

(Fonte: Testo adattato, Natalia Ginzburg, *Lessico famigliare*, Einaudi, 2014.)

obiettivo grammatica

FORME | **USI E FUNZIONI**

3.2.2. Dimostrativi

Gli aggettivi e i pronomi dimostrativi indicano qualcuno o qualcosa vicino (*questo*) o lontano da chi parla (*quello*) nello spazio e nel tempo.

Questo (aggettivo e pronome)

	singolare	plurale	esempi	
maschile	questo	questi	*questo* gatto, *questo* qui	*questi* gatti, *questi* qui
femminile	questa	queste	*questa* gatta, *questa* qui	*queste* gatte, *queste* qui

Quello (aggettivo)

L'aggettivo *quello*, quando precede il nome, ha forme simili a quelle dell'articolo determinativo.

	singolare	plurale	esempi	
maschile	quel	quei	*quel* libro (il libro)	*quei* libri (i libri)
	quello	quegli	*quello* stadio (lo stadio)	*quegli* stadi (gli stadi)
	quell'		*quell'*amico (l'amico)	*quegli* amici (gli amici)
femminile	quella	quelle	*quella* casa (la casa)	*quelle* case (le case)
	quell'		*quell'*amica (l'amica)	*quelle* amiche (le amiche)

Quello (pronome)

	singolare	plurale	esempi	
maschile	quello	quelli	*quello* (quel ragazzo)	*quelli* (quei ragazzi)
femminile	quella	quelle	*quella* (quella ragazza)	*quelle* (quelle ragazze)

Esempi	Dimostrativi	
questo		
– *Questa* **giacca** è elegante.	aggettivo	indica un essere animato o inanimato vicino a chi parla
– *Questo* non mi piace.	pronome	
quello		
– *Quei* **signori** sono stranieri.	aggettivo	indica un essere animato o inanimato lontano da chi parla
– *Quella* è una mia amica.	pronome	

Dimostrativo *quello*
Quando usiamo *quello* come pronome davanti a *che* possiamo usare la forma *quel* (*Non capisco **quel** che hai detto*).

obiettivo grammatica

FORME | **USI E FUNZIONI**

LINGUA IN USO

Uso dei dimostrativi

Nella lingua parlata usiamo i dimostrativi con gli avverbi *qui/qua, lì/là* per intensificare il significato dei dimostrativi (*Voglio comprare **quei** pantaloni lì*).
In alcuni casi il dimostrativo abbreviato forma una parola unica con il nome a cui fa riferimento: *stasera* (= *questa sera*), *stamattina* (= *questa mattina*), *stanotte* (= *questa notte*), *stavolta* (= *questa volta*).

---

1 Completa con gli aggettivi dimostrativi mancanti, come nell'esempio.

questo		quello	
1. *questo* ragazzo	5. _____ parco	9. _____ zii	13. _____ camicie
2. _____ stadi	6. _____ studente	10. _____ attori	14. _____ amiche
3. _____ aula	7. _____ albero	11. _____ gonna	15. _____ zaino
4. _____ lezioni	8. _____ telefoni	12. _____ idea	16. _____ psicologi

2 Trasforma le frasi dal singolare al plurale e dal plurale al singolare, come nell'esempio.

singolare	plurale
1. Quel libro è noioso.	*Quei libri sono noiosi.*
2. _____	Queste arance sono dolci.
3. _____	Questi esercizi sono semplici.
4. Quel palazzo è moderno.	_____
5. Quell'infermiere è gentile.	_____
6. _____	Quegli spettacoli sono divertenti.
7. _____	Quelle insegnanti sono brave.
8. Quella signora è antipatica.	_____

3 Completa le frasi con i dimostrativi *questo* e *quello* e indica la funzione: aggettivo (A), pronome (B), come nell'esempio.

                                                                       A P

1. *Questo* maglione che ho è molto caldo. Provalo! ☑ ☐
2. Domani andremo in _____ ristorante carino fuori dal centro. ☐ ☐
3. _____ qui sul mio banco sono le tue penne? ☐ ☐
4. _____ laggiù a sinistra è il Colosseo. ☐ ☐
5. _____ pasta che hai preparato ieri era buonissima. ☐ ☐
6. Non capisco _____ cosa che mi stai dicendo. ☐ ☐
7. _____ in fondo alla classe sono i miei cari amici Sara e Leo. ☐ ☐
8. Ti ricordi _____ amici che abbiamo conosciuto in vacanza? ☐ ☐

4 Completa il dialogo con i dimostrativi *questo e quello*.

Gli amici di Angela

A: Ciao Angela. Chi sono (1) _____ ragazzi qui con te, i tuoi coinquilini?
B: Sì, (2) _____ è Filippo e (3) _____ è Sofia.
A: E (4) _____ laggiù chi sono?
B: (5) _____ sono Anna e Francesca, le mie compagne d'università e (6) _____ è Adriano, il fratello di Francesca.
A: Allora andiamo a prendere qualcosa al bar tutti insieme.

5 Completa il testo con le forme adatte dei dimostrativi *questo e quello*.

Viaggi in pullman

Hai mai pensato a organizzare un viaggio in pullman?
Se la tua risposta è "No", allora su (1) _____ post troverai tutte le informazioni utili. (2) _____ importanti da sapere su questo tipo di viaggi sono in un box.
La prima cosa interessante sono sicuramente le tariffe, che sono molto basse e perfette per i giovani che normalmente cercano di risparmiare. Il viaggio in pullman è meno costoso di (3) _____ con altri mezzi di trasporto e (4) _____ opportunità è conveniente per visitare l'Italia o andare all'estero.
La rete dei pullman, infatti, collega molte destinazioni in vari paesi: su (5) _____ pagina potrai trovare l'elenco di tutte le destinazioni. Ricorda che in Italia ti puoi spostare verso (6) _____ luoghi e (7) _____ destinazioni che non potresti raggiungere in treno così comodamente.
Ma i vantaggi non finiscono qui. I viaggi in pullman sono più ecologici di quelli in aereo, perché producono meno emissioni nocive. Dovremmo considerare (8) _____ vantaggi e imparare a viaggiare in modo economico e sostenibile!

3.2.3. Indefiniti

Gli indefiniti danno informazioni in modo approssimato e generico sulla quantità o sulla qualità dell'elemento a cui si riferiscono. Gli indefiniti hanno la funzione solamente di aggettivi o solamente di pronomi, oppure di aggettivi e di pronomi.

	singolare		plurale	
	maschile	femminile	maschile	femminile
aggettivi	ogni	ogni	–	–
	qualche	qualche	–	–
pronomi	niente	niente	–	–
	nulla	nulla	–	–
	qualcosa	qualcosa	–	–
aggettivi e pronomi	alcuno	alcuna	alcuni	alcune
	molto	molta	molti	molte
	nessuno	nessuna	–	–
	poco	poca	pochi	poche
	tanto	tanta	tanti	tante
	troppo	troppa	troppi	troppe
	tutto	tutta	tutti	tutte

Esempi	Indefiniti		
	ogni		
– **Ogni studente** ha il proprio libro; Piove **ogni giorno**.	aggettivo	significa "tutti", "tutte"; è invariabile e solo singolare	
	qualche		
– Ho **qualche** amica tedesca; Conosco Lia da **qualche anno**.	aggettivo	significa "alcuni", "un certo numero"; è invariabile e solo singolare	
	niente		
– **Non** compro **niente** al mercato.	pronome	significa "nessuna cosa", "nulla"; è invariabile e solo singolare; quando segue il verbo è presente la negazione *non*	
	nulla		
– **Non** mangio **nulla** per cena.	pronome	significa "nessuna cosa", "niente"; è invariabile e solo singolare; quando segue il verbo è presente la negazione *non*	
	qualcosa		
– Prendi **qualcosa** da bere?	pronome	significa "qualche cosa", è invariabile e solo singolare per riferirsi solo a cose	

		FORME	USI E FUNZIONI
		alcuno	
– *Alcune* **studentesse** sono al bar; *Alcuni* **bicchieri** sono rotti.		aggettivo	al plurale significa "qualche persona", "qualche cosa" e indica un numero limitato di persone o di cose; è variabile
– *Alcuni* non capiscono; Quante **caramelle** vuoi? Solo *alcune*.		pronome	
		molto	
– Frequento *molti* **stranieri**; Anna parla *molte* **lingue**.		aggettivo	indica una grande quantità di persone o di cose ed è il contrario di *poco*; è variabile
– *Molti* sono in vacanza; Quanti **esami** hai fatto? *Molti*.		pronome	
		nessuno	
– **Non** si è infortunato *nessun* **ragazzo** della squadra (= *Nessun* **ragazzo** della squadra si è infortunato); **Non** ho *nessuna* **camicia** bianca.		aggettivo	significa "neanche uno", "non uno", è variabile al maschile e al femminile e solo singolare; quando segue il verbo è presente la negazione *non*
– **Non** ha capito *nessuno* (= *Nessuno* ha capito); Quanti **esercizi** devi fare? *Nessuno*.		pronome	
		poco	
– *Pochi* **falegnami** sono bravi come te; Lara ha *poche* **spese** questo mese.		aggettivo	indica una piccola quantità di persone o cose ed è il contrario di *molto*; è variabile
– *Pochi* restano in città in estate; Quante **penne** ti servono? *Poche*.		pronome	
		tanto	
– Oggi c'è *tanta* **gente** per le strade; Luca ha *tanti* **problemi**.		aggettivo	indica una grande quantità di persone o cose, come *molto*; è variabile
– *Tanti* partono oggi per il mare; Quanto **bene** vuoi a Teresa? Davvero *tanto*.		pronome	
		troppo	
– *Troppi* **bambini** soffrono di obesità; Sono grasso, mangio *troppi* **dolci**.		aggettivo	indica una quantità eccessiva di persone o di cose e ha un senso negativo; è variabile
– Quanti **ragazzi** non sono andati a lezione? *Troppi*; È *troppa*: preferisco meno **pasta**.		pronome	
		tutto	
– Riordino *tutta* **la casa** e *tutta* **quella roba** vecchia; Mangiate *tutta* **quanta la verdura**; Vado a trovare Laura *tutti* **i giorni** (= ogni giorno).		aggettivo	indica la totalità di persone o di cose; come aggettivo è accompagnato da un articolo o da un dimostrativo (può essere rafforzato da *quanto*); come aggettivo può significare "ogni, qualsiasi"
– Ho mangiato *tutto*; *Tutti* vengono alla festa.		pronome	come pronome può significare "ogni cosa" e avere valore neutro e indeterminato; è variabile

3.2.3. Indefiniti

obiettivo grammatica

FORME | **USI E FUNZIONI**

> **Indefinito *nessuno***
> L'aggettivo *nessuno* davanti a nomi maschili singolari che iniziano per consonante o per vocale perde la vocale finale (**nessun** libro, **nessun** albergo); quando *nessuno* è davanti a nomi femminili singolari che iniziano per vocale perde la vocale finale e ha l'apostrofo (**nessun'**idea).
>
> **Accordo con *niente, nulla, qualcosa***
> I pronomi *niente, nulla, qualcosa* hanno in genere l'accordo del verbo al maschile singolare (**Qualcosa** è accadut**o** nella strada dove abito; Non è success**o** **niente/nulla**).
>
> **Indefiniti e complementi partitivi**
> Gli indefiniti possono essere seguiti da complementi partitivi (*alcuni di noi, molti di voi, nessuno di loro…*) (Questi sono soltanto **alcuni dei nostri problemi**; Solamente **pochi di noi** si sono già laureati).

1 Completa le frasi con gli aggettivi indefiniti, come nell'esempio.

1. Quell'appartamento nel centro storico costa *troppi* soldi per noi.
2. _____ giorno fa sono tornati i miei amici dalle vacanze in Sardegna.
3. Solo _____ studentesse hanno già consegnato la prova scritta dell'esame.
4. Gli studenti lavoratori hanno _____ tempo per studiare.
5. In questo momento di crisi, _____ giovani non hanno un lavoro.
6. Claudio si è laureato in medicina solo _____ anni fa.
7. Non riusciamo a lavorare perché nell'ufficio c'è _____ rumore.

2 Completa le frasi con gli indefiniti *poco, molto, tanto, troppo* e indicane la funzione: aggettivo (A), pronome (B).

1. A: Quanti studenti vengono alla visita al museo?
   B: Sfortunatamente solo *pochi*: quattro o cinque soltanto.   A ☐   B ☑

2. A: Stai facendo i compiti per domani?
   B: Sì, ma non ho tempo per finirli: sono _____ esercizi.   ☐ ☐

3. A: Che cosa mangi di solito a pranzo o a cena?
   B: Pasta o riso e _____ verdura, davvero tanta.   ☐ ☐

4. A: Hai molte difficoltà con i tempi verbali?
   B: Non _____, ma il congiuntivo è difficile per me.   ☐ ☐

5. A: Ti posso dare un po' di dolce?
   B: Sì, ma davvero _____.   ☐ ☐

6. A: Chi va a Roma a vedere la mostra su Caravaggio?
   B: _____ studenti del mio corso: dodici su quindici.   ☐ ☐

FORME | **USI E FUNZIONI**

3.2.3. Indefiniti

3 Completa le frasi con gli indefiniti *qualche, qualcosa, alcuni/alcune*.

1. Stasera fa molto caldo e prendo _____ di fresco da bere.
2. Nella caffetteria ci sono _____ studentesse del mio corso.
3. Fra _____ ora arrivano i miei amici di Napoli.
4. In biblioteca ci sono solamente _____ libri per il corso.
5. Vogliamo comprare _____ di bello per andare alla festa.
6. Oggi _____ bambino vuole fare merenda con pane e cioccolata.
7. Il lunedì la scuola organizza _____ laboratori di canto e di musica.
8. Carlo preferisce fare colazione con _____ biscotto.
9. C'è _____ che non va: Ilaria non è ancora a casa.
10. Sto studiando all'università con _____ compagna di corso.

4 Trasforma le frasi dalla forma affermativa alla forma negativa e usa *non… niente/nulla* o *non… nessuno*, come nell'*esempio*.

1. Prendo qualcosa da bere al bar. *Non prendo niente da bere al bar.*
2. Anna aiuta qualche studente con i compiti. _____
3. Scriviamo alcune mail di lavoro. _____
4. Luca riordina tutto nella sua camera. _____
5. Comprate qualcosa per la cena. _____
6. Sto vedendo alcuni amici il venerdì. _____
7. Desidero comprare tutto in questo negozio. _____
8. Invito qualche compagna di studio. _____

5 Trasforma le frasi e sostituisci *tutto* con *ogni*, come nell'*esempio*.

1. Ogni amico è andato alla festa. *Tutti gli amici sono andati alla festa.*
2. Ogni strada era affollata per il Natale. _____
3. Ogni cane si riposava nella sua cuccia. _____
4. Ogni bambina si è seduta al suo posto. _____
5. Ogni insegnante aiutava i suoi studenti. _____
6. Ogni estate è calda e bella in Sicilia. _____
7. Ogni studente ha consegnato la relazione. _____
8. Ogni tazza di vetro si è rotta. _____

obiettivo grammatica

FORME | **USI E FUNZIONI**

6 Completa le frasi con gli aggettivi e i pronomi indefiniti della lista.

nessun – alcuni – qualche – ogni – troppo – qualcuno – niente – tutte

1. Questo vestito è _____ caro. Non lo compro.
2. _____ le sere usciamo con Antonio e Lorella.
3. _____ giorno prendo l'autobus per andare in ufficio.
4. Non abbiamo ancora ordinato _____ da bere.
5. Carlo è venuto a trovarmi _____ settimana fa.
6. Non ho comprato ancora _____ libro per il corso.
7. _____ di voi ha dimenticato lo zainetto in aula.
8. Per la mia festa di laurea _____ miei amici non possono venire.

7 Completa il testo con gli indefiniti della lista e indicane la funzione: aggettivo (A), pronome (P).

alcuni – nessun – nessuno – qualcosa – tante – molte – qualche – tutti – alcuni
ogni – qualche – nessun – alcuni – tutti – ogni – qualche – troppe – nessun

La cena di sabato

Sabato sera ho invitato (1) _____ (___) amici a cena. Per questo motivo oggi dovrò fare la spesa e comprare (2) _____ (___) cose, ma fortunatamente non (3) _____ (___), perché come di solito (4) _____ (___) invitato porterà (5) _____ (___) da bere o da mangiare. Preparerò (6) _____ (___) antipasti a base di verdure fresche e (7) _____ (___) altri con legumi, come fagioli e lenticchie. E poi olive, noccioline e (8) _____ (___) salsa appetitosa. Come primo non farò (9) _____ (___) piatto di pasta, ma un buon risotto con i funghi porcini di stagione. Come secondo farò (10) _____ (___) torta salata e poi, per contorno, (11) _____ (___) verdure: piselli, spinaci, funghi, carciofi sott'olio... Non cucinerò (12) _____ (___) piatto di carne o di pesce perché preferisco una alimentazione che esclude (13) _____ (___) prodotto animale. Inoltre, non preparerò (14) _____ (___) dolce, perché non sono brava a farli e poi perché quasi (15) _____ (___) hanno detto che porteranno un dessert e (16) _____ (___) bottiglia di vino. (17) _____ (___) di noi resterà deluso dal menu (18) _____ (___) noi ci divertiremo.

obiettivo grammatica

FORME | **USI E FUNZIONI**

3.2.4. Interrogativi ed esclamativi

Gli aggettivi e pronomi interrogativi servono per fare domande sull'identità, sulla qualità e sulla quantità del nome a cui si riferiscono. Gli aggettivi e i pronomi esclamativi si usano per introdurre un'esclamazione.

singolare	maschile	quanto	quale	che	che cosa	chi
	femminile	quanta				
plurale	maschile	quanti	quali			
	femminile	quante				

Esempi	Interrogativi ed esclamativi	
che		
– **Che** scuola fai?; **Che** vuoi?	interrogativo	aggettivo e pronome per riferirsi a esseri inanimati; è invariabile
– **Che** tempo brutto!; **Che** bello!	esclamativo	
(che) cosa		
– (**Che**) **cosa fai** stasera?	interrogativo	pronome per riferirsi a esseri inanimati; è invariabile
– Ma (**che**)**cosa** è successo!	esclamativo	
chi		
– A **chi** telefoni?	interrogativo	pronome per riferirsi a esseri animati e inanimati; è invariabile
– **Chi** si vede!	esclamativo	
quale		
– **Quale** libro leggi?; **Quale** di questi scegli?	interrogativo	aggettivo e pronome per riferirsi a esseri animati e inanimati; è variabile al singolare e al plurale
– **Quale** onore la tua presenza!	esclamativo	
quanto		
– **Quanti** anni hai?; **Quanto** costa?	interrogativo	aggettivo e pronome per riferirsi a esseri inanimati e animati; è variabile
– **Quanta** gente!; **Quanto** spendi!	esclamativo	

Aggettivi e pronomi interrogativi
L'aggettivo e pronome interrogativo *quale* può perdere la e finale (troncamento/apocope vocalica) davanti a vocale (senza apostrofo) e qualche volta davanti a consonante (**Qual** è il tuo indirizzo? **Qual** buon vento ti porta?).

Aggettivi e pronomi esclamativi
Gli aggettivi e pronomi esclamativi hanno la stessa forma degli aggettivi e dei pronomi interrogativi, ma nello scritto hanno il punto esclamativo (!) invece del punto interrogativo (?) e nella lingua parlata hanno una differente intonazione della frase.

Posizione del soggetto nelle frasi interrogative
Nelle frasi interrogative con gli interrogativi (*dove, quando...*) il soggetto si trova dopo il verbo (*Dove abitano **loro**?*) (*Dove loro abitano?*).

obiettivo grammatica

FORME | **USI E FUNZIONI**

LINGUA IN USO

Uso di *come mai* al posto di *perché*
Nella lingua parlata di uso comune, al posto di *perché*, con valore interrogativo, usiamo frequentemente *come mai* (**Come mai** (= *perché*) *te ne sei andato via?*).

Uso di *che* al posto di *quale*
Nella lingua parlata di uso colloquiale usiamo *che* al posto di *quale* (**Che** (= *quale*) *libro leggi?*)

Uso di *che, che cosa, cosa*
Nella lingua parlata di uso comune usiamo gli interrogativi *che, cosa* al posto di *che cosa* (**Che/Cosa** (= *che cosa*) *fai?*) soprattutto nell'Italia del Nord.

---

1 Completa con gli aggettivi e i pronomi della lista e indica quando sono interrogativi (A) o esclamativi (B), come nell'esempio.

quante – quali – che cosa – quanta – quale – chi – che – qual

		A	B
1. _Qual_ è il tuo libro preferito?		✓	☐
2. _____ fai oggi?		☐	☐
3. _____ fretta!		☐	☐
4. _____ esercizi devi fare?		☐	☐
5. _____ paura!		☐	☐
6. _____ è quella ragazza?		☐	☐
7. _____ contorno prendi?		☐	☐
8. _____ belle persone vedo!		☐	☐

2 Completa le domande con gli aggettivi e i pronomi interrogativi. Abbina le domande alle risposte, come nell'esempio.

1. _Quante persone hai invitato alla cena?_ a. Un mio amico.
2. _____ è la tua materia preferita a scuola? b. Per Alessia.
3. _____ ha telefonato prima? c. Forse andiamo in montagna.
4. _____ sono i paesi dell'Unione europea? d. Giallo e arancione.
5. _____ fate domenica prossima? e. _Dieci in tutto._
6. _____ costa quella maglietta in vetrina? f. A oggi ventotto.
7. Per _____ è questo regalo? g. Senza dubbio storia.
8. _____ sono i tuoi colori preferiti? h. 35,00 euro solamente.

1. _e_ / 2. ___ / 3. ___ / 4. ___
5. ___ / 6. ___ / 7. ___ / 8. ___

3.2.4. Interrogativi ed esclamativi

3 Completa il testo con gli aggettivi e i pronomi interrogativi.

Test: Che tipo di viaggiatore sei?

(1) _____ è la vacanza che preferisci? Rispondi alle domande di questo simpatico test per scoprire
(2) _____ destinazione potresti scegliere per il tuo prossimo viaggio.
(3) _____ settimane deve durare la vacanza?

| a. meno di una settimana. | b. una settimana. | c. due settimane. |

Con (4) _____ mezzo di trasporto preferisci viaggiare?

| a. aereo | b. treno. | c. auto |

Con (5) _____ ami viaggiare?

| a. in coppia. | b. con altre persone | c. da solo/a |

(6) _____ preferisci fare in vacanza?

| a. fare shopping | b. conoscere gente nuova | c. visitare città d'arte |

(7) _____ tipi di scarpe metti sicuramente nella valigia?

| a. scarpe eleganti | b. scarponi sportivi | c. scarpe da ginnastica |

4 Completa il testo con gli aggettivi e i pronomi interrogativi. Abbina le risposte alle domande.

a. Otto anni – b. Dipende dalla destinazione e al programma scelto – c. Un team che offre assistenza durante tutta la vacanza studio – d. Circa due settimane – e. Francia, Germania, Gran Bretagna, Italia, Spagna – f. Puoi scegliere tra francese, inglese, italiano e tedesco – g. È un viaggio all'estero per imparare una lingua straniera

Vacanze studio: domande frequenti

(1) _____ è una vacanza studio? ☐

(2) _____ settimane dura un viaggio studio? ☐

(3) _____ è l'età minima per partecipare a una vacanza studio? ☐

(4) _____ lingue posso studiare? ☐

(5) _____ sono i paesi di destinazione? ☐

(6) _____ tipo di escursioni posso fare? ☐

(7) _____ controlla i ragazzi durante la vacanza studio? ☐

3.2.4. Interrogativi ed esclamativi

3.2.5. Numerali

Gli aggettivi e i pronomi numerali indicano una quantità numerabile precisa (numerali cardinali) e l'ordine in una serie numerica (numerali ordinali).

Numeri cardinali e ordinali

numerali cardinali		numerali ordinali		numerali cardinali		numerali ordinali	
1	uno/una	1°	primo	21	ventuno	21°	ventunesimo
2	due	2°	secondo	30	trenta	30°	trentesimo
3	tre	3°	terzo	40	quaranta	40°	quarantesimo
4	quattro	4°	quarto	50	cinquanta	50°	cinquantesimo
5	cinque	5°	quinto	60	sessanta	60°	sessantesimo
6	sei	6°	sesto	70	settanta	70°	settantesimo
7	sette	7°	settimo	80	ottanta	80°	ottantesimo
8	otto	8°	ottavo	90	novanta	90°	novantesimo
9	nove	9°	nono	100	cento	100°	centesimo
10	dieci	10°	decimo	101	centouno	101°	centunesimo
11	undici	11°	undicesimo	200	duecento	200°	duecentesimo
12	dodici	12°	dodicesimo	300	trecento	300°	trecentesimo
13	tredici	13°	tredicesimo	400	quattrocento	400°	quattrocentesimo
14	quattordici	14°	quattordicesimo	500	cinquecento	500°	cinquecentesimo
15	quindici	15°	quindicesimo	600	seicento	600°	seicentesimo
16	sedici	16°	sedicesimo	700	settecento	700°	settecentesimo
17	diciassette	17°	diciassettesimo	800	ottocento	800°	ottocentesimo
18	diciotto	18°	diciottesimo	900	novecento	900°	novecentesimo
19	diciannove	19°	diciannovesimo	1000	mille	1000°	millesimo
20	venti	20°	ventesimo	1001	milleuno	1001°	milleunesimo

numerali cardinali		numerali ordinali	
2000	duemila	2000°	duemillesimo
10.000	diecimila	10.000°	diecimillesimo
100.000	centomila	100.000°	centomillesimo
1.000.000	un milione	1.000.000°	un milionesimo
1.000.000.000	un miliardo	1.000.000.000°	un miliardesimo

3.2.5. Numerali

Numerali cardinali
I numerali cardinali sono invariabili.
Uno segue le regole dell'articolo determinativo e ha anche il femminile (**un** bambino, **un'**arancia).
Il plurale di *mille* è *mila* (due**mila**, tre**mila**…).
I numeri composti
- con *uno* e *otto* perdono la vocale finale (vent**uno**, ventidue, … vent**otto**…)
- con *uno* o con *due*, o più sillabe, possono perdere la vocale finale, in genere davanti a un nome maschile (**trentun** anni)
- con *tre* hanno l'accento (**trentatré**)
- da più elementi sono uniti (**trentaquattro** anni)
- con *milione* e *miliardo* sono divisi (**due milioni**)
- con *cento* e *mille* possono essere divisi con *e* (**duecento e due** = duecentodue).

Numerali ordinali
I numerali ordinali sono variabili.
È possibile formare gli ordinali successivi al *decimo* con il numero cardinale senza vocale finale + *–esimo* (*undici* + *–èsimo* > *undic***esimo**), eccetto i numerali con *tre* (trentatr**eesimo**); il purale di *mille* è *–millesimo* (due**millesimo**).
È possibile scrivere i numeri ordinali in cifre con la lettera *o*, per il maschile, e *a*, per il femminile, come esponente (**25°** classificato; **25ª** classificata).

Date ed espressioni di tempo
Per indicare
- la data in genere usiamo i numerali cardinali nella sequenza: giorno del mese in cifre, mese in lettere, anno in cifre (**10 novembre 2019**)
- il primo giorno del mese è possibile usare il numerale ordinale (**il primo** dicembre = 1° dicembre). Possiamo scrivere la data anche in cifre (**10/11/2019** = **10.11.2019**)
- una data in un contesto cronologico noto è possibile usare l'apostrofo davanti alle ultime due cifre della data (*Sono nato* nell'**'88**; *La guerra del* **'15-'18** *ha causato milioni di vittime*)
- un decennio è possibile usare le lettere e le cifre, preferibilmente con la lettera maiuscola, anche senza "anni" (*Gli* **anni Sessanta** = *Gli* **anni '60** = *I* **'60**).

1 Scrivi i numeri cardinali in lettere.

1. 116
2. 1020
3. 65
4. 831
5. 3
6. 2418
7. 41
8. 180
9. 11.028
10. 273

obiettivo grammatica

FORME | USI E FUNZIONI

2 Completa la tabella, come nell'esempio.

numerali cardinali		numerali ordinali		numerali cardinali		numerali ordinali	
1	*uno*	1°	*primo*	20		21°	
5		4°		23		33°	
10		6°		35		50°	
11		8°		38		66°	
13		9°		47		77°	
18		10°		51		95°	

3 Scrivi i numerali in cifre, come nell'esempio.

1. Andrea Bocelli è nato il (ventidue settembre millenovecentocinquantotto) **22 settembre 1958** a Lajatico, in provincia di Pisa.
2. Gli anni (Cinquanta) _____ e (Sessanta) _____ del secolo scorso sono gli anni del miracolo economico italiano.
3. L'Italia è diventata una Repubblica con il referendum del (quarantasei) _____ e il re è andato in esilio.
4. Lo scrittore siciliano Luigi Pirandello è morto il (dieci dicembre millenocentotrentasei) _____ _____ .
5. La crisi americana del (ventinove) _____ ha avuto effetti negativi non solo negli Stati Uniti, ma anche in Europa.
6. Alle ultime Olimpiadi l'Italia si è classificata (decima) _____ per il numero di medaglie che ha vinto.

4 Scrivi in lettere i numerali cardinali sottolineati e in cifre i numerali ordinali.

Le spiagge italiane più belle

Scopri dove si trovano le 21 (1. _____) spiagge più belle d'Italia!
Abbiamo chiesto ai 20.000 (2. _____) membri della nostra community di partecipare a un sondaggio, e di esprimere cinque preferenze fra 100 (3. _____) spiagge del Bel Paese.
Tra le prime cinque spiagge premiate, due sono in Sicilia e tre in Sardegna: al quinto (4. _____), al terzo (5. _____) e al secondo (6. _____) posto troviamo le spiagge La Pelosa, Cala Goloritzé e Cala Mariolu in Sardegna, al quarto (7. _____) e al primo (8. _____) posto si classificano Favignana e la Spiaggia dei Conigli a Lampedusa in Sicilia, che era settima (9. _____) nella classifica europea dello scorso anno.
L'Isola dei Conigli è un vero paradiso e in passato ha ricevuto anche il titolo di Spiaggia più bella del Mondo. In estate l'isola è raggiungibile con voli diretti anche da Milano Malpensa, Roma FCO e Pisa con prezzi che partono da 80,00 (10. _____) Euro.
Nella classifica ci sono anche le spiagge di altre regioni: la Liguria risulta al ventunesimo (11. _____) posto, il Lazio al quattordicesimo (12. _____) e la Puglia al dodicesimo (13. _____).

(Fonte: Testo adattato, s.a., *Le 21 spiagge più belle d'Italia*).

obiettivo grammatica

FORME | **USI E FUNZIONI**

4. PRONOME

Il pronome è una parte variabile del discorso e di solito sostituisce un nome di cui mantiene il genere e il numero.

4.1. Pronomi personali

I pronomi personali indicano chi o che cosa è coinvolto nella comunicazione e sostituiscono l'elemento grammaticale a cui fanno riferimento (soggetto, complemento). La forma dei pronomi personali cambia in relazione alla funzione grammaticale che svolgono (pronomi personali soggetto, oggetto diretto, oggetto indiretto). I pronomi personali con funzione di oggetto diretto (pronomi diretti) e con funzione di oggetto indiretto (pronomi indiretti) possono essere atoni (prima del verbo) o tonici (dopo il verbo), i pronomi personali soggetto sono solo tonici.

4.1.1. Pronomi soggetto

I pronomi personali soggetto servono per sostituire un nome o anche una intera frase e concordano con il verbo.

Laura studia economia. ⟷ **Lei** studia economia.
soggetto *pronome soggetto*

	persona	pronomi	esempi
singolare	I	io	**Io** non sono d'accordo.
	II	tu	**Tu** sei italiano?
	III	lui (m.)	**Lui** non vuole uscire.
		lei (f.)	**Lei** ha detto di no.
plurale	I	noi	**Noi** ora andiamo via.
	II	voi	**Voi** uscite questa sera?
	III	loro (m., f.)	**Loro** non escono oggi.

Uso del pronome personale soggetto
In genere non usiamo il pronome personale soggetto (Parl**ate** francese?; And**iamo** al cinema stasera?) perché le desinenze del verbo contengono già le informazioni sulla persona (parl-**ate** = voi; and-**iamo** = noi).
In genere usiamo il pronome personale
- quando non è chiaro il soggetto del verbo (Luca e Maria parlano insieme, **lei** è molto disponibile)
- per mettere in evidenza il soggetto (**Io** oggi ho deciso di uscire!)
- per esprimere un contrasto (**Noi** restiamo a casa, ma **voi** uscite pure).

1 Completa con il pronome personale soggetto.

1. ___ mangio
2. ___ fanno
3. ___ parlate
4. ___ andiamo
5. ___ ripetono
6. ___ ascoltate
7. ___ leggo
8. ___ aspetti
9. ___ dormi
10. ___ ci alziamo
11. ___ si sveglia
12. ___ scrivono
13. ___ esce
14. ___ sottolineate
15. ___ domandiamo
16. ___ parte
17. ___ ripeto
18. ___ ti vesti
19. ___ mi lavo
20. ___ vi salutate

obiettivo grammatica

FORME | **USI E FUNZIONI**

2 Abbina i pronomi personali alle parole sottolineate, come nell'esempio.

1. Luca e Giovanna escono insieme.
2. Tu e io non andiamo d'accordo.
3. Tu e il professore parlate dell'esame?
4. Io e i miei amici andiamo al corso.
5. I signori Rossi telefonano al direttore.

lui
lei
noi
voi
loro

6. Lucia è una studentessa spagnola.
7. Tu e lui siete fratelli?
8. I genitori di Mattia sono seduti laggiù.
9. Franco sta studiando in biblioteca.
10. La professoressa arriverà in ritardo.

1. *loro* / 2. ____ / 3. ____ / 4. ____ / 4. ____ / 5. ____
6. ____ / 7. ____ / 8. ____ / 9. ____ / 10. ____

3 Completa le frasi con l'alternativa corretta dei pronomi personali soggetto.

1. Ciao, io sto bene, e ☐ **tu** ☐ **lei** ☐ **lui** come stai?
2. Io sono la signora Martini. ☐ **Lei** ☐ **Lui** ☐ **Io** come si chiama?
3. Io prendo un caffè. E ☐ **lei** ☐ **io** ☐ **tu** cosa prendi?
4. Chi compra il latte oggi? Lo compro ☐ **io** ☐ **tu** ☐ **lui**.
5. Luca, guarda, ☐ **noi** ☐ **voi** ☐ **loro** sono i signori Rossi.
6. Anch'☐ **io** ☐ **tu** ☐ **lei** preferisco andare al mare nel pomeriggio.
7. Mi dispiace, ma ☐ **noi** ☐ **voi** ☐ **loro** non veniamo al cinema.
8. Noi partiamo per la montagna, ma ☐ **io** ☐ **voi** ☐ **lui** resta a casa.

4 Completa il testo con l'alternativa corretta dei pronomi personali soggetto.

Matilde e la sua famiglia

Matilde è una signora di quaranta anni e (1) ☐ **lei** ☐ **Ø** fa la professoressa di francese in una scuola privata del suo paese. (2) ☐ **Lei** ☐ **Ø** è una donna alta un metro e settanta, (3) ☐ **lei** ☐ **Ø** ha gli occhi chiari e la carnagione scura. (4) ☐ **Lei** ☐ **Ø** è sposata con Marco, un dirigente delle poste. (5) ☐ **Lui** ☐ **Ø** è alto un metro e ottanta e ha gli occhi scuri. (6) ☐ **Loro** ☐ **Ø** sono sposati da tredici anni e hanno due figli: Giacomo e Genoveffa. Giacomo ha dieci anni e (7) ☐ **lui** ☐**Ø** ha i capelli biondi come il padre, mentre (8) ☐ **lei** ☐ **Ø** ha i capelli scuri come la madre. (9) ☐ **Lei** ☐ **Ø** ha otto anni. (10) ☐ **Lui** ☐ **Ø** è un bambino molto allegro e pure (11) ☐ **lei** ☐ **Ø** è allegra e simpatica. (12) ☐**Loro** ☐ **Ø** giocano sempre insieme.

obiettivo grammatica

FORME | **USI E FUNZIONI**

4.1.2. Pronomi riflessivi

I pronomi personali riflessivi sono riferiti al soggetto della frase e possono essere sia complemento oggetto (*mi lavo*) che complemento indiretto (*mi lavo le mani*).

	persona	pronomi soggetto	pronomi riflessivi	esempi
singolare	I	io	**mi**	*mi lavo*
singolare	II	tu	**ti**	*ti lavi*
singolare	III	lui/lei	**si**	*si lava*
plurale	I	noi	**ci**	*ci laviamo*
plurale	II	voi	**vi**	*vi lavate*
plurale	III	loro	**si**	*si lavano*

Posizione dei pronomi riflessivi/reciproci
I pronomi riflessivi si trovano
- prima dei verbi di modo finito (*Maria si lava; Maria si è lavata; Maria si era lavata…*)
- prima o dopo il verbo con i verbi modali (*dovere, potere e volere*) + infinito (**Ti** *devi vestire in fretta* = *Devi vestir***ti** *in fretta*).
- dopo i verbi di modo imperativo alla II persona singolare (tu) e plurale (voi), e alla I persona plurale (*Carlo, lava-***ti**!*, Bambini, lavate***vi**!*; Ragazzi, laviamo***ci**!*).

Uso dell'ausiliare con i verbi riflessivi e pronominali
Le forme riflessive e pronominali del verbo nei tempi composti hanno l'ausiliare *essere* e il participio passato si accorda con il soggetto (*Giovanna e Marta si* **sono** *alzat***e**).

1 Completa le frasi all'indicativo presente con i pronomi riflessivi.

1. A che ora _____ incontrate stasera, tu e Luca?
2. La mattina Antonio _____ alza alle otto.
3. Ragazzi, a che ora _____ svegliate la domenica?
4. Perché non _____ riposi un po' prima di cena?
5. Quelle persone _____ sbagliano: il treno non è in ritardo.
6. Lorella e io _____ conosciamo ormai da due anni.
7. Perché non _____ scusi con Luca, è molto arrabbiato con te.
8. A novembre finalmente _____ laureerò e sono molto felice.

2 Completa le frasi con i pronomi riflessivi, quando è necessario.

1. Carlo _____ lava la macchina.
2. Ragazzi, _____ preparate per l'esame?
3. L'infermiera _____ veste la paziente.
4. Il giornalista _____ incontra il presidente dell'azienda.

obiettivo grammatica

FORME | **USI E FUNZIONI**

5. Antonia e Laura _____ lavano in fretta prima di uscire.
6. Come _____ vesti per la festa?
7. Luisa e Marta _____ incontrano in centro.
8. Oggi _____ prepariamo un dolce.

3 Completa le frasi al passato prossimo con i pronomi riflessivi.

1. A che ora tu e il tuo ragazzo _____ siete incontrat__ stasera?
2. Ieri mattina Sofia _____ è alzat__ molto tardi.
3. Siete stanchi? A che ora _____ siete svegliat__ questa mattina?
4. Gli escursionisti sono esausti: non _____ sono ancora riposat__.
5. Le nostre amiche _____ sono sbagliat__, lo spettacolo è domani.
6. Marcos e io _____ siamo conosciut__ due anni fa a Madrid.
7. Perché _____ sei scusat__ con il tuo coinquilino?
8. Quei due studenti _____ sono diplomat__ l'anno scorso.

4 Completa le frasi con i pronomi riflessivi e indica quando sono prima del verbo (A), dopo il verbo (B), prima e dopo il verbo (C).

	A	B	C
1. Bambini, _____ lavate_____, è tardi!	☐	☐	☐
2. Oggi sono davvero stanca, _____ devo riposar_____ un po'.	☐	☐	☐
3. Luca, _____ possiamo veder_____ oggi pomeriggio?	☐	☐	☐
4. Oggi _____ incontriamo _____ davanti alla stazione?	☐	☐	☐
5. Ragazzi, a scuola _____ dovete comportar_____ meglio.	☐	☐	☐
6. Quell'uomo non _____ pettina_____ mai prima di uscire.	☐	☐	☐
7. Lorenzo, _____ alza_____ subito da terra, è sporco.	☐	☐	☐
8. La signora _____ è vestita_____ in modo elegante.	☐	☐	☐

5 Completa il testo con i pronomi riflessivi.

A lezione di fisica

Ciao ragazzi! Mi presento: mi chiamo Luisa e come tutte le ragazze della mia età vado a scuola. Ogni mattina (1) _____ sveglio alle otto e poi (2) _____ lavo. Subito dopo la doccia (3) _____ vesto e (4) _____ preparo per andare a scuola. Le mie giornate sono tutte abbastanza simili. Quando sono a scuola (5) _____ annoio molto, in particolare durante la lezione di fisica quando la professoressa spiega. Lei di solito (6) _____ veste sempre in modo elegante e (7) _____ trucca in modo naturale. È una persona che (8) _____ cura molto. Vi dico tutte queste cose perché a lezione, mentre lei spiega, io la guardo attentamente. Osservo tutti i particolari: come (9) _____ pettina, come (10) _____ muove, come (11) _____ siede. Praticamente osservo tutto di lei. Se mi chiedete se (12) _____ dipinge le unghie e di che colore, io vi so rispondere. Ma se mi chiedete che cosa ha spiegato. Io proprio non lo so. Buffo vero?

Lascia un commento   Leggi di più

4.1.2. Pronomi riflessivi

FORME   USI E FUNZIONI

4.1.3. Pronomi diretti

I pronomi personali diretti hanno due forme: una tonica e una atona. Usiamo la forma tonica (pronomi tonici) per mettere in evidenza l'elemento a cui si riferisce il pronome; usiamo la forma atona (pronomi atoni) per focalizzare l'attenzione sul verbo. I pronomi diretti sostituiscono un complemento oggetto.

Saluto **Mario**. ↔ **Lo** saluto.
complemento oggetto — *pronome diretto atono*

FORME

	persona	pronomi soggetto	pronomi atoni	esempi	pronomi tonici	esempi
singolare	I	io	**mi**	*mi guarda*	**me**	*guarda me*
	II	tu	**ti**	*ti guarda*	**te**	*guarda te*
	III	lui	**lo**	*lo guarda*	**lui**	*guarda lui*
	III	lei	**la**	*la guarda*	**lei**	*guarda lei*
plurale	I	noi	**ci**	*ci guarda*	**noi**	*guarda noi*
	II	voi	**vi**	*vi guarda*	**voi**	*guarda voi*
	III	loro	**li**	*li guarda*	**loro**	*guarda loro*

USI E FUNZIONI

Uso del pronome lo
Il pronome *lo* può sostituire un'intera frase (*Dove è il mercato principale della città? Non **lo** (= dove è il mercato principale) so*).

Posizione dei pronomi diretti
I pronomi diretti atoni si trovano generalmente davanti al verbo coniugato (***Ti** ho visto*; ***L'**ho visto*) e sono eventualmente preceduti dalla negazione (***Non ti** ho visto*); i pronomi diretti tonici si trovano dopo il verbo e servono a mettere in evidenza un elemento (cosa, persona, animale) nella frase (*Ho visto **te** e non **lei***).
Usiamo i pronomi diretti atoni dopo
• verbi di modo non finito (gerundio, infinito, participio) (*Vado da Luca per salutar**lo***)
• verbi di modo imperativo alla II persona singolare (tu) e plurale (voi), e alla I persona plurale (*Aiuta**lo**!; Aiutate**lo**!; Aiutiamo**lo**!*).
Usiamo i pronomi diretti atoni prima o dopo il verbo
• modale + infinito (***Lo** devo incontrare = Devo incontrar**lo***)
• stare + gerundio (***La** sto ascoltando = Sto ascoltando**la***, forma meno usata)
• imperativo in forma negativa alla II persona singolare (tu) e plurale (voi) e alla I persona plurale (noi) (congiuntivo esortativo) (*Non **lo** fare!/Non far**lo**!; Non **lo** fate!/Non fate**lo**!; Non **lo** facciamo!/Non facciamo**lo**!*).

Accordo con i tempi composti
Con i verbi composti il participio passato del verbo si accorda con l'oggetto quando è preceduto
• dai pronomi atoni diretti *lo, la, li, le* (*Ho scritto la mail, ma non l'ho inviat**a***)
• dal partitivo *ne* (*Hai fatto gli esercizi? **Ne** ho fatt**i** solo due*).
L'accordo con il pronomi atoni diretti *mi, ti, ci, vi* è facoltativo (*Carlo **ci** ha accompagnat**o** a casa/Carlo **ci** ha accompagnat**i** a casa/Carlo **ci** ha accompagnat**e** a casa*).

obiettivo grammatica

FORME | **USI E FUNZIONI**

1 Completa le frasi con l'alternativa corretta.

1. A: Chi invita Francesca alla festa di fine anno?
   B: ☐ Lo ☐ La ☐ Li ☐ Le invito io!

2. A: Sai a che ora parte il treno?
   B: No, non ☐ lo ☐ la ☐ li ☐ le so.

3. A: Devi aggiungere il sale.
   B: ☐ Lo ☐ La ☐ Li ☐ Le aggiungo subito.

4. A: Posso provare le tue scarpe nuove?
   B: Certo, ☐ lo ☐ la ☐ le ☐ li puoi provare.

5. A: Accompagni le tue amiche al cinema stasera?
   B: Sì, ☐ lo ☐ la ☐ li ☐ le accompagno.

6. A: Dove incontri il tuo amico domani?
   B: ☐ Lo ☐ La ☐ Li ☐ Le incontro davanti al cinema.

7. A: Io aiuto Tobia e Marta, ma non riesco ad aiutare Mirko e Andrea.
   B: Tranquilla, ☐ lo ☐ la ☐ li ☐ le aiuta Sara.

8. A: Chiamate voi i genitori di questo studente?
   B: Sì, ☐ lo ☐ la ☐ li ☐ le chiamiamo noi.

2 Sostituisci le espressioni sottolineate con i pronomi diretti atoni adatti, come nell'esempio.

1. Compro le scarpe nuove.   *le*
2. Usiamo la penna rossa.   _____
3. Lucia accompagna Caterina alla stazione.   _____
4. Metto il giornale sul tavolo.   _____
5. Gli studenti completano gli esercizi.   _____
6. Sara accompagna voi alla stazione.   _____
7. Il taxi porta noi davanti al palazzo del Comune.   _____
8. Bevo il caffellatte a colazione.   _____
9. I genitori di Luca portano voi a scuola.   _____

3 Trasforma le espressioni sottolineate con i pronomi diretti di terza persona, come nell'esempio.

1. Uso l'autobus tutti i giorni.   *Lo uso tutti i giorni.*
2. Anna incontra la professoressa di fisica.   _____
3. I miei coinquilini dimenticano spesso le chiavi.   _____
4. Mio marito oggi chiama i suoi amici.   _____
5. Sara guarda un film stasera.   _____
6. Compro le fragole al mercato.   _____
7. I miei bambini detestano gli spinaci.   _____
8. Puliamo la camera più tardi.   _____

4.1.3. Pronomi diretti

| | FORME | USI E FUNZIONI |

4.1.3. Pronomi diretti

4 Trasforma le frasi, come nell'esempio.

1. Mangio gli spaghetti. *Li mangio.* *Li ho mangiati.*
2. Guardate un film. _____ _____
3. Prendiamo le cartelle. _____ _____
4. Salutate i professori. _____ _____
5. Bevono il caffè. _____ _____
6. Luca ascolta la radio. _____ _____

5 Completa le frasi con i pronomi diretti e indica quando il pronome è atono (A) o tonico (B).

A   B

1. A: Chi compra il giornale oggi?
   B: _____ compro io! ☐ ☐

2. A: Incontrerai Giovanna al mercato?
   B: Sì, incontrerò proprio _____. ☐ ☐

3. A: Lucia oggi consegnerà la tesi in segreteria?
   B: No, _____ consegnerà domani. ☐ ☐

4. A: Vai tu a ritirare i libri in libreria?
   B: Sì, _____ vado a ritirare io. ☐ ☐

5. A: Accompagni me e Lara?
   B: No, non posso accompagnare _____, devo portare Marta e Luca. ☐ ☐

6. A: Per la casa metti un annuncio!
   B: Hai ragione, _____ metto subito. ☐ ☐

7. A: Chi mi aiuta a traslocare?
   B: _____ aiuto io, non preoccuparti. ☐ ☐

8. A: Io non ho più tempo, puoi aspettare tu le nostre amiche?
   B: Sì, _____ aspetto io. ☐ ☐

9. A: Perché Lisa non ti saluta più?
   B: Non _____ saluta più perché è arrabbiata con me. ☐ ☐

10. A: Mi dispiace, ma nessuno vi ascolta.
    B: Non è vero, _____ ascolti tu! ☐ ☐

obiettivo grammatica

FORME | **USI E FUNZIONI**

6 Completa le frasi con i pronomi diretti tonici, come nell'esempio.

1. La paziente non ascolta (io) *me*, ma solo (il medico) *lui*.
2. Alla conferenza verrà sicuramente (il professore) _____ ma non (la moglie) _____.
3. Inviterò (la tua ragazza) _____, ma non (tu) _____: è una cena fra amiche.
4. Ho cercato Marco e Sofia, ma non ho trovato né (lui) _____ né (lei) _____.
5. Io preferisco (tu) _____ alla nostra coinquilina Giovanna: è un po' invadente.
6. Il direttore ha accolto solo (i ragazzi) _____ nel suo studio e non i genitori.
7. Il ragazzo ha fotografato solo (tu e Laura) _____.
8. Il padrone di casa non ha accompagnato (Luca e Andrea) _____, ma (io e Anna) _____.

7 Trasforma i pronomi diretti da tonici ad atoni, come nell'esempio.

1. I genitori hanno incoraggiato <u>noi</u> a studiare. *Ci hanno incoraggiato.*
2. Hai salutato <u>loro</u> prima di uscire?
3. Perché non hai invitato <u>noi</u> alla festa?
4. Portiamo <u>loro</u> dal dottore.
5. Lisa chiama <u>noi</u> più tardi al telefono.
6. Io non sopporto <u>lei</u>, è troppo arrogante.
7. Quell'uomo saluta <u>noi</u>.
8. Come hai valutato <u>loro</u>?

8 Trasforma le frasi con i pronomi diretti atoni, come nell'esempio.

1. Marco, stai completando <u>il lavoro</u>? *Marco, lo stai completando/stai completandolo?*
2. Ragazzi, non portate fuori <u>i cani</u>.
3. Devo accompagnare <u>te e Giovanna</u>.
4. Lo studente ha voluto rileggere <u>la tesi</u>.
5. Chi può portare <u>bicchieri e tovaglioli</u>?
6. Non devi usare <u>il suo computer</u>.

9 Completa il testo con i pronomi diretti atoni e sottolinea la parola a cui si riferiscono.

Come fare una fotocopia

Per accendere la fotocopiatrice dovete inserire la spina nella presa.
(1) Inserite _____ bene, poi premete sul pulsante di accensione. (2) Premete _____ fino in fondo.
Posizionate poi il foglio di carta da copiare con la faccia in giù, se (3) _____ mettete sullo schermo della fotocopiatrice.
Posizionate invece il foglio di carta con la faccia in su, se (4) _____ mettete sul vassoio del caricatore.
Decidete la quantità di copie da fare e (5) digitate _____ sul display. (6) _____ potete annullare prima di premere il tasto di stampa.
Quando la fotocopiatrice è in funzione, non toccate i tasti sul display, se (7) _____ toccate potete cambiare inavvertitamente le impostazioni di stampa.

FORME **USI E FUNZIONI**

4.1.4. Pronomi indiretti

I pronomi personali indiretti hanno due forme: una tonica e una atona. Usiamo la forma tonica (pronomi tonici) per mettere in evidenza l'elemento a cui si riferisce il pronome; usiamo la forma atona (pronomi atoni) per focalizzare l'attenzione sul verbo. I pronomi indiretti sostituiscono un complemento indiretto (complemento di termine).

Telefono **a Mario**. ←→ **Gli** telefono.
complemento indiretto — *pronome indiretto atono*

	persona	pronomi soggetto	pronomi atoni	esempi	pronomi tonici	esempi
singolare	I	io	mi	*mi* parla	a me	parla *a me*
	II	tu	ti	*ti* parla	a te	parla *a te*
	III	lui	gli	*gli* parla	a lui	parla *a lui*
		lei	le	*la* parla	a lei	parla *a lei*
plurale	I	noi	ci	*ci* parla	a noi	parla *a noi*
	II	voi	vi	*vi* parla	a voi	parla *a voi*
	III	loro	loro, gli	parla *loro*/*gli* parla	a loro	parla *a loro*

Posizione dei pronomi indiretti

I pronomi indiretti atoni si trovano generalmente davanti al verbo coniugato (**Gli** *parliamo domani*) e sono eventualmente preceduti dalla negazione (**Non ti** *ho telefonato*); i pronomi diretti tonici si trovano dopo il verbo e servono a mettere in evidenza un elemento (persona, animale) nella frase (*Parliamo* **a lui** *domani*).

Usiamo i pronomi indiretti atoni dopo
- verbi di modo non finito (gerundio, infinito, participio) (*Vado da Luca per parlargli*)
- dopo i verbi di modo imperativo alla II persona singolare (tu) e plurale (voi), e alla I persona plurale (*Parla**le**!; Parlate**le**!; parliamo**le**!*)

Usiamo i pronomi indiretti atoni prima o dopo il verbo
- modale + infinito (**Gli** *devo parlare = Devo parlar**gli***)
- stare + gerundio (**Gli** *sto parlando = Sto parlando**gli**, forma meno usata*)
- imperativo in forma negativa alla II persona singolare (tu) e plurale (voi), e alla I persona plurale (noi) (congiuntivo esortativo) (*Non* **gli** *parlare!/Non parlar**gli**!; Non* **gli** *parlate!/Non parlate**gli**!; Non* **gli** *parliamo!/Non parliamo**gli**!*).

LINGUA IN USO

Uso del pronome indiretto *gli*

Nella lingua parlata di uso comune usiamo il pronome indiretto maschile *gli* al posto del pronome *loro* maschile e femminile plurale (*Ho visto i colleghi e* **gli** *ho parlato (= ho parlato loro) di te*).
Nella lingua parlata di uso colloquiale usiamo il pronome indiretto maschile singolare *gli* al posto del pronome femminile singolare *le* (*Ho visto Luisa e* **gli** *(= le) ho parlato di te*). Questo uso non è adatto nella lingua parlata e scritta standard.

Uso di *a me mi*

Nella lingua parlata di uso colloquiale usiamo insieme il pronome indiretto atono e il pronome indiretto tonico per enfatizzare la frase (**A me mi** *piace la panna montata*). Questo uso non è adatto nella lingua parlata e scritta *standard*.

obiettivo grammatica

FORME | **USI E FUNZIONI**

1 Completa le frasi con l'alternativa corretta.

1. A: Chi parla a Giovanna?
   B: ☐ **Gli** ☐ **Le** parlo io!
2. A: Hai telefonato ai tuoi genitori?
   B: Sì, ☐ **gli** ☐ **le** ho telefonato poco fa!
3. A: Vi piace il tiramisù?
   B: Sì, ☐ **vi** ☐ **ci** piace moltissimo.
4. A: Mi avete scritto ieri?
   B: Sì, ☐ **vi** ☐ **ti** abbiamo scritto una e-mail.
5. A: Quando andrete in Brasile ☐ **ci** ☐ **mi** mandate una cartolina?
   B: Certo ragazzi, come sempre.
6. A: Ci hai raccontato proprio tutto?
   B: No, ☐ **ti** ☐ **vi** ho raccontato solo una parte della storia.

2 Completa le frasi con i pronomi indiretti atoni.

1. Giovanna, _____ mostro una copia della mia tesi.
2. Signora, _____ dà il suo cappotto e il suo cappello?
3. Il professore mi impaurisce, non _____ parlo volentieri.
4. La tua compagna _____ ha restituito i libri di psicologia clinica?
5. Siamo molto impegnati, l'insegnante _____ ha dato molti compiti per casa.
6. Anna ha visto la segretaria, ma non _____ ha chiesto niente.
7. Mio marito ha telefonato ai padroni di casa, ma non _____ ha detto della finestra rotta.
8. Quando vedi i tuoi genitori, puoi dire _____ che li saluto.

3 Completa le frasi con i pronomi indiretti tonici.

1. A chi devo dire i mei problemi se non (tu) _____.
2. Prima di parlare pensa anche (loro) _____.
3. Devevi dare una spiegazione (Giovanna) _____ e non (il suo ragazzo) _____.
4. Invito la collega e offro _____ un caffè e a te una bibita fresca, come sempre.
5. Perché non hai risposto direttamente (io) _____ invece che (mia madre) _____?
6. Il programma del corso piace (io) _____, ma non (altri studenti) _____.
7. Devi regalare anche (nostra figlia) _____ una bambola così bella.
8. Oggi abbiamo telefonato (invitati) _____ per confermare la data della festa.

4 Trasforma le parti sottolineate con i pronomi indiretti tonici e atoni, come nell'esempio.

1. Gli studenti parlano <u>al professore</u> con rispetto e attenzione.
   Gli studenti parlano <u>a lui</u> con rispetto e attenzione.
   Gli studenti gli parlano con rispetto e attenzione.
2. I medici rispondono sinceramente <u>alla madre del ragazzo</u>.

_____

_____

4.1.4. Pronomi indiretti

3. I volontari devono portare <u>al responsabile della biblioteca</u> alcuni volumi.

   _____

4. Chi offre aiuto <u>a quelle ragazze</u> è una persona generosa.

   _____

5. Il direttore della scuola ha parlato <u>agli studenti stranieri</u>.

   _____

4.1.4. Pronomi indiretti

5 Trasforma le frasi con i pronomi indiretti atoni, come nell'esempio.

1. Sta inviando il pacco <u>a Giulia</u>. — *Le sta inviando/Sta inviandole il pacco.*
2. Non servire subito <u>agli invitati</u> le tartine. _____
3. Devo telefonare <u>a te e a Giovanna</u>. _____
4. Non dovete parlare <u>all'autista</u>. _____
5. Sta raccontando il fatto <u>ai carabinieri</u>. _____
6. Vogliamo parlare <u>alla responsabile</u>. _____

6 Completa il testo con i pronomi indiretti atoni e tonici.

Che cosa vuol dire volersi bene?

Volersi bene vuol dire pensare alla persona amata come quando pensiamo (1) _____ stessi, (2) _____ vuol dire dedicar_____ l'attenzione necessaria quando (3) _____ chiede aiuto. Preoccuparci di lei quando (4) _____ sembra triste e preoccupata, ma anche quando (5) _____ nasconde il suo stato d'animo per non (6) dar_____ preoccupazioni. Ci vuole una grande capacità di ascolto verso la persona amata e bisogna (7) dar_____ molta fiducia. Volerle bene vuol dire anche sapere quello che (8) _____ piace e quello che (9) _____ dovremmo dare per farla felice.

* 7 Completa il testo con i pronomi indiretti.

Anna, di Nicolò Ammaniti

Anna corre in direzione dell'autostrada stringendo le cinghie dello zaino che (1) _____ rimbalza sulla schiena. Ogni tanto gira la testa. I cani sono ancora lì. Uno dietro l'altro in fila indiana.
(2) _____ è già capitato di essere seguita da cani selvatici, (3. tu) _____ vengono dietro per un po', poi si stancano e vanno via per i fatti loro. Ma quando non li ha visti più ha tirato un sospiro. Si è fermata a bere l'acqua che (4) _____ resta e ha ripreso a camminare.
Mentre cammina (5) _____ piace contare. Conta quanti passi ci vogliono per fare un chilometro, conta le macchine blu e quelle rosse. Poi i cani sono riapparsi. Sono creature disperate. Ne ha incontrati tanti, con i buchi nel pelo e le zecche che (6) _____ pendono dalle orecchie.

(Fonte: N. Ammaniti, *Anna*, Torino, Einaudi)

obiettivo grammatica

FORME | **USI E FUNZIONI**

4.1.5. Pronomi allocutivi e forma di cortesia

I pronomi allocutivi sono pronomi personali che usiamo quando parliamo direttamente con una persona. Usiamo i pronomi confidenziali *tu, voi* quando c'è un certo grado di confidenza con le persone con cui parliamo. Usiamo invece i pronomi di cortesia *Lei, Voi, Loro* quando non conosciamo le persone e la situazione è formale.

	situazione informale		situazione formale	
	pronomi confidenziali	esempi	pronomi di cortesia	esempi
singolare	tu	Ciao, *tu* sei Marc, vero?	**Lei** (m., f.)	Scusi, *Lei* è il signor Rossi, vero?
plurale	voi	Ciao, *voi* siete Marc e Lia, vero?	**Voi**	Scusate, *Voi* siete i signori Rossi, vero?

Pronomi allocutivi e forma di cortesia
Il pronome di cortesia *Lei* è usato per il maschile e per il femminile (*Signore/Signora*, **Lei** *ha i documenti?*).
Pronomi allocutivi e altri elementi della frase
Con i pronomi allocutivi, tutti gli elementi che si riferiscono alla stessa persona si trasformano:
• aggettivi possessivi (*tu > tuo, voi > vostro; Lei > Suo; Voi > Vostro*) (*Giovanni, qual è il **tuo** numero di telefono?; Ragazzi, qual è il **vostro** numero di telefono?; Signor Rossi, qual è il **Suo** numero di telefono?; Signori, qual è il **Vostro** numero di telefono?*)
• pronomi personali diretti (*tu > ti; voi > vi; Lei > La; Voi > Vi*) (*Luca, **ti** chiamo domani; Ragazzi, **vi** chiamo domani; Signore, **La** chiamo domani; Signori, **Vi** chiamo domani*)
• pronomi personali indiretti (*tu > ti; voi > vi; Lei > Le; Voi > Vi*) (*Luca, **ti** telefono domani; Ragazzi, **vi** telefono domani; Signore, **Le** telefono domani; Signori, **Vi** telefono domani*).

1 Scegli il pronome allocutivo adatto.

1. ☐ **Lei** ☐ **Lui** ☐ **Tu** è molto gentile, professore.
2. Signori, scusate, ☐ **Voi** ☐ **Lei** ☐ **tu** state uscendo?
3. Dottor Rossi, ☐ **Lei** ☐ **tu** ☐ **lui** è libero adesso?
4. Signora, ☐ **Lei** ☐ **voi** ☐ **tu** come si chiama?
5. Ragazzi, siete ☐ **voi** ☐ **Lei** ☐ **tu** i nuovi studenti della classe?
6. Io studio medicina e ☐ **Lei** ☐ **tu** ☐ **lui** che cosa studi?
7. Io vivo qui a Milano, anche ☐ **Lei** ☐ **tu** ☐ **loro** vive qui?
8. Noi siamo francesi, ☐ **Lei** ☐ **tu** ☐ **lui** invece sei inglese vero?

2 Trasforma il dialogo da informale (*tu*) a formale (*Lei*).

informale	formale
1. A: Ciao come ti chiami? B: Giovanni. E tu? A: Marc. Io sono tedesco e tu? B: Io sono italiano.	A: Buongiorno, come (1) *si chiama*? B: Giovanni. E (2) _____? A: Marc. Io sono tedesco e (3) _____? B: Io sono italiano.

| FORME | USI E FUNZIONI |

4.1.5. Pronomi allocutivi e forma di cortesia

informale	formale
2. A: Ciao Antonia, come stai? B: Ciao Lia, io sto bene e tu? A: Bene grazie. Quando sei arrivata a Pisa? B: Sono arrivata ieri e tu? A: Io sono arrivata la settimana scorsa.	A: Buonasera Antonia, come (4) _____? B: Buonasera Lia, io sto bene e (5) _____? A: Bene grazie. Quando (6) _____ a Pisa? B: Sono arrivata ieri e (7) _____? A: Io sono arrivata la settimana scorsa.

3 Trasforma le parti sottolineate del dialogo da informale (*tu*) a formale (*Lei*).

informale	formale
1. A: <u>Ciao</u>, come <u>stai</u>? B: Bene grazie. E <u>tu</u>? A: Anch'io sto bene, grazie.	
2. A: Luca, qual è il <u>tuo</u> numero di cellulare? B: Il mio è 338 343830. A: E il <u>tuo</u>? B: Il mio è 324 323323.	
3. A: Lucia, <u>ti</u> piace Salerno? B: Sì, mi piace moltissimo. E a <u>te</u>? A: Anche a me piace molto.	
4. A: È tardi. <u>Scusa</u>, ora devo andare, <u>ti</u> saluto. B: <u>Ciao</u>, <u>ti</u> telefono stasera, va bene? A: Sì, a più tardi.	
5. A: <u>Ti</u> presento Lucia, lei è di Milano. B: Piacere Lucia. Io sono Sara e sono di Lucca. A: <u>Ciao</u> Sara, piacere di conoscer<u>ti</u>.	

4 Trasforma l'e-mail da informale a formale, come nell'*esempio*.

A: paolo76@gmail.com
Oggetto: Invito a festa di laurea

<u>Caro</u> Paolo,
<u>ti</u> scrivo per dar<u>ti</u> mie notizie e ricevere le <u>tue</u>.
<u>Ti</u> ho telefonato nel <u>tuo</u> studio con la speranza di sentir<u>ti</u>, ma <u>eri</u> impegnato. Vorrei invitar<u>ti</u> alla mia festa di laurea di venerdì prossimo. Mi piacerebbe anche parlare con <u>te</u> dei miei progetti di lavoro per il futuro per avere un <u>tuo</u> consiglio. Spero proprio che <u>tu</u> potrai venire, altrimenti <u>ti</u> telefonerò la prossima settimana.
Un <u>caro</u> saluto,
Marco

Gentile Paolo Fini,
Le scrivo per _____

111

obiettivo grammatica

FORME | **USI E FUNZIONI**

4.1.6. Pronomi personali: sintesi

Riepilogo pronomi personali

	persona	soggetto	complemento atoni			complemento tonici		
			diretto	indiretto	riflessivo	diretto	indiretto	riflessivo
singolare	I	io	mi			me		me stesso/a
	II	tu	ti			te		te stesso/a
	III	lui	lo	gli	si	lui		sé / se stesso
	III	lei	la	le	si	lei		sé / se stessa
plurale	I	noi	ci			noi		noi stessi/e
	II	voi	vi			voi		voi stessi/e
	III	loro	li	loro/gli	si	loro		sé / se stessi
	III	loro	le	loro/gli	si	loro		sé / se stesse

1 Completa le frasi con i pronomi diretti, indiretti, riflessivi adatti.

1. A: Sai che Carlo e Anna si sono sposati?
   B: No, non _____ sapevo.

2. A: Ragazzi, chi di voi due mi aiuta a portare la spesa?
   B: Ti aiuta _____, io ora non posso.

3. A: Qual è la vostra giornata tipo?
   B: _____ alziamo alle sette e andiamo a lezione.

4. A: Avete visto gli ultimi episodi di *Guerre stellari*?
   B: No, non _____ abbiamo ancora visti.

5. A: Che cosa _____ metto per la festa di laurea?
   B: Ti puoi mettere il vestito lungo nero, è molto elegante.

6. A: Che cosa regali a Marta per il suo compleanno?
   B: _____ regalo dei fiori.

4.1.6. Pronomi personali: sintesi

2 Completa le frasi con i corrispondenti pronomi complemento e indica il tipo: atoni (A), tonici (B), come nell'esempio.

		A	B
1.	(voi) Francesca **vi** accompagna alla stazione.	✓	
2.	(io) Carlo esce con _____ stasera.		
3.	(noi) Non _____ piacciono gli spinaci.		
4.	(loro) Non _____ saluto perché sono antipatiche.		
5.	(loro) A lei regalo un libro a _____ qualcosa per la casa.		
6.	(loro) _____ invito tutti alla mia festa di compleanno.		
7.	(tu) Sto parlando proprio di _____.		
8.	(lei) Non _____ dico ancora niente della festa.		
9.	(io) Contate su _____ e sul mio aiuto.		
10.	(lui) _____ regalo un cofanetto con i film di Luigi Comencini.		
11.	(tu) Domani _____ porterò a visitare un museo.		
12.	(voi) Sono rimasto da _____ solo una settimana.		

3 Completa il testo con l'alternativa corretta dei pronomi diretti, indiretti e riflessivi.

Trasferimenti

Costanza è andata ad abitare a Milano, (1) ☐ **la** ☐ **si** ☐ **le** è trasferita due anni fa. All'inizio non (2) ☐ **gli** ☐ **si** ☐ **le** piaceva molto viverci. In generale non ama le grandi città e preferisce la sua piccola Pistoia. Dopo poco tempo ha trovato il lavoro che cercava: (3) ☐ **le** ☐ **l'** ☐ **gli** hanno chiamata infatti da un'agenzia di viaggi molto importante per una collaborazione stabile. Nell'ambiente di lavoro ha conosciuto alcuni colleghi simpatici, che (4) ☐ **le** ☐ **la** ☐ **gli** telefonavano il sabato sera e che (5) ☐ **gli** ☐ **le** ☐ **la** invitavano a uscire con loro. Durante le feste, invece, (6) ☐ **la** ☐ **si** ☐ **l'** incontrava spesso con la sorella Marta a Pistoia per andare insieme a trovare i genitori. Le due sorelle (7) ☐ **loro** ☐ **li** ☐ **gli** portavano quasi sempre al ristorante. Marta, però, qualche volta voleva stare da sola con Costanza e (8) ☐ **la** ☐ **si** ☐ **gli** invitava nella sua casa di Roma. Insomma, con il tempo e con un po' di organizzazione anche vivere a Milano è diventato possibile e piacevole.

obiettivo grammatica

FORME | **USI E FUNZIONI**

4.2. Particelle pronominali *ci/vi* e *ne*

Le particelle *ci* e *ne* sono atone e hanno funzione di avverbi, di pronomi personali e di dimostrativi.

FORME

Esempi	Particella pronominale *ci*
– **C'è** ancora tempo; **Ci sono** molti bambini nel parco.	– nel verbo *esserci* significa "essere presente", "esistere" (avverbio locativo)
– Conosco bene Firenze, **ci** (= in questa città) vivo da molti anni; Mi piace quel locale, **ci** (= in quel locale) vado spesso.	– significa (avverbio locativo) "qui, in questo luogo", "lì, in quel luogo", con verbi di stato o di movimento
– Passo per il parco, **ci** (= per questo parco) passo ogni giorno.	"per questo luogo","per quel luogo", con i verbi di movimento
– Hai la penna? Sì, **ce** l'**ho**.	– rafforza il verbo *avere*, soprattutto nelle risposte con un pronome (avverbio)

Esempi	Particella pronominale *ne*
– Quanti caffè prendi al giorno? **Ne** (= di caffè) prendo **tre**; Ti piace la frutta? Sì, **ne** (= di frutta) mangio **molta**.	– indica una parte del tutto, con parole che esprimono quantità (*uno, due, tre… ; poco, tanto, molto…*) (pronome personale partitivo)

USI E FUNZIONI

Posizione delle particelle pronominali *ci* e *ne*
Usiamo le particelle *ci* e *ne* prima del verbo coniugato (**Ci** vado a piedi; **Ne** chiamo due) e sono eventualmente precedute dalla negazione (**Non** ci vado a piedi; **Non** ne chiamo nessuno).
Usiamo le particelle *ci* e *ne* prima o dopo il verbo
• modale + infinito (**Ci** devo passare oggi = Devo passar**ci** oggi)
• *stare* + gerundio (**Ci** sto andando ora = Sto parlando**ci** ora, forma meno usata)
• imperativo in forma negativa alla II persona singolare (tu) e plurale (voi), e alla I persona plurale (noi) (congiuntivo esortativo) (Non **ne** prendere nessuno!/Non prender**ne** nessuno!; Non **ne** prendete nessuno!/Non prendete**ne** nessuno!; Non **ne** prendiamo nessuno!/Non prendiamo**ne** nessuno!).

Accordo del participio passato con *ne*
Quando *ne* ha funzione di partitivo, il participio passato dei verbi composti si accorda con l'elemento a cui la particella pronominale si riferisce (*Quanti esercizi hai fatto?* **Ne** ho fatt**o** uno/**Ne** ho fatt**i** due/**Ne** ho fatt**i** pochi/molti ecc.).

---

1 Completa con le particelle *ci* (*ce*) o *ne* e indica se si riferisce a un luogo (A), a una quantità (B) o è un rafforzativo (C), come nell'esempio.

1. A: Vai all'Università ogni giorno?
   B: Sì, *ci* vado ogni giorno.
        A ✓   B ☐   C ☐

2. A: Quanti spaghetti volete?
   B: _____ vogliamo pochi, non abbiamo fame.
        A ☐   B ☐   C ☐

	FORME	USI E FUNZIONI

4.2. Particelle pronominali ci/vi e ne

3. A: Avete il libro?
   B: No, non _____ l'abbiamo ancora.

4. A: Hai qualche amico straniero?
   B: Sì, _____ ho quattro o cinque.

5. A: Quanto vino bevi a ogni pasto?
   B: In genere _____ bevo solo un bicchiere.

6. A: Direttore, fino a quando resta in ufficio?
   B: _____ sono ancora per un'oretta.

7. A: Laura, hai la macchina?
   B: Sì, _____ l'ho.

8. A: Ragazzi, a che ora andate alla mensa?
   B: _____ andiamo all'una.

2 Metti le particelle *ci* e *ne* nella posizione adatta, come nell'esempio.

1. Nella città dove abito ✓ sono molti piccoli negozi.   *ci sono*
2. È finita la marmellata: prendo alcuni vasetti.   _____
3. Siamo in biblioteca e resteremo fino alle sei.   _____
4. In questa città ho pochi amici, ho solo uno o due.   _____
5. Per andare a lezione passo per la stazione, passo ogni giorno.   _____
6. Paolo ha invitato a cena degli amici, ha invitati dieci.   _____
7. Tornerò in Italia il prossimo mese, verrò con mia moglie.   _____
8. Davo gli esami regolarmente, facevo circa sei all'anno.   _____

3 Completa il testo con le particelle *ci* o *ne*.

A: Anna45@gmail.com
Oggetto: Invito per il fine settimana

Cara Anna,
come stai? È tanto che non ci sentiamo. Finalmente oggi riesco a scriverti per farti un invito.
Il prossimo fine settimana, se non sei occupata, ci possiamo vedere. Sabato (1) _____ saranno i miei amici di Taranto, Angela e Tiziano, che tu conosci, e poi (2) _____ sarà anche Andreana, di ritorno dall'India. Forse non lo sai, ma (3) _____ ha vissuto per oltre due anni e (4) _____ ha anche lavorato. Faremo una rimpatriata fra vecchi amici.
In città (5) _____ sono molti eventi interessanti: forse (6) _____ possiamo trovare uno che piace a tutti e (7) andar_____ insieme. La sera prima ceniamo da me e poi magari andiamo al cinema. In questi ultimi mesi non sono uscito spesso e ho visto pochi film, anzi, a dir la verità, (8) _____ ho visto solo uno. Nelle sale (9) _____ sono tutti i film del Festival del cinema di Venezia e (10) _____ ho visti due o tre che potrebbero essere interessanti da vedere insieme.
Allora, ti piace il programma? Spero che sarai libera e che (11) _____ sarai.
Aspetto una tua risposta.

Un abbraccio,
Carlo

4.3. Pronomi relativi

Il pronome relativo *che* si riferisce a esseri animati e inanimati, e sostituisce un elemento (nome, pronome, infinito con funzione di nome) della frase principale, cioè l'antecedente, e mette in relazione fra loro due frasi. Il pronome relativo introduce una frase subordinata relativa.

Guardo **il cane**.   **Il cane** dorme sul divano.

Guardo **il cane** ← **che** dorme sul divano.

frase principale   frase subordinata relativa

Pronome relativo invariabile *che*

singolare	maschile	che
	femminile	
plurale	maschile	
	femminile	

Esempi	Pronome relativo *che*
– Il giovane **che** (= il giovane/soggetto) sta cantando è tedesco.	– soggetto
– Leggo il libro **che** (= il libro/complemento oggetto) mi hai regalato.	– complemento oggetto

1 Completa le frasi con il pronome relativo *che* e sottolinea l'antecedente. Indicane la funzione: soggetto (A) o complemento oggetto (B), come nell'*esempio*.

                                                                         A   B

1. A: Chi è Federico?
   B: È <u>lo studente</u> *che* abita con me.   ✓ ☐

2. A: Che cosa state studiando?
   B: Stiamo leggendo il saggio _____ ci ha consigliato il professore.   ☐ ☐

3. A: Chi prepara il dolce per la cena?
   B: Prepara un tiramisù la ragazza _____ viene con noi.   ☐ ☐

4. A: Che cosa state guardando?
   B: Guardiamo il quadro _____ Diego ha dipinto per Anna.   ☐ ☐

5. A: Chi viene alla festa?
   B: Vengono solo le persone _____ abbiamo invitato.   ☐ ☐

6. A: Chi deve fare ancora l'esame di storia questa mattina?
   B: Restano soltanto gli studenti _____ siedono fuori dall'aula.   ☐ ☐

4.3. Pronomi relativi

2 Unisci le frasi con il pronome relativo *che*, come nell'esempio.

1. Il fratello di Marco è a Firenze per le vacanze. Il fratello di Marco lavora in Belgio.
   Il fratello di Marco, che lavora in Belgio, è a Firenze per le vacanze.
2. I dati sul bullismo sono preoccupanti. Ho letto di recente questi dati sul bullismo in una rivista.
   _____
3. Sofia ha finalmente trovato un buon lavoro. Sofia ha già ventisei anni.
   _____
4. Il vestito da sera è molto elegante. Quella giovane donna indossa questo vestito da sera.
   _____
5. Le mie bambine dormono sul divano del soggiorno. Le mie bambine sono molto stanche.
   _____
6. La moglie di Luca è una mia collega. Abbiamo incontrato la moglie di Luca in palestra.
   _____
7. I posti macchina sono riservati ai residenti. I posti macchina sono sul lato destro della strada.
   _____
8. Gli amici di Giorgio sono pugliesi. Ho ringraziato gli amici di Giorgio per il regalo.
   _____

3 Completa il testo con il pronome relativo *che* e indica il valore: soggetto (A), complemento oggetto (B), come nell'esempio.

I 200 anglicismi che possiamo evitare

Quante volte usiamo una parola inglese che possiamo benissimo evitare? *Weekend* per "fine settimana", *trendy* per "alla moda", *strong* per "forte". Il Dizionario di italiano Devoto-Oli, (1) *che /A/* hanno rinnovato in occasione dei suoi 50 anni, ha una nuova sezione con 200 schede di anglicismi, (2) _____ /___/ possiamo decidere di non utilizzare.

Facciamo solo qualche esempio. *Anti-age* è la parola (3) _____ /___/ sostituisce "antietà". Nessuno la utilizza più perché la pubblicità non vuole le espressioni (4) _____ /___/ ricordano la parola "vecchio"!

Inoltre, tutti hanno un *badge*, (5) _____ /___/ serve per entrare in piscina o in ufficio. È un oggetto (6) _____ /___/ possiamo tranquillamente chiamare "tesserino".

Dopo un lungo volo in aereo, quando troviamo un fuso orario diverso, soffriamo di *jet lag*, cioè di quel disturbo psicofisico (7) _____ /___/ proviamo all'arrivo in un altro paese. L'anglicismo *jet lag*, (8) _____ /___/ è entrato in italiano negli anni Ottanta, con l'aumento dei viaggi intercontinentali, possiamo sostituirlo con "sindrome da fuso orario".

Infine, il sostantivo inglese *selfie*, (9) _____ /___/ si diffonde agli inizi del Duemila, lo possiamo sostituire senza problemi con "autoscatto". Non è difficile tutelare la nostra identità, (10) _____ /___/ possiamo difendere senza complessi di inferiorità verso l'inglese.

Fonte: Testo adattato, E. Serra, *Le parole straniere che usiamo (e come sostituirle con l'equivalente italiano)*, "Corriere della Sera".

obiettivo grammatica

FORME | **USI E FUNZIONI**

5. AVVERBIO

L'avverbio è una parte invariabile del discorso e accompagna un'altra parola (nome, verbo, aggettivo, avverbio) o una frase per specificare il suo significato.

5.1. Avverbi interrogativi, di giudizio, tempo, luogo, quantità, modo

Esempi	Avverbi
– *Come* ti chiami? *Quando* arrivi?	*come?, come mai?, dove?, perché?, quando?, quanto?* – avverbi interrogativi
– Luigi ha visto *sicuramente* Luca.	*certamente/certo, sì, sicuramente/sicuro…* – avverbi di giudizio: affermazione
– *Non* direi *mai* una cosa simile.	*affatto, mica, non, mai…* – avverbi di giudizio: negazione
– Sei libero domani? *Forse* lo sono.	*forse, probabilmente, sicuramente…* – avverbi di giudizio: dubbio, certezza
– *Prima* studio, *poi* preparo il pranzo.	*adesso, dopo, ieri, mai, oggi, ora, poi, prima, spesso, subito…* – avverbi di tempo
– Ecco *qui* il mio cellulare.	*là, lì, lontano, qua, qui, sopra, sotto, vicino…* – avverbi di luogo
– All'università? *Ci* sono stato ieri; Luca è andato dal medico e *ne* esce ora.	*ci/vi* (= "in questo/quel luogo"), *ne* (= "da questo/quel luogo") – particelle avverbiali di luogo
– Ho mangiato *troppo*, sono sazio.	*abbastanza, molto, poco, troppo…* – avverbi di quantità non precisa
– Parla *chiaramente*.	*bene, chiaramente, lentamente, male…* – avverbi di modo

| FORME | USI E FUNZIONI |

5.1. Avverbi interrogativi, di giudizio, tempo, luogo, quantità, modo

Formazione degli avverbi

Gli avverbi in *–mente* si possono formare dagli aggettivi in
- *–o/–a* (*chiaro, chiara*): la vocale finale diventa *–a* (*chiara* + *mente* > *chiaramente*)
- *–e* preceduti da una o due consonanti (*triste*): gli aggettivi conservano la vocale *–e* (*triste* + *mente* > *tristemente*)
- *–e* preceduti da *–l, –r* (*facile, maggiore*): gli aggettivi perdono la vocale finale *–e* (*facil(e)+mente* > *facilmente*; *maggior(e)* + *mente* > *maggiormente*).

È possibile formare degli avverbi di modo anche di grado superlativo come *bene* > *benissimo*, *male* > *malissimo*.

Altre funzioni degli avverbi

Uno stesso avverbio può svolgere più di una funzione (di modo, di tempo…): *Hai risposto **saggiamente*** (= "in modo saggio", avverbio di modo); ***Saggiamente*** (= "secondo me hai agito in modo saggio", avverbio di giudizio), *sei rimasto a casa*.
- *Sì* e *no* possono sostituire delle intere frasi: *Vieni al mare domani?* **Sì** (= "vengo al mare").

Uso di *bene*

L'avverbio *bene* è invariabile, corrisponde all'aggettivo *buono* e significa "in modo buono", "in modo giusto". *Bene* accompagna un verbo (*Come ti senti? Mi sento **bene**; Come sta Marco? Sta **bene**; È **bene** avere un dizionario*), ma *buono* accompagna un nome ed è variabile (*È una ragazza buona; Gli spaghetti sono buoni*).

1 Completa le frasi con gli avverbi interrogativi della lista.

quando – come mai – come – dove – quando – quanto – perché – dove – quanto – come

1. A: _____ va Giovanni?
   B: A casa.
2. A: _____ posso arrivare alla stazione?
   B: Con l'autobus numero 3.
3. A: _____ cominciano le lezioni di matematica?
   B: Dopo la metà di gennaio.
4. A: _____ sta tuo fratello?
   B: Sta abbastanza bene.
5. A: _____ costano queste scarpe?
   B: Non lo so.
6. A: _____ è in ritardo?
   B: Ha perso l'autobus delle otto.
7. A: _____ guadagna un professore al mese?
   B: Non ho idea.
8. A: _____ non possiamo andare in centro a piedi?
   B: È troppo lontano da qui.
9. A: _____ è la stazione dei treni?
   B: A dieci minuti da qui.
10. A: _____ arrivano gli invitati alla festa?
    B: Verso le otto.

obiettivo grammatica

FORME | **USI E FUNZIONI**

2 Forma gli avverbi di modo dagli aggettivi, come nell'*esempio*.

1. facile — *facilmente*
2. triste — _____
3. lento — _____
4. veloce — _____
5. allegro — _____
6. coraggioso — _____
7. chiaro — _____
8. felice — _____
9. gentile — _____
10. comodo — _____

3 Completa le frasi con gli avverbi adatti.

1. A: Hai incontrato Marta? -B: ❑ **Sì,** ❑ **No,** ❑ **Mai,** non l'ho incontrata.
2. Alle otto mi sono svegliato e ❑ **dopo** ❑ **oggi** ❑ **mai** ho fatto colazione.
3. A: ❑ **Quanto** ❑ **Dove** ❑ **Quando** è il libro? -B: Sul tavolo dello studio.
4. Il caffè è ❑ **lì** ❑ **qui** ❑ **laggiù** sul tavolo vicino a me.
5. Ho mangiato ❑ **abbastanza** ❑ **poco** ❑ **troppo**, prenderò anche il dolce.
6. A: Sei pronto? - B: Sì, arrivo ❑ **subito!** ❑ **dopo!** ❑ **oggi!**
7. ❑ **Quanto** ❑ **Quando** ❑ **Come mai** arriva tuo padre? -B: Sabato prossimo.
8. ❑ **Prima** ❑ **Subito** ❑ **Forse** verrò a trovarti nel fine settimana, ma non sono ancora sicuro.
9. A: ❑ **No, ho** ❑ **Sì, ho** ❑ **No, non ho mai** visto questo film, e tu? -B: Neanche io.
10. ❑ **Mai** ❑ **Domani** ❑ **Spesso** la segretaria invierà sicuramente la e-mail.

4 Completa le frasi con l'avverbio *bene* e l'aggettivo *buono*.

1. La signora Rossi sta molto ❑ **bene** ❑ **buono** con quel vestito rosso.
2. Hanno detto che in quel ristorante si mangia ❑ **buono** ❑ **bene**.
3. Gli studenti si sono preparati ❑ **bene** ❑ **buono** per il compito in classe.
4. Luca prende un ❑ **bene** ❑ **buono** stipendio, secondo me.
5. Quel docente parla ❑ **bene** ❑ **buono** l'inglese, ma non il francese.
6. La pizza Margherita è davvero ❑ **bene** ❑ **buona** in questa pizzeria.
7. È ❑ **bene** ❑ **buono** fare attenzione all'ortografia.

5 Completa le frasi con gli avverbi della lista e indica il tipo di avverbio: di affermazione, negazione, dubbio/certezza, tempo, luogo, quantità, modo, come nell'*esempio*.

Avverbio di *tempo*: *dopo–adesso–domani*

1. Le lezioni inizieranno _____. Hai ancora un giorno di vacanza.
2. Prima ritira i soldi in banca e _____ vai al supermercato.
3. Tra un'ora devo uscire, ho solo un po' di tempo _____.

Avverbio di _____: *sopra–fuori–laggiù*

4. L'università si trova _____, in fondo a questa strada.
5. L'impiegato è appena andato _____ a prendere i documenti.
6. Mi daresti le indicazioni per andare _____ da qui? Non riesco più a uscire.

5.1. Avverbi interrogativi, di giudizio, tempo, luogo, quantità, modo

Avverbio di _____: *abbastanza-troppo-niente*

7. In quel negozio non ho comprato _____ perché tutto era costoso.
8. Hai studiato _____ per l'esame di chimica?
9. Quei due romanzi sono _____ diversi per essere confrontati tra loro.

Avverbio di _____: *davvero-forse-sinceramente*

10. _____ verrò anch'io alla festa, ma ora non lo so.
11. I ricercatori sono _____ sorpresi per gli eccellenti risultati ottenuti.
12. Sono _____ mortificato per l'inconveniente, mi dispiace.

Avverbio di _____: *affatto-non... mai-certamente*

13. Mio marito _____ è _____ stato in Turchia.
14. _____ la segretaria ha detto di consegnare i documenti entro domani.
15. Carlo non è _____ in ritardo: l'incontro è fra mezz'ora.

6 Completa le particelle avverbiali di luogo *ci* o *ne*.

1. A: Venite al cinema stasera?
   B: Sì, ☐ **ci** ☐ **ne** veniamo volentieri.
2. A: Luca era in ufficio prima?
   B: Sì, ☐ **ci** ☐ **ne** è appena uscito.
3. A: È difficile vivere nelle grandi città?
   B: Personalmente ☐ **ci** ☐ **ne** vivo bene.
4. A: La settimana scorsa i miei sono andati alla fiera di Milano.
   B: Ah, sì? I miei ☐ **ci** ☐ **ne** sono tornati proprio ieri.
5. A: Sai che hanno aperto un nuovo ristorante russo?
   B: Sì, lo so, ☐ **ci** ☐ **ne** sono stato con la mia ragazza ieri a pranzo.
6. A: Conosci qualcuno che lavora nella banca Friuladria?
   B: Sì, ☐ **ci** ☐ **ne** lavora mio zio.

7 Completa il testo con gli avverbi della lista e indica il tipo di avverbio: tempo (A), luogo (B), quantità (C), giudizio (D), modo (E), come nell'esempio.

probabilmente – già – dentro – energicamente – *lentamente*
meglio – dopo – un po' – troppo – in più – facilmente – bene

Pastella alla birra in bottiglia per fritti perfetti

Mettere un imbuto in una bottiglia e far cadere (1) *lentamente*/E la farina (2) _____/___ setacciata, (3) _____/___ unire la birra fredda e l'olio. Agitare (4) _____/___ per mescolare (5) _____/___ tutti gli ingredienti. Continuare ad agitare la bottiglia fino a quando la pastella non sarà omogenea e senza grumi. Se la pastella è (6) _____/___ fluida, (7) _____/___ avete versato troppa acqua ed è (8) _____/___ aggiungere (9) _____/___ di farina (10) _____/___. La pastella deve essere cremosa e fluida per poter scrollare (11) _____/___ quella in eccedenza senza appesantire le verdure da friggere. La pastella alla birra in bottiglia è pronta per essere utilizzata. Versare la pastella in una ciotola, immergerci (12) _____/___ le verdure da pastellare, scrollare quella in eccesso e friggerle in olio bollente fino a doratura.

5.1. Avverbi interrogativi, di giudizio, tempo, luogo, quantità, modo

6. PREPOSIZIONI

Le preposizioni sono parti invariabili del discorso che specificano le relazioni di significato tra elementi della frase in base al contesto. Sono proprie (semplici e articolate) e improprie (con valore di aggettivi, avverbi, verbi).

6.1. Preposizioni semplici (proprie) e articolate

Preposizioni semplici (proprie)

di	a	da	in	con	su	per	fra/tra

Esempi	Preposizioni
– Sono/Vado **in** Australia/**in** Italia/**in** Toscana/**in** segreteria. – Sono/Vado **a** Roma/**a** mangiare. – Sono/Vado **da** Michele/ **dal** dottore/**da** lui. – Parto **per** Bologna/**per** la Sicilia/**per** il Portogallo/**per** l'Asia. – L'acqua è **nel** frigorifero; La bottiglia è **sul** tavolo. – Vengo **dall'**ufficio; Sono **di** Torino. – Arezzo è **tra** Firenze e Perugia. – Passo **dalla** stazione; Passo **per** la piazza.	luogo – posizione/direzione verso un luogo: • **in** + nomi di continenti, paesi, regioni, nomi che finiscono in –eria • **a** + nomi di città, infinito • **da** + nomi di persona propri e comuni, pronomi personali – destinazione: partire + **per** – posizione in un luogo: **in**, **su** – provenienza da un luogo: **da**, **di** – punto intermedio: **fra/tra** – movimento attraverso un luogo: **da**, **per**
– Partiamo **a** mezzogiorno/**alle** sei/**a** luglio/**a** primavera. – Il negozio è chiuso **di** sabato/**d'**agosto/**d'**estate. – Il mio compleanno è **in** ottobre/**in** autunno. – Ho le ferie **tra** un mese.	tempo determinato – **a** + ore, mesi, stagioni – **di** + giorni, mesi, stagioni – **in** + mesi, stagioni – **fra/tra** + momento futuro
– Vivo a Napoli **da** un anno. – **Da** martedì **a** giovedì sono in ufficio. – Ho finito l'esame **in** un'ora; Ho studiato l'italiano (**per**) un anno.	tempo continuato – azione non finita: **da** – intervallo di tempo: **da**… **a** – durata: **in**, **per**
– Vorrei una maglia **di** lana.	materia: **di**
– Mangiamo il pollo **con** le mani; Vengo **con** il treno/**in** treno.	mezzo, strumento: **con**, **in**
– La camera **da** letto è grande; Sono qui **per** lavoro.	fine: **da**, **per**

6.1. Preposizioni semplici (proprie) e articolate

Esempi	Preposizioni
– Una camicia *a* **fiori**.	qualità: *a*
– Esco *con* **i miei amici**; Cammino *con* **il cane**.	compagnia, unione: *con*
– Paola è più alta *di* **Elisa**.	paragone: *di*
– Si veste *con* **eleganza**; È arrivato *in* **silenzio**.	modo: *con*, *in*
– Devo scrivere *a* **Luisa**.	termine (destinatario): *a*
– *A* **venti anni** sono andato a lavorare a Roma; È una signora *di* **cinquanta anni**.	età: *a*, *di*
– Sono in ritardo *per* **il traffico**.	causa: *per*…
– Aspetto l'arrivo *degli* **ospiti**. – Il libro è *di* **Anna**. – La città *di* **Milano** è in Lombardia.	specificazione: – possesso: *di* – denominazione: *di*
– Ho fatto questa torta *per* **voi**.	vantaggio: *per*

Preposizioni di luogo: posizione/direzione verso un luogo (sintesi)

a	– nomi di città, piccola isola (*Resto/Vado a Roma; Resto/Vado a Capri*) – verbi di stato, di movimento + infinito (*Resto/Vado a studiare*) – preposizione *a* semplice e articolata • *a* + *casa, cena, letto, scuola, teatro…* • *al* + *bar, cinema, mare, ristorante, supermercato…* • *all'* + *ufficio postale, università…* • *alla* + *mensa, posta, stazione…*
in	– nomi di regioni, paesi, continenti (*Resto/Vado in Liguria/in Spagna/in Africa*) – nomi che finiscono in *–eria* (*Resto/Vado in gelateria*) – preposizione *in* semplice • *in* + *albergo, banca, biblioteca, campagna, centro, discoteca, montagna, ufficio…*
da	– nomi propri di persona e comuni, pronomi personali (*Sono/Vado da Lucia/dalla segretaria/da loro*).

Preposizione *fra/tra*

Fra e *tra* sono sinonimi e possiamo scegliere una forma o l'altra solo per motivi eufonici, cioè quando le consonanti della preposizione e della parola che segue sono uguali (*tra tigri* > *fra tigri*; *fra fiori* > *tra fiori*).

Preposizione *a*

La preposizione *a* davanti a nomi che iniziano con la stessa vocale diventa *ad* (*Sono pronto ad andare fuori*).

Preposizioni e pronomi personali

Dopo le preposizioni semplici usiamo sempre i pronomi personali tonici (*di te*, *a te*, *da te*…).

obiettivo grammatica

FORME | **USI E FUNZIONI**

1 Completa le frasi con l'alternativa corretta.

1. Andiamo ☐ in ☐ a ☐ da Roma ☐ con ☐ di ☐ su Giovanni.
2. Sono ☐ in ☐ a ☐ di Napoli, ma lavoro ☐ per ☐ a ☐ da Milano.
3. Partiremo stasera ☐ fra ☐ con ☐ in treno ☐ per ☐ a ☐ di Ferrara.
4. Voglio regalare gli occhiali ☐ da ☐ per ☐ a sole ☐ con ☐ per ☐ a Gianni.
5. Restiamo ☐ da ☐ a ☐ in Italia ☐ in ☐ per ☐ da un mese.
6. Il compleanno ☐ a ☐ per ☐ di Pietro è ☐ per ☐ tra ☐ in un mese.
7. È bello stare ☐ con ☐ su ☐ tra la famiglia ☐ in ☐ a ☐ da Natale.
8. Vorrei una maglietta ☐ con ☐ su ☐ di cotone ☐ per ☐ a ☐ su mio figlio.

2 Completa le frasi con la preposizione semplice (luogo) adatta.

1. Vado _____ Sicilia.
2. Sono _____ segreteria.
3. Studio spesso _____ biblioteca.
4. Restiamo _____ Maria a cena.
5. Andiamo _____ Giappone.
6. Partiamo oggi _____ Venezia.
7. Resto _____ Firenze per un mese.
8. Vanno _____ Roma.
9. Vengono _____ dormire da noi.
10. Devo andare _____ lei.

3 Completa le frasi con la preposizione semplice (tempo) adatta.

1. Partirò _____ due mesi.
2. Sono arrivati _____ tre giorni.
3. Da giugno _____ luglio sono all'estero.
4. Abbiamo le vacanze _____ estate.
5. La festa è _____ maggio.
6. Torno _____ mezzanotte.
7. Dovete fare il test _____ due ore.
8. Mi sveglio _____ mezzogiorno.
9. Da lunedì _____ venerdì sono in ferie.
10. Non lavora _____ lunedì.

4 Completa il testo con le preposizioni semplici della lista.

in – per – tra – per – con – a – in – da – a – di – per – in – con – a

A: John33@gmail.com
Oggetto: Sono a Firenze!

Caro John,

(1) _____ due settimane sono (2) _____ Firenze (3) _____ una vacanza-studio. Frequento un corso (4) _____ italiano (5) _____ quattro settimane.
La città mi piace molto. Abito (6) _____ un appartamento in centro (7) _____ altri studenti italiani e così posso parlare sempre l'italiano. Tutte le mattine vado (8) _____ lezione (9) _____ bicicletta perché la scuola è vicino al mio appartamento. Dopo la scuola torno (10) _____ casa (11) _____ il pranzo e preparo la pasta naturalmente! Di solito il pomeriggio faccio i compiti e la sera esco (12) _____ gli amici.
Il mio corso finirà (13) _____ due settimane, ma resterò ancora (14) _____ Italia perché voglio visitare Roma e Venezia.

Ciao,
Peter

6.1. Preposizioni semplici (proprie) e articolate

6.1. Preposizioni semplici (proprie) e articolate

FORME | USI E FUNZIONI

Preposizioni articolate (proprie)

preposizione \ articolo	il	lo	l'	i	gli	la	l'	le
di	del	dello	dell'	dei	degli	della	dell'	delle
a	al	allo	all'	ai	agli	alla	all'	alle
da	dal	dallo	dall'	dai	dagli	dalla	dall'	dalle
in	nel	nello	nell'	nei	negli	nella	nell'	nelle
su	sul	sullo	sull'	sui	sugli	sulla	sull'	sulle

Forme delle preposizioni articolate

La preposizione
- *con* in genere non è articolata, ma può avere la forma articolata nella lingua scritta (**Col** (= con + il) tempo capiva i suoi errori) e nella lingua parlata.
- *fra/tra* non ha mai la forma articolata (*La zona è **tra il** mare e **le** montagne*).

Articolo partitivo

La preposizione articolata *di* forma l'articolo partitivo per indicare una quantità imprecisata (*Vorrei **delle** fragole*).

5 Completa la tabella con le preposizioni articolate.

	Il ragazzo	lo studio	l'amico	I ragazzi	gli studi	la ragazza	l'amica	le ragazze
di	del	dello				della	dell'	
a	al		all'		agli	alla		alle
da		dallo		dai	dagli		dall'	
in	nel		nell'	nei				nelle
su		sull'			sugli		sull'	sulle

6 Scrivi l'articolo adatto e completa con le preposizioni articolate, come nell'esempio.

1. Deve timbrare il biglietto (di + *il*) *del* treno.
2. Andiamo a una festa (da + _____) _____ amici di Patrizia.
3. I libri di italiano sono in ordine (su + _____) _____ scaffali.
4. Oggi facciamo lezione (in + _____) _____ aula di scienze.
5. La mattina mi sveglio (a + _____) _____ otto.
6. Elena insegna italiano (a + _____) _____ stranieri.
7. La guida (di + _____) _____ studente contiene molte informazioni.
8. Ci vediamo (a + _____) _____ bar verso le sette.
9. Gli spettatori sono entrati (in + _____) _____ stadio da poco.
10. Devo andare (da + _____) _____ architetto per un progetto.

125

obiettivo grammatica

FORME | **USI E FUNZIONI**

7 Completa le frasi con le preposizioni articolate, come nell'esempio.

1. La macchina è *della* nostra amica.
2. Sono nata _____ 1995.
3. Ho l'esame di italiano _____ nove.
4. Scusi, avete _____ funghi freschi?
5. Ci troviamo _____ stazione.
6. Cerco la lista _____ scuole di lingua.
7. Devi telefonare _____ zii.
8. Ora siamo _____ dottore.
9. I dizionari di italiano sono _____ scaffale.
10. Ti sto aspettando _____ tre!

8 Completa con l'alternativa corretta.

1. A Natale vogliamo andare ☐ **nel** ☐ **negli** ☐ **nei** Stati Uniti.
2. I passeggeri salgono ☐ **sulla** ☐ **sul** ☐ **sulle** nave.
3. I miei vestiti sono già ☐ **nei** ☐ **nell'** ☐ **nel** armadio.
4. Domani mattina Antonio andrà ☐ **dall'** ☐ **dallo** ☐ **dal** dentista.
5. Le lezioni finiscono ☐ **a** ☐ **alle** ☐ **al** mezzogiorno.
6. Gli studenti sono ☐ **in** ☐ **nell'** ☐ **nello** piscina.

9 Completa il testo con le preposizioni semplici e articolate della lista.

di – dal – all' – da – dell' – del – in – di – per – con – agli – di

Tutor di italiano online

Ciao a tutti! Mi chiamo Beatrice, ho 36 anni e sono (1) _____ Lucca. Sono laureata in Lingue e Letterature moderne (2) _____ Università di Pisa. Vivo negli Stati Uniti, a Chicago, ma tra una settimana mi trasferirò a Boston. Cinque anni fa ho cominciato a insegnare l'italiano (3) _____ studenti americani (4) _____ Istituto di Cultura (5) _____ Chicago. (6) _____ questi anni ho scoperto la mia passione (7) _____ questo tipo (8) _____ lavoro e così (9) _____ 2018 ho iniziato a insegnare l'italiano anche come tutor online. Adesso ho esperienza con studenti di tutte le età e di tutti livelli: dagli studenti principianti a quelli avanzati.
Mi piace insegnare la lingua italiana e la cultura (10) _____ mio paese, perché posso confrontarmi (11) _____ persone che vengono (12) _____ tutto il mondo.

6.1. Preposizioni semplici (proprie) e articolate

obiettivo grammatica

FORME | **USI E FUNZIONI**

6.2. Preposizioni improprie

Esempi	Preposizioni improprie
– La banca è **accanto al** ristorante.	accanto a
– Passo **attraverso** il parco per tornare a casa.	attraverso
– Ci incontriamo **davanti al** cinema.	davanti a
– Ho messo tutto **dentro alla**/la valigia.	dentro (a)
– La banca si trova **dietro al**/il cinema.	dietro (a)
– **Dopo** la laurea farò un Master.	dopo
– **Durante** l'estate farò un corso di italiano.	durante
– Continui **fino alla** fermata "Colosseo".	fino a
– Il gatto è rimasto **fuori della/dalla** porta.	fuori
– Parto **insieme a** Lucia.	insieme a
– L'hotel è **lontano dalla** stazione	lontano da
– Arrivo dieci minuti **prima della** lezione.	prima di
– Bevo il caffè **senza** zucchero.	senza
– La decorazione è **sopra alla**/la porta.	sopra (a)
– La scatola è **sotto al**/il letto.	sotto (a)
– Vai **verso** Piazza Dante.	verso
– L'appartamento è **vicino al** centro.	vicino a

Preposizioni improprie
Le **preposizioni improprie** hanno un significato simile a quello delle preposizioni proprie (*Il documento è **dentro** (= nel) il cassetto*).

Doppia preposizione
Alcune preposizioni improprie possono avere un'altra preposizione propria (*davanti **a** casa/davanti la casa*). Quando abbiamo questa combinazione fissa di due o più parole, è possibile parlare di locuzione preposizionale (*accanto a, di fronte a*).

Preposizioni improprie e pronomi personali
Con le preposizioni improprie *contro, dentro, dietro, dopo, presso, senza, sopra, sotto* usiamo sempre la preposizione *di* davanti ai pronomi personali tonici (*dopo **di** te, fuori **di** sé, senza **di** loro…*).

1 Completa le frasi con le preposizioni improprie della lista.

> dentro – vicino – lontano – fuori – senza – davanti – sotto – dietro – sopra – durante

1. L'appartamento è in una posizione comoda e si trova _____ al centro.
2. I ragazzi che vanno a vivere presto _____ di casa diventano presto autonomi.

obiettivo grammatica

FORME | **USI E FUNZIONI**

3. La fermata della metropolitana è proprio qui giù, _____ la stazione Roma-Termini.
4. Prima delle lezioni controllo bene le cose che ho messo _____ lo zaino.
5. Ho comprato un bel vassoio e l'ho messo _____ il tavolo del soggiorno.
6. I bambini passano molto tempo _____ alla tv e hanno vari tipi di disturbi.
7. Quando esco di casa, il mio gatto mi segue sempre e sta _____ di me.
8. _____ una vacanza di studio all'estero possiamo fare nuovi amici.
9. È difficile vivere _____ da casa e cambiare abitudini di vita.
10. Non potrei vivere _____ Internet, perché è importante per il lavoro.

2 Abbina le parti di frasi, come nell'*esempio*.

1. *Carlo è arrivato molto*   dopo   a. Francesca
2. Ci vediamo   prima   b. al mio coinquilino.
3. La banca si trova   fino   c. allo studente tedesco.
4. Per la stazione, vai   *prima*   d. pranzo da me.
5. La ragazza inglese siede   fino   e. alle 12:00.
6. Nella fila Angelo si trova   accanto   f. *dell'inizio della lezione*.
7. Di solito esco sempre   dopo   g. alla fine di questa strada.
8. La lezione dura   insieme   h. della Biblioteca comunale.

1. *prima – f* / 2. _____ / ___ / 3. _____ / ___ / 4. _____ / ___ /
5. _____ / ___ / 6. _____ / ___ / 7. _____ / ___ / 8. _____ / ___ /

3 Completa il testo con le preposizioni improprie della lista e aggiungi la preposizione semplice o articolata, quando è necessario.

durante – attraverso – attraverso – fuori – sopra – verso – lontano – vicino

A piedi per Siena

Siena è sicuramente una delle mie città preferite ed è piacevole camminare tranquillamente (1) _____ le sue vie e le sue piazze incantevoli. Quindi ti suggerisco un itinerario a piedi di un giorno in questa città toscana.
Il punto di partenza è Piazza Matteotti, comoda perché è (2) _____ fermate degli autobus. Da lì puoi arrivare direttamente in Via dei Banchi di Sopra e continuare (3) _____ Via dei Banchi di Sotto e poi per Via di Città: sei proprio nel centro storico cittadino, non (4) _____ Piazza del Campo, unica per la sua bellezza architettonica. Qui i turisti si siedono a terra e ammirano il pezzo di cielo che si apre (5) _____ piazza. Vai poi (6) _____ il Duomo, ma prima della visita del Duomo, devi visitare il Battistero di San Giovanni. Subito dopo il Battistero puoi osservare in tutto il suo splendore il Duomo di Siena, dove sono presenti opere di artisti famosi, come Donatello e Michelangelo.
Se sei a Siena (7) _____ la bella stagione, dedica un'ora alla visita dell'Orto Botanico della città: un'oasi di pace (8) _____ caos cittadino.

6.2. Preposizioni improprie

obiettivo grammatica

FORME | **USI E FUNZIONI**

7. CONNETTIVI

I connettivi sono elementi invariabili del discorso e servono a collegare parole, frasi, parti di testo a livello logico-sintattico e pragmatico. I connettivi sono coordinanti e subordinanti.

7.1. Connettivi/Congiunzioni coordinanti

I connettivi coordinanti uniscono parti di frasi o frasi che sono messe sullo stesso piano logico-sintattico.

Esempi	Connettivi coordinanti
– Paolo mangia **e** dorme regolarmente; **Non** mi scrive, **né** telefona; Viene **anche** Pietro; **Non** prendo niente, **neanche** un caffè.	*e*, *né*, *anche* (*pure*), *neanche* (*nemmeno*, *neppure*)… – sommano due elementi (funzione copulativa)
– Ti iscrivi a economia **o** a scienze politiche?	*o* (*oppure*)… – segnalano un'alternativa (funzione disgiuntiva)
– Io gioco a tennis, Anna, **invece**, fa yoga; Ho telefonato a Lia, **ma** lei non ha risposto; Usate le forbici, **però** fate molta attenzione.	*invece*, *ma*, *però*… – esprimono un contrasto (funzione avversativa)
– Sono con Paco, **cioè** con il mio cane; Si impegna molto, **infatti** ha ottimi voti.	*cioè*, *infatti*… – introducono una spiegazione (funzione dichiarativa/esplicativa)
– Smetterà di piovere, **dunque** potrò uscire; Studia poco, **perciò** non fa esami; Se hai finito, **allora** puoi uscire.	*dunque* (*quindi*), *perciò*, *allora*… – specificano la conseguenza (funzione conclusiva)
– Luca conosce **sia** Anna **sia** Federico; **Non** andiamo **né** a Napoli, **né** a Capri.	*sia… sia*, *né… né*… – creano una correlazione (funzione correlativa)

Connettivo coordinante *e*

Il connettivo coordinante *e*
- negli elenchi introduce l'ultimo elemento della lista (*Alla festa incontrerò Marco, Bruno **e** Alessandra; Maria canta, balla **e** suona la batteria*)
- davanti a nomi che iniziano con la stessa vocale diventa *ed* (*Carlo **ed** Elena non sono in casa*)
- è presente fra *tutti/tutte* e un numerale (*Tutti **e** tre gli studenti sono usciti dalla classe*)
- si rafforza con *anche* e *pure* (*Anna parla inglese **e anche** francese; Ho visto Luca **e pure** suo fratello*)
- può collegare due frasi con funzione avversativa, con minore forza di *invece*, *ma* (*Dice sempre che mi chiamerà e non lo fa mai*).

Connettivo coordinante *o*

Il connettivo coordinante *o*
- quando collega due elementi, è possibile ripeterlo davanti a ogni parola (*Di che colore vuole la maglia? Non saprei… **o** bianca **o** nera*)
- se collega più di due elementi, in genere precede soltanto l'ultimo elemento (*Come vuole le scarpe: sportive, comode **o** eleganti?*)
- quando collega due o più soggetti, il verbo è in genere al singolare, soprattutto quando l'alternativa è decisa (*Domani vieni tu **o** Laura?*).

obiettivo grammatica

FORME — **USI E FUNZIONI**

1 Completa le frasi con i connettivi coordinanti per esprimere la funzione indicata, come nell'esempio.

	funzione
1. Non mangio *né* la carne, *né* il pesce.	correlazione
2. Anna deve studiare, _____ non viene.	dichiarativa/esplicativa
3. Visitiamo gli Uffizi _____ la Galleria dell'Accademia?	disgiuntiva
4. Vuoi la panna? No, non mi piace _____ la panna.	copulativa
5. Ti aspetto davanti al portone, _____ fai presto.	avversativa
6. Prendi il gelato, _____ preferisci la torta?	disgiuntiva
7. La cena è pronta, _____ possiamo andare a tavola.	conclusiva
8. Invito alla festa _____ gli amici, _____ i compagni di studio.	correlativa
9. Laura gioca a pallavolo _____ fa yoga.	copulativa
10. Oggi siete stanchi, _____ ci vedremo domani.	conclusiva

2 Completa le frasi con i connettivi coordinanti della lista, come nell'esempio.

e – cioè – neanche – né… né – o – anche – *perciò* – ma – sia… sia – né

1. I biglietti per il concerto sono esauriti, *perciò* dobbiamo cambiare programma.
2. Sono arrivato in questa città due giorni fa, _____ lunedì.
3. Matteo frequenta _____ il corso di storia _____ quello di letteratura.
4. Oggi studio a casa _____ vado in biblioteca, non lo so ancora.
5. Negli ultimi mesi Laura non mi chiama _____ mi scrive.
6. Nel pomeriggio vado all'università, incontro un amico _____ poi torno a casa.
7. Sono senza febbre, _____ ho un dolore diffuso in tutto il corpo.
8. Lea verrà sicuramente; ci saranno _____ due miei amici di Venezia.
9. Non ricordo _____ come si chiama, _____ dove l'ho conosciuto.
10. Non ho capito dove è l'appuntamento e purtroppo _____ a che ora è.

3 Completa il testo con l'alternativa corretta.

La meditazione trascendentale

La meditazione trascendentale è facile (1) ☐ **o** ☐ **ed** è diversa da altre tecniche di meditazione. Non è (2) ☐ **né** ☐ **sia** una forma di controllo della mente, né una pratica difficile. La meditazione trascendentale non consiste (3) ☐ **ma** ☐ **quindi** nel dominare la mente e insegna alle persone a raggiungere uno stato di silenzio interiore, (4) ☐ **cioè** ☐ **ma** senza sforzo. Quando la mente raggiunge questo stato, "torna a casa", (5) ☐ **anche** ☐ **cioè** torna al proprio Sé profondo. Quando però la mente si concentra sulle cose esterne, (6) ☐ **cioè** ☐ **infatti** verso le cose che vediamo, o che pensiamo, ci allontaniamo da noi stessi (7) ☐ **e** ☐ **ma** ci perdiamo nel mondo che ci circonda. Come facciamo (8) ☐ **quindi** ☐ **cioè** a portare la mente al silenzio? È sicuramente necessario (9) ☐ **sia** ☐ **né** sedersi in modo comodo, sia tenere gli occhi chiusi. Ma come possiamo non avere pensieri? Non dobbiamo decidere razionalmente di liberare la mente dai pensieri, (10) ☐ **e** ☐ **ma** li dobbiamo lasciare andare liberamente. La vera meditazione è dunque semplice ed è (11) ☐ **anche** ☐ **o** un processo naturale.

7.1. Connettivi coordinanti

obiettivo grammatica

FORME | **USI E FUNZIONI**

7.2. Connettivi/Congiunzioni subordinanti

FORME

Esempi	Connettivi subordinanti
– Torno a casa **perché** ho la febbre.	*perché*… – esprime una causa (funzione causale)
– **Mentre** ascolto, prendo appunti; **Quando** arriverò, ti telefonerò.	*mentre, quando*… – esprimono il tempo (funzione temporale)
– **Se** hai fretta, andiamo in taxi.	*se*… – esprime la condizione (funzione condizionale)

USI E FUNZIONI

1 Completa le frasi con i connettivi subordinanti della lista per esprimere la funzione indicata, come nell'esempio.

mentre – perché – quando – se

	funzione
1. Luca è felice *perché* fra qualche mese sposerà Maria.	causale
2. _____ ho incontrato il mio ex marito, non l'ho riconosciuto.	temporale
3. _____ non mangia niente, si indebolisce.	condizionale
4. Si comporta male _____ è arrabbiato con noi.	causale
5. Sono caduto _____ scendevo dall'autobus.	temporale
6. _____ parti stasera, domani mattina sarai già a casa.	condizionale
7. Ritorno a casa _____ ho dimenticato le chiavi della macchina.	causale
8. Ti telefono _____ arrivo alla stazione di Firenze.	temporale
9. _____ avete sete, vi posso offrire una bibita fresca.	condizionale
10. _____ il marito prepara la cena, la moglie allatta il figlio.	temporale

2 Completa le frasi con l'alternativa corretta.

1. ☐ **Perché** ☐ **Mentre** ☐ **Se** riordinavo lo studio, ho ritrovato alcune sue vecchie lettere.
2. Ragazzi, ☐ **mentre** ☐ **perché** ☐ **se** avete freddo, potete chiudere la finestra.
3. Mi trovo bene con Luisa ☐ **perché** ☐ **se** ☐ **quando** abbiamo un carattere simile.
4. ☐ **Mentre** ☐ **Se** ☐ **Perché** l'ultimo autobus è già passato, torniamo a casa a piedi.
5. Giorgio è entrato in classe ☐ **mentre** ☐ **perché** ☐ **se** il professore spiegava ancora la lezione.
6. Lorenzo ha mal di testa ☐ **se** ☐ **mentre** ☐ **perché** non ha digerito la pizza.
7. ☐ **Quando** ☐ **Se** ☐ **Perché** Karin ha lasciato Firenze, io ero fuori città per lavoro.
8. Domenica resteremo a casa ☐ **mentre** ☐ **quando** ☐ **perché** vogliamo sistemare il giardino.
9. ☐ **Perché** ☐ **Se** ☐ **Quando** oggi il professore non farà lezione, studierò a casa.
10. C'erano molti candidati ☐ **se** ☐ **perché** ☐ **quando** ho fatto il concorso per la borsa di studio.

obiettivo grammatica

FORME | **USI E FUNZIONI**

3 Completa gli spazi con i connettivi.

1. Questa mattina sono caduta _____ scendevo le scale.
2. Non ho risposto _____ la suoneria del cellulare non funziona.
3. _____ stasera non esco con Giovanni, ti chiamo.
4. Di solito _____ arrivo a casa, Paolo dorme ancora.
5. Sono venuto in segreteria _____ mi voglio iscrivere a un corso.
6. Vado in vacanza solo _____ mi pagheranno il lavoro.

4 Completa il testo con i connettivi della lista.

quando/se – perché – mentre – quando – perché – se – quando/se

Giovani e atletica leggera

Ho cominciato a frequentare il settore dell'atletica a 10 anni e ho smesso da atleta (1) _____ sono diventato maggiorenne. All'inizio è stata importante la spinta di mio padre, (2) _____ lui è un amante di questo sport e infatti in passato, (3) _____ lavorava, faceva anche l'allenatore. Ma poi la disciplina sportiva, i compagni, l'ambiente hanno iniziato a piacermi, quindi mi sono appassionato anch'io.
(4) _____ da un lato ero un ragazzo con potenzialità normali, dall'altro volevo essere sempre il più forte nelle gare. (5) _____ non riuscivo nel mio proposito, o mi arrabbiavo o mi demoralizzavo. Per fortuna mi hanno spiegato che in una gara, dovevo cercare di fare meglio degli altri e anche di divertirmi.
Ho dovuto anche provare a migliorare me stesso, (6) _____ era importante superare i miei limiti. Ho sempre creduto in quello che facevo e non mi sono mai chiesto, al contrario di alcuni compagni, per quale motivo ero lì e per quale motivo lo stavo facendo. L'atletica, infatti, mi piaceva molto. (7) _____ mi allenavo, ero felice e stavo bene.

(Testo adattato, B. Pinzin, *Organizzazione e gestione del settore giovanile (dai 6 ai 15 anni) nell'atletica leggera*, Tesi di laurea, Università degli Studi di Milano, a.a. 2011-2012.)

SEZIONE 1-2
TEST

SEZIONE 1 - TEST DI CONTROLLO

1.1. Modo indicativo (presente, passato prossimo, imperfetto, futuro semplice)

1.2. Modo condizionale (semplice), modo imperativo

1.3. Modo infinito (semplice), modo gerundio (semplice), perifrasi verbali

1.4. Forma riflessiva, pronominale e periodo ipotetico

SEZIONE 2 - TEST DI CONTROLLO

2.1. Articolo (determinativo, indeterminativo, partitivo), nome, aggettivo

2.2. Pronomi (personali, relativi), *ci* locativo, *ne* partitivo, avverbi

2.3. Preposizioni (semplici, articolate, improprie), connettivi

obiettivo grammatica

Test di controllo

1.1. Modo indicativo (presente, passato prossimo, imperfetto, futuro semplice)

1 Completa le frasi con l'alternativa corretta all'indicativo (presente, passato prossimo).

1. La mia vicina di casa ☐ **è** ☐ **sei** ☐ **sono** una signora molto gentile.
2. Luca ☐ **voglio** ☐ **vuole** ☐ **vuoi** uscire subito per fare la spesa.
3. Signora, quanta acqua ☐ **hai bevuto** ☐ **avete bevuto** ☐ **ha bevuto** ieri?
4. Giulio e Carla ☐ **dovete** ☐ **devono** ☐ **dobbiamo** pagare una multa.
5. Dove ☐ **vanno** ☐ **andate** ☐ **andiamo** i ragazzi così di corsa?
6. Ragazze, voi ☐ **abbiamo trovato** ☐ **hai trovato** ☐ **avete trovato** i libri per il corso?
7. Luca, ☐ **sono** ☐ **sei** ☐ **siete** molto carino ad accompagnarmi a casa.
8. Chi ☐ **posso** ☐ **puoi** ☐ **può** aiutarmi in matematica?
9. ☐ **Ho perso** ☐ **Hai perso** ☐ **Abbiamo perso** le chiavi di casa, mi aiuti a cercarle?
10. Quanti anni ☐ **hanno** ☐ **avete** ☐ **abbiamo** i tuoi figli?

Punti: _____/10

2 Completa il testo con i verbi all'indicativo presente.

A: Pronto, Martina, (1. essere) _____ io. Oggi (2. avere) _____ del tempo libero, perché non (3. vedersi) _____ in centro per bere un caffè? (4. esserci) _____ anche Luca e Matteo.

B: Sì, ci (5. venire) _____ volentieri. Dove (6. essere) _____ l'appuntamento?

A: Ti (7. noi-aspettare) _____ davanti al duomo alle cinque.

B: Va bene, a dopo. Se (8. avere) _____ problemi, ti (9. chiamare) _____. Mi (10. lasciare) _____ anche il numero di Luca o di Matteo?

A: Certo, ti (11. scrivere) _____ un messaggio con i loro numeri. Ciao.

Punti: _____/11

3 Completa le frasi con l'alternativa corretta dell'indicativo.

1. Da qualche settimana ☐ **cominciavo** ☐ **ho cominciato** ☐ **comincerò** a fare una dieta.
2. Cameriere, ☐ **ho preso** ☐ **prendevo** ☐ **prendo** un panino con la mozzarella, per favore.
3. Da piccoli ☐ **andavamo** ☐ **siamo andati** ☐ **andremo** sempre in vacanza con i nonni.
4. Giulio e Carla ☐ **lavorano** ☐ **hanno lavorato** ☐ **lavoreranno** a Milano fino all'anno scorso.
5. Che cosa ☐ **dobbiamo** ☐ **dovevamo** ☐ **abbiamo dovuto** studiare adesso per l'esame di domani?
6. ☐ **Ho** ☐ **Ho avuto** ☐ **Avevo** solamente cinque anni, quando ho iniziato la scuola elementare.
7. A un certo punto ieri pomeriggio Luisa ☐ **incontrava** ☐ **ha incontrato** ☐ **incontra** Paul.
8. Se continuerai a trattarmi così male, io non ☐ **parlavo** ☐ **ho parlato** ☐ **parlerò** più con te.
9. Il paese dove sono nato ☐ **sarà** ☐ **era** ☐ **è stato** molto piccolo, ma bello e suggestivo.
10. Che cosa ☐ **farò** ☐ **ho fatto** ☐ **facevo** tra cinque anni, dopo gli studi universitari? Non lo so proprio.

Punti: _____/10

TEST - SEZIONE 1

4 Completa il testo con il tempo adatto dell'indicativo (presente, passato prossimo, imperfetto, futuro semplice).

A: Sara95@gmail.com
Oggetto: Ciao

Cara Sara,
è da tanto tempo che non ci sentiamo! Come stai? Io (1. essere) _____ già da tre mesi a Roma per studiare l'italiano. Roma è una città stupenda, ricca di storia e di monumenti antichi. E poi i romani sono molto aperti ed è facile fare nuove amicizie.
All'inizio, quando (2. arrivare) _____, avevo un po' paura, perché non (3. conoscere) _____ bene la lingua e (4. sentirsi) _____ un po' nervosa, ma ora sono contenta e mi sono abituata anche al traffico caotico e alle stranezze degli italiani. ☺
Il prossimo anno, quando (5. finire) _____ l'università a Parigi, mi piacerebbe vivere e trovare un lavoro in Italia.
Sai, la settimana scorsa (6. comprare) _____ uno scooter usato e ora posso andare in giro per la città e visitare anche posti meno famosi, ma interessanti, dove non ci sono turisti.
Adesso ti saluto, perché (7. dovere) _____ andare a lezione. Un consiglio: perché non fai anche tu un corso d'italiano? Per me è un'esperienza fantastica, che non (8. dimenticare) _____ mai!
Un grande abbraccio,
Virginie

Punti: ____/8

1.1. Test di controllo: modo indicativo (presente, passato, prossimo, imperfetto, futuro semplice)

obiettivo grammatica

Test di controllo

1.2. Modo condizionale (semplice), modo imperativo

1 Completa le frasi con l'alternativa corretta.

1. Peter ☐ **vorrei** ☐ **vorrebbe** ☐ **vorreste** imparare l'italiano.
2. Gli studenti ☐ **guardereste** ☐ **guarderemmo** ☐ **guarderebbero** un film.
3. Raffaella, mi ☐ **presterei** ☐ **presterebbe** ☐ **presteresti** il tuo libro?
4. Ragazzi, ☐ **chiuderesti** ☐ **chiudereste** ☐ **chiuderemmo** la finestra, per favore?
5. Signora Pozzi, ☐ **potrebbe** ☐ **potresti** ☐ **potrei** scrivere la mail al direttore?
6. Io e Francesco ☐ **andreste** ☐ **andremmo** ☐ **andrei** volentieri in vacanza in montagna.
7. Faccio una doccia e poi, per rilassarmi, ☐ **leggerei** ☐ **leggerebbe** ☐ **leggeresti** un libro.
8. Marta e Giulio ☐ **partiremmo** ☐ **partirebbe** ☐ **partirebbero** domani, ma devono lavorare.

Punti: ____ /8

2 Completa le frasi con il condizionale semplice.

1. Giovanni, fa freddo. (dovere) _____ metterti un maglione pesante.
2. Se facciamo una cena, noi (potere) _____ portare un dolce.
3. Anna non (capire) _____ mai la tua decisione.
4. Ragazze, domani sera vado al cinema. (venire) _____ con me?
5. Parlo poco l'italiano e (volere) _____ conoscere di più questa lingua.
6. (essere) _____ bello andare a visitare un museo di notte.
7. Gli insegnanti (organizzare) _____ una festa per la fine del corso.
8. Scusi, (sapere) _____ dirmi dove è un buon ristorante?
9. Io e mio marito (accompagnare) _____ volentieri Clara alla stazione.
10. I miei amici (preferire) _____ visitare Roma in primavera.

Punti: ____ /10

3 Trasforma le frasi con l'imperativo (tu).

1. Devi <u>venire</u> subito! _____ subito!
2. Devi <u>stare</u> tranquillo. _____ tranquillo.
3. Devi <u>andare</u> dal medico. _____ dal medico.
4. Devi <u>fare</u> i compiti. _____ i compiti.
5. Devi <u>dire</u> la verità. _____ la verità.
6. Devi <u>essere</u> prudente. _____ prudente.
7. Devi <u>dare</u> l'esame. _____ l'esame.
8. Devi <u>bere</u> lentamente. _____ lentamente.

Punti: ____ /8

TEST - SEZIONE 1

1.2. Test di controllo: modo condizionale (semplice), modo imperativo

4 Completa le frasi con l'imperativo. Attenzione alla forma negativa.

1. Se volete essere in forma, (fare) _____ una passeggiata ogni giorno.
2. Se vai al supermercato, non (prendere) _____ il latte.
3. Se fate la dieta, (bere) _____ sempre molta acqua.
4. Se siete stanchi, non (andare) _____ a letto troppo tardi.
5. Se hai preso un brutto voto, (studiare) _____ di più la prossima volta.
6. Se vuoi digerire meglio, non (mangiare) _____ velocemente.
7. Se volete conoscere persone nuove, (uscire) _____ spesso con gli amici.
8. Se ami il pane italiano, (preparare) _____ la bruschetta.   Punti: ___ /8

5 Completa le frasi con l'imperativo (tu, voi) e sostituisci la parte sottolineata con i pronomi adatti.

1. Vuoi *comprare* il pane? _____ al supermercato.
2. Vuoi *scrivere* a Paolo? _____ ora una e-mail.
3. Volete *parlare* alla professoressa? _____ oggi pomeriggio.
4. Vuoi *scegliere* un libro? _____ in libreria e non su Internet.
5. Volete *finire* gli esercizi? _____ presto.
6. Vuoi *alzarti* presto? _____ e prendi subito un caffè.
7. Volete *cercare* informazioni sui corsi? _____ sul sito della scuola.
8. Vuoi *bere* una tisana? _____ senza zucchero.
9. Volete *chiamare* Alessandro? _____ dopo cena.
10. Vuoi *rispondere* a Fabio? _____ con un messaggio.   Punti: ___ /10

6 Completa le frasi con il condizionale semplice o l'imperativo.

1. Se andrete a Milano, non (dimenticarsi) _____ di visitare il Duomo.
2. Quando sei in classe, secondo me (dovere) _____ stare più attento.
3. Arrivare in Piazza Piave è semplice: vai diritto e poi (girare) _____ a destra.
4. Non (scegliere) _____ città troppo turistiche, quando vai in vacanza.
5. Gli insegnanti (potere) _____ organizzare una gita della scuola.
6. Scusate, (sapere) _____ dirmi a che ora parte il prossimo autobus?
7. Luca, l'acqua è fredda, (bere) _____ a piccoli sorsi.
8. (svegliarsi) _____ presto la mattina, se non vogliamo arrivare tardi a scuola.
9. Devo scrivere una e-mail al professore. Tu, come la (cominciare) _____?
10. Ci (piacere) _____ capire che cosa pensate di questa persona.   Punti: ___ /10

137

obiettivo grammatica

1.2 TEST - SEZIONE 1

7 Completa il testo con il condizionale semplice o l'imperativo.

BLOG – Amo Torino

Ti (1. piacere) _____ visitare Torino in un giorno? Se la tua risposta è "Sì", ecco un itinerario per scoprire la città in 24 ore!
Prima di tutto (2. scegliere) _____ di viaggiare con il treno, perché la Stazione centrale si trova nel centro storico ed è comoda per muoversi a piedi. Se hai poco tempo, (3. concentrarsi) _____ sulle piazze e sui palazzi che puoi vedere dall'esterno. Se però decidi di visitare un museo, io ti (4. consigliare) _____ il Museo Egizio, il secondo al mondo dopo quello del Cairo, ma in questo caso (5. essere) _____ meglio prenotare in anticipo la visita, per evitare le file.
(6. cominciare) _____ la tua visita con una bella colazione da "Gerla 1927", uno dei locali più famosi di Torino anche per la sua squisita pasticceria. Forse i prezzi ti (7. potere) _____ sembrare un po' alti, ma sono proporzionati alla qualità del cibo.
Da lì (8. dovere) _____ continuare a piedi fino alla Galleria civica di Arte moderna, e verso Piazza Statuto, una delle piazze più importanti di Torino. Prima di arrivare al Palazzo Reale, (9. fermarsi) _____ da "Cianci Piola Caffè": è uno dei migliori ristoranti della città, ma i piatti sono molto economici.
Un ultimo consiglio: non ti (10. perdere) _____ assolutamente Palazzo Madama e Piazza Castello, altri luoghi simbolici della città!

Lascia un commento   Leggi di più

Punti: ____ /10

obiettivo grammatica

Test di controllo

1.3. Modo infinito (semplice), modo gerundio (semplice), perifrasi verbali

TEST - SEZIONE 1

1 Completa i testi con *stare* + gerundio dei verbi della lista.

guardare – studiare – giocare – aspettare – fare – uscire – frequentare – dormire

1. A: Pronto. Sei ancora a casa?
   B: Sì. (1) _____ proprio ora.
   A: Va bene. Io ti (2) _____ sotto casa.

2. A: Ciao ragazzi! (3) _____ con la *playstation*?
   B: No. (4) _____ i compiti per domani.

3. A: Dove sono i bambini? (5) _____ la tv in soggiorno?
   B: No. (6) _____ sul divano.

4. A: Anna, (7) _____ medicina all'università, vero?
   B: No. Mio fratello e io (8) _____ la scuola di architettura.

Punti: ____ /8

2 Abbina le parti di frasi e coniuga il verbo *stare* + gerundio all'indicativo presente.

1. Luca è fuori con il cane, _____
2. Siamo sulla spiaggia, _____
3. I bambini sono in gelateria, _____
4. Emma è all'ufficio postale, _____
5. Sei un po' scortese, _____
6. I miei amici studiano, _____
7. (io) Sono in palestra, _____
8. Siete finalmente in vacanza, _____
9. Mangio troppi dolci, _____
10. Angela è in sala professori, _____

a) _____ (parlare) con il docente di storia.
b) _____ (fare) ginnastica con l'istruttore.
c) _____ (riposarsi) dopo un anno di lavoro.
d) _____ (prendere) il sole.
e) _____ (ingrassare) in modo eccessivo.
f) _____ (parlare) al cellulare da mezz'ora.
g) _____ (passeggiare) nel parco.
h) _____ (preparare) l'esame di fisica.
i) _____ (pagare) la bolletta dell'acqua.
j) _____ (mangiare) una granita all'arancia.

1. ___ / 2. ___ / 3. ___ / 4. ___ / 5. ___
6. ___ / 7. ___ / 8. ___ / 9. ___ / 10. ___

Punti: ____ /10

obiettivo grammatica

1.3 TEST - SEZIONE 1

3 Completa le frasi con i verbi della lista all'infinito semplice o al gerundio semplice.

guardare – chiedere – dormire – comprare – chiudere – avere – ordinare – tornare – conoscere – fare

1. Per _____ dei buoni voti, è necessario studiare molto.
2. Quando mi hai chiamato, stavo _____ e mi hai svegliato.
3. Non _____ a casa troppo tardi, perché devi preparare la cena.
4. Siamo usciti a _____ una passeggiata nel parco con il cane.
5. Volete _____ il dolce? Abbiamo un ottimo tiramisù.
6. Ho l'abitudine di _____ sempre le finestre, quando esco.
7. In vacanza vorrei _____ persone nuove.
8. Gli studenti cercano la segretaria per _____ alcune informazioni.
9. Più tardi devo _____ il biglietto del treno per Napoli.
10. In questo periodo stiamo _____ una serie televisiva divertente.

Punti: ____ /10

4 Completa il testo con i verbi della lista all'infinito semplice o al gerundio semplice.

dimenticare – giocare – aiutare – trovare – cucinare – fare – leggere – guardare

Ciao a tutti!

Mi presento. Mi chiamo Alice, sono siciliana, vivo e lavoro a Verona da tanto tempo. Sono chiacchierona, allegra, ottimista e curiosa.
Ho sempre avuto la passione per il cibo! Fin da quando ero bambina, passavo tanto tempo in cucina e avevo l'abitudine di (1) _____ la mamma e la nonna, quando preparavano il pranzo e la cena. Mi ricordo che volevo (2) _____ sempre con le pentole e le forchette, che per me erano oggetti divertenti, ed ero felice quando uscivo a (3) _____ la spesa da sola nel piccolo negozio di alimentari vicino a casa mia.
Hai già capito? Ho creato questo blog con ricette facili da preparare per (4) _____ le persone che, come me, amano la cucina semplice, vogliono preparare piatti veloci, ma buoni, e amano condividere con altri "chef" ☺ le loro esperienze.
Se stai (5) _____ questa mia presentazione, significa che anche a te piace (6) _____ ricette semplici e veloci, ma gustose. E non (7) _____ i miei indirizzi social, dove puoi (8) _____ altri link e informazioni sulle mie ricette su *Facebook, Twitter* e *Instagram*.

Lascia un commento   Leggi di più

Punti: ____ /8

obiettivo grammatica

Test di controllo

1.4. Forma riflessiva, pronominale e periodo ipotetico

1 Completa le frasi con i verbi della lista all'indicativo presente.

divertirsi – riposarsi – lavarsi – svegliarsi – salutarsi
arrabbiarsi – sentirsi – incontrarsi – alzarsi – vestirsi

1. La signora Rossi _____ ogni mattina alle 8:00 per andare al lavoro.
2. I ragazzi _____ e indossano anche sciarpa e guanti.
3. Luca, _____ sempre le mani prima di mangiare?
4. La mattina la sveglia suona alle 7:00 e io _____.
5. Io e Luisa _____ prima di prendere il treno per Parigi.
6. Perché (voi) _____ così tanto con quei ragazzi? Non sono cattivi!
7. Io e i miei amici _____ molto a giocare a carte la sera.
8. A che ora (voi) _____ con il professore di fisica?
9. Non _____ bene, ho un po' di mal di testa.
10. Prima dello spettacolo l'attrice _____ un po' nel camerino.

Punti: ____ /10

2 Completa le frasi con i verbi tra parentesi al presente e poi trasforma dal presente al passato.

1. _____ (io-tagliarsi) i capelli da sola.

2. Roberto _____ (farsi) la barba.

3. _____ (noi incontrarsi) al bar.

4. Le ragazze _____ (truccarsi).

5. _____ (voi-sedersi) accanto a me.

6. _____ (tu-vestirsi) in modo elegante.

7. Carlo e Lisa _____ (salutarsi).

8. _____ (io-prepararsi) per uscire.

9. Laura _____ (sentirsi) male.

10. _____ (tu-laurearsi) in fisica.

Punti: ____ /10

obiettivo grammatica

3 Completa le frasi con i verbi all'indicativo (presente, imperfetto, passato prossimo), al condizionale (semplice) e all'imperativo.

1. Gli animali che (aiutarsi) _____ l'un l'altro ci danno una grande lezione.
2. In vacanza (svegliarsi) _____ presto e andavamo a fare lunghe passeggiate.
3. Ricordo bene quando Anna e Laura (incontrarsi) _____ l'ultima volta.
4. Sara e David (sposarsi) _____ volentieri, ma vogliono prima comprare la casa.
5. Bambini, (lavarsi) _____ le mani prima andare a tavola.
6. Esistono persone che (arrabbiarsi) _____ facilmente in varie occasioni.
7. Ieri sera i ragazzi (divertirsi) _____ molto alla festa per la fine del corso.
8. Pietro, domattina (alzarsi) _____ presto e fai una colazione abbondante!
9. Negli anni Settanta le donne (vestirsi) _____ con gonne lunghe e colorate.
10. Federico aveva sempre qualcosa da fare e non (annoiarsi) _____ mai.

Punti: ____/10

4 Completa il testo con i verbi all'indicativo (presente, imperfetto, passato prossimo), all'imperativo e all'infinito.

Traveladvi <members@e.traveladvi.com>

Un fine settimana a Napoli

Lo scorso novembre ho visitato Napoli per un fine settimana lungo e (1. divertirsi) _____ tanto! Per questo voglio raccontare la mia esperienza.

Sono partita da Siena con il mio compagno e siamo arrivati a Napoli verso mezzogiorno. Siamo andati direttamente al B&B "Casa Tolentino", che (2. trovarsi) _____ nel centro della città. Quando siamo arrivati, i proprietari sono stati gentili e ci hanno dato tantissime informazioni sulla città. Noi (3. accomodarsi) _____ in giardino e abbiamo programmato le varie visite: il Duomo, il Museo Archeologico, Spaccanapoli e il centro storico, il Monastero di Santa Chiara, Piazza del Plebiscito, la Cappella di San Severo, che vi consiglio di visitare.

Naturalmente se siete a Napoli, (4. voi-ricordarsi) _____ di andare a mangiare la vera pizza napoletana! Noi siamo andati nel Rione Sanità, un quartiere antico e popolare, e (5. sedersi) _____ al tavolo di una delle pizzerie più famose: "Da Concettina ai tre Santi". Pizza fantastica!

La cosa più bella però è stata camminare per le strade della città a piedi e (6. noi-sentirsi) _____ come a casa!

Insomma a Napoli ci sono mille cose da fare: i turisti (7. abituarsi) _____ subito all'atmosfera vivace della città e non possono (8. annoiarsi) _____!

Daniela, Siena

Punti: ____/8

TEST - SEZIONE 1

5 Completa le frasi con i verbi all'indicativo (presente, futuro) e all'imperativo del periodo ipotetico della realtà (1° tipo).

1. Stasera, se non saremo troppo stanchi, (uscire) _____ con voi.
2. Studierai più velocemente a casa, se (stare) _____ attento in classe.
3. Se (parlare) _____ con persone che non conosciamo, usiamo il "Lei".
4. Se vuoi visitare l'Italia in pochi giorni, (scegliere) _____ Roma!
5. In gennaio (venire) _____ a trovarti, se avrò due giorni di ferie.
6. Vai dal dottore, se (continuare) _____ ad avere mal di testa.
7. È bene controllare i bambini, se (usare) _____ gli *smartphone*.
8. Se farà bel tempo, domenica (noi-andare) _____ al mare.
9. Se vuoi parlare con la segretaria, (telefonare) _____ più tardi!
10. Gli studenti (imparare) _____ meglio, se l'insegnante è comunicativo.

Punti: ____ /10

1.4. Test di controllo: forma riflessiva, pronominale e periodo ipotetico

obiettivo grammatica

Test di controllo

2.1. Articolo (determinativo, indeterminativo, partitivo), nome, aggettivo

1 Completa le frasi con i nomi della lista al singolare o al plurale e gli articoli (determinativi, indeterminativi, partitivi).

aranciata – fungo – foglia – problema – studio – primo – bambina – vacanza – zio – psicologo

1. C'è ancora _____ da risolvere, poi torno a casa.
2. _____ di Napoli sono venuti a Firenze per il compleanno del babbo.
3. In questo ristorante fanno _____ davvero squisiti: ribollita, risotti...
4. Non mangio niente e bevo solamente _____.
5. _____ che ho consultato dicono che soffro di un disturbo d'ansia.
6. È arrivato l'autunno: l'albero del giardino ha già _____ gialle.
7. Sofia e Costanza sono _____ davvero ubbidienti.
8. _____ dell'architetto Vitali è al primo piano.
9. Per pranzo ho comprato degli spinaci e _____ porcini.
10. Desidero passare _____ di Pasqua in un agriturismo al mare.

Punti: ____ /10

2 Completa il testo con i nomi della lista e con gli articoli (determinativi o indeterminativi).

brigadiere – cosa – romanzo – foglio – ex diplomatico – telefonista – cappotto – casa – foglio – villino – voce – scherzo – trama – scenario – telefonata – vigilia – suicidio – brigadiere

Trama di *Una storia semplice*

Ma qual è (1) _____ di *Una storia semplice* di Leonardo Sciascia? (2) _____ inizia con (3) _____ alle 9:37 del 18 marzo, (4) _____ della festa di San Giuseppe. Al telefono (5) _____ italiano, Giorgio Roccella, con (6) _____ calma e suadente, vuole parlare con il questore. (7) _____ passa invece la telefonata all'ufficio del commissario, che si sta mettendo (8) _____ per uscire, così risponde al posto suo (9) _____. L'ex diplomatico dice che ha trovato (10) _____ nella sua abitazione, senza specificare che cosa. Ma dice al carabiniere di andare da lui al più presto possibile. Il commissario è turbato: Giorgio Roccella, infatti, non è in paese da tempo, molti lo credono addirittura morto. Ha (11) _____ in città ormai abbandonata, come è abbandonato (12) _____ di campagna da dove arriva la telefonata. (13) _____ gli risponde che andrà a controllare, ma il commissario dice che è solamente (14) _____. Il giorno dopo, il brigadiere e due agenti vanno al villino, per vedere se Roccella è in casa, ma lo trovano morto, in (15) _____ che fa all'inizio pensare a (16) _____. Roccella ha davanti a sé (17) _____ con scritto "Ho trovato". Sono le sue ultime parole? Ma qualcosa non torna: la posizione della pistola per terra, rispetto alla mano destra, ferma sul foglio. È balisticamente impossibile. È una finzione e (18) _____ lo prova...

Punti: ____ /9

144   **2.1.** Test - Sezione 2

TEST - SEZIONE 2

3 Trasforma le frasi dal singolare al plurale o dal plurale al singolare.

singolare	plurale
1. _____	Le giacche rosa sono molto costose.
2. Quel signore è elegante.	_____
3. Quale antipasto prendete?	_____
4. _____	Quelle offerte sono convenienti.
5. _____	Le mie amiche sono più grandi di me.
6. Il suo compagno è canadese.	_____
7. Questa penna è la sua.	_____
8. _____	Gli studenti belgi hanno finito l'esame.
9. _____	Quelle persone sono puntuali e serie.
10. Qualche volta vado in piscina.	_____

Punti: ____ /9

4 Completa il testo con le forme adatte degli aggettivi della lista.

nostro – sudamericano – due – piacevole – primo – agile – importantissimo
qualche – alcuno – esagerato – divertente – mio

Viva il tempo libero!

Ciao a tutti!
Mi chiamo Alessia, ho ventuno anni e studio legge all'Università di Roma da (1) _____ anni. Che cosa faccio nel tempo libero, quando non studio? Quando sono libera, adoro andare al cinema, che è sicuramente ai (2) _____ posti tra i miei passatempi preferiti. Non mi piace stare in giro senza fare niente e preferisco hobby che non richiedono spese (3) _____ e che posso condividere con gli amici. Volete (4) _____ esempi? Mi piace organizzare feste (5) _____ per gli amici. Poi (6) _____ volta io e i (7) _____ amici andiamo in giro in bicicletta la domenica mattina, che sicuramente è anche un modo (8) _____ di fare sport! E poi è necessario fare un po' di movimento, perché lo sport fa bene alla salute e questo è (9) _____. Il venerdì sera io e il mio ragazzo facciamo un corso di ballo (10) _____, perché è la (11) _____ passione da sempre, ma lui è più (12) _____ di me.

Lascia un commento   Leggi di più

Punti: ____ /12

2.1. Test di controllo: articolo (determinativo, indeterminativo, partitivo), nome, aggettivo

obiettivo grammatica

Test di controllo

2.2. Pronomi (personali, relativi), *ci* locativo, *ne* partitivo, avverbi

1 Completa le frasi con l'alternativa corretta dei pronomi personali (soggetto, diretti, indiretti).

1. ☐ Io ☐ Tu ☐ Loro e Giovanni andiamo insieme in palestra.
2. Questa canzone è bellissima, ☐ la ☐ le ☐ lo devi assolutamente ascoltare.
3. Vado dal medico e ☐ le ☐ gli ☐ ti porto i risultati degli esami del sangue.
4. Ho bisogno di parlare con te, ☐ mi ☐ vi ☐ ti devo chiedere un'informazione.
5. Questo è il suo certificato, ☐ le ☐ la ☐ lo può dare al direttore del dipartimento.
6. Ricordati, oggi compro io il pane e non ☐ io ☐ noi ☐ tu.
7. Siamo molto amiche di Carla, ma non ☐ gli ☐ le ☐ vi diciamo tutto.
8. La biblioteca ha dei nuovi libri, ☐ li ☐ le ☐ la trovi nella sezione "novità". Punti: ____/8

2 Abbina le parti di frasi con il *che* relativo.

1. Quest'uomo è l'allenatore		a. ho comprato ieri?
2. La giacca		b. parlano con Marta?
3. Sara è la coinquilina		c. mi ha detto di salutarti.
4. Fanno l'esame solo gli studenti	**che**	d. profuma di più: la rosa.
5. Ti ho comprato il fiore		e. ho conosciuto ieri in palestra.
6. Ieri ho incontrato Sara		f. indossi è molto bella.
7. Chi sono le persone		g. abita con me da tre anni.
8. Nel dolce hai messo le uova		h. si sono iscritti all'appello. Punti: ____/8

1. ____ / 2. ____ / 3. ____ / 4. ____ / 5. ____ /6. ____ /7. ____ / 8. ____

3 Completa le frasi con *ci* locativo, *ne* partitivo.

1. A: Quando vai in Irlanda? B: _____ vado tra una settimana.
2. A: Hai ascoltato le canzoni della mia nuova *playlist*? B: _____ ho ascoltate solo due.
3. Nel tiramisù sono necessarie due uova, ma io _____ uso sempre tre.
4. Ho visitato il Duomo di Milano, _____ sono stato con i miei amici.
5. Ieri ho comprato le frittelle allo zabaione e _____ ho mangiate davvero troppe.
6. Noi andiamo al cinema stasera. _____ vieni anche tu?
7. Ci sono alcune nostre amiche alla festa, ma lei non _____ ha vista nessuna.
8. A: Per andare alla stazione passi per Via Russolo? B: Sì, _____ passo sempre.

Punti: ____/8

TEST - SEZIONE 2

4 Completa le frasi con i pronomi personali (soggetto, diretti, indiretti) relativi, *ci* e *ne*.

1. A: Dove siete finite tu e Lara?
   B: _____ sono in banca, _____, invece, è in palestra.
2. A: Avvisano _____ i professori del ritardo?
   B: Sì, _____ avvisano loro!
3. A: Avete parlato con i vostri tutor?
   B: No, non _____ abbiamo parlato. _____ facciamo domani!
4. A: _____ piace il tiramisù con le fragole?
   B: No, _____ preferisco senza.
5. A: Avete completato tutti gli esercizi?
   B: _____ sì, ma lui _____ ha completati solo tre.
6. A: Chi di _____ due va al cinema stasera?
   B: _____ andiamo tutti e due".
7. A: Avete una penna da prestarmi?
   B: Sì, _____ ho tante. Ecco _____!
8. A: Quando _____ laureano i tuoi amici?
   B: Non _____ so, secondo me il prossimo semestre.
9. A: Chi deve fare l'esame?
   B: _____ devono fare solo gli studenti _____ sono arrivati in ritardo.
10. A: Hai visto il tuo capo?
    B: Sì e _____ ho mostrato il progetto _____ ho finito ieri.

Punti: _____ /10

5 Completa il testo con i pronomi della lista.

lo – io – mi – si – ti – la – ti – mi – lo – ne – l' – che – che – mi – lo

Caro Michele, di Natalia Ginzburg

Caro Michele,
(1) _____ do la buona notizia che ho trovato un lavoro.
Ho già cominciato. Il bambino (2) _____ porto la mattina da una signora, che (3) _____ tiene altri sei. Vado a (4) riprender_____ la sera. Pago ventimila lire al mese. Questo lavoro me (5) _____ ha trovato la moglie di Osvaldo, Ada. (6) _____ ha trovato anche la signora (7) _____ tiene i bambini. Questa Ada io (8) _____ trovo cretina, però devo dire che è stata molto gentile con me.
Lavoro da un editore che (9) _____ chiama Fabio Colerosa. È l'amico di Ada. Lui è basso, magro, con un naso grande, lungo e curvo. Sembra un pellicano. L'ufficio è in Via Po. (10) _____ ho una grande stanza e sto sola. Colerosa ha un'altra grande stanza e sta solo. Sta seduto allo scrittoio e pensa, e quando pensa arriccia il naso e la bocca. Io devo battere a macchina le lettere e tutte le cose (11) _____ lui (12) _____ detta. Certe volte lui detta i suoi pensieri; sono pensieri difficili e io il senso non (13) _____ capisco. Devo anche rispondere al telefono, ma non (14) _____ telefona mai nessuno, eccetto Ada qualche volta.
(15) _____ abbraccio!

Mara

Punti: _____ /15

(Fonte: Testo adattato da N. Ginzburg, *Caro Michele*, Mondatori, Milano, 1973)

obiettivo grammatica

2.2 TEST - SEZIONE 2

6 Completa il testo con gli avverbi della lista.

particolarmente – annualmente – internamente – universalmente
sicuramente – quotidianamente – straordinariamente – molto

Milano

Milano, capoluogo lombardo che stupisce (1) _____ per le emozioni che regala (2) _____ ai suoi abitanti e ai numerosissimi turisti che la visitano. È una città colta, moderna, vivace, e ricca di straordinarie opere artistiche. Il Duomo è (3) _____ il monumento simbolo di questa metropoli dell'Italia settentrionale. Dalla sua cima, si può vedere tutta la città e godere così di un panorama (4) _____ suggestivo e (5) _____ unico.
E Milano è (6) _____ nota come la capitale italiana non solo del design, ma anche della moda, infatti (7) _____ si svolgono numerose fiere, mostre e manifestazioni che attirano folle di visitatori. A Milano occupa un posto rilevante anche l'aspetto religioso, infatti la città ospita molte chiese storiche di grande valore artistico come la Basilica di Sant'Ambrogio, una delle chiese più antiche della città, edificata nel IV secolo.
Sempre importante sul piano artistico è la chiesa di Santa Maria delle Grazie. Tra il 1495 e il 1497, (8) _____ alla chiesa, Leonardo da Vinci ha affrescato il famoso *Cenacolo*.

Punti: ____/8

obiettivo grammatica

Test di controllo — TEST - SEZIONE 2

2.3. Preposizioni (semplici, articolate, improprie), connettivi

1 Completa le frasi con le preposizioni (semplici e articolate) adatte.

1. Mio figlio vive ☐ **in** ☐ **alla** campagna.
2. Il negozio è aperto tutti i giorni ☐ **dal** ☐ **fra** lunedì al sabato.
3. ☐ **In** ☐ **Fra** quanti giorni hai l'esame di biologia?
4. Francesca lavora ☐ **all'** ☐ **in** ufficio postale di Via Tripoli.
5. La città ☐ **di** ☐ **da** Venezia è famosa in tutto il mondo.
6. ☐ **Con** ☐ **Di** chi vai in vacanza quest'estate?
7. Abito in Italia ☐ **da** ☐ **fra** un anno con una famiglia romana.
8. ☐ **A** ☐ **Su** gennaio mi trasferisco a Padova per lavoro.
9. Marc viene ☐ **dalla** ☐ **della** Germania in treno.
10. Stasera tutti i nostri amici vanno ☐ **a** ☐ **in** discoteca.

Punti: _____ /10

2 Completa le frasi con le preposizioni (proprie e improprie) della lista.

---
con il – di – da – per la – fra – di – insieme ai – alla – nella – sopra il
---

1. Filippo parte oggi _____ Norvegia.
2. Gli occhiali da sole sono _____ tavolo.
3. Normalmente faccio la spesa _____ sabato.
4. La macchina fotografica è ancora _____ valigia.
5. Stasera esco _____ miei amici.
6. Castellina in Chianti è _____ Firenze e Siena.
7. La sala _____ pranzo è ancora chiusa.
8. Carlo vuole comprare una maglia _____ cotone.
9. Più tardi telefoniamo _____ mamma.
10. Clarice è la ragazza _____ cappotto rosso.

Punti: _____ /10

3 Completa il testo con le preposizioni (semplici e articolate) adatte.

Marco è un ragazzo (1) _____ ventitré anni (2) _____ Genova, ma (3) _____ quattro anni vive (4) _____ Firenze, dove studia ingegneria (5) _____ università. Lo scorso anno ha partecipato al programma Erasmus e (6) _____ un semestre, (7) _____ gennaio (8) _____ luglio, ha frequentato l'università (9) _____ Inghilterra, (10) _____ Leeds.
Marco abita (11) _____ un appartamento (12) _____ centro (13) _____ altri studenti. La mattina esce (14) _____ casa (15) _____ otto e va (16) _____ bicicletta (17) _____ lezioni. Pranza sempre (18) _____ mensa e poi studia (19) _____ biblioteca. La sera si allena (20) _____ palestra. Durante il fine settimana va (21) _____ gli amici (22) _____ birreria o (23) _____ cinema. Quasi sempre (24) _____ mezzanotte dorme già.

Punti: _____ /12

149

obiettivo grammatica

2.3 TEST - SEZIONE 2

4 Completa le frasi con i connettivi della lista e indica la funzione: coordinanti (A), subordinanti (B).

quando – quindi – invece – cioè – se – mentre – perché – sia… sia – e poi – né… né

	A	B
1. Non frequento _____ Lisa, _____ sua sorella Costanza.	☐	☐
2. _____ domani esci presto dal lavoro, vieni a cena a casa mia.	☐	☐
3. Gli studenti sono andati alla mensa _____ sono tornati a casa.	☐	☐
4. _____ Ugo pota le piante, Lia taglia l'erba del giardino.	☐	☐
5. Ho finito di studiare, _____ posso uscire con gli amici.	☐	☐
6. Faccio la spesa _____ per oggi, _____ per il fine settimana.	☐	☐
7. _____ avrò tempo libero, visiterò la mostra su Silvestro Lega.	☐	☐
8. Alba vive in Germania, suo figlio, _____, vive in Africa.	☐	☐
9. Oggi Claudia resta a casa, _____ ha preso l'influenza.	☐	☐
10. Leonardo Russo, _____ il padre di Andrea, conosce i miei genitori.	☐	☐

Punti: ____ /12

5 Completa il testo con i connettivi (coordinanti e subordinanti) della lista.

però – quando – e – però – ma – e – mentre – né… né – mentre – infatti

Camion rimane incastrato sotto il ponte, traffico nel caos

Firenze - Mattinata di caos per il traffico a Firenze. (1) _____ in Viale Talenti era in corso un maxi tamponamento, che ha coinvolto una decina di macchine, senza (2) _____ fare vittime, c'è stato un altro importante incidente nel sottopasso della ferrovia di Viale Fratelli Rosselli. Un camion di grandi dimensioni è rimasto (3) _____ incastrato con il braccio della gru sotto l'arcata del ponte stesso. (4) _____ il braccio ha toccato il soffitto, ha fermato bruscamente la corsa del mezzo (5) _____ si è formata così una lunga coda in zona Fortezza da Basso. Fortunatamente non ci sono state conseguenze fisiche (6) _____ per il camionista, _____ per gli altri automobilisti, (7) _____ enormi disagi nella viabilità. L'intervento della polizia municipale è stato immediato. I vigili urbani hanno deviato il traffico, (8) _____ i vigili del fuoco (9) _____ una squadra di operai impegnata sul posto in lavori alla tramvia hanno liberato il mezzo pesante, le strade (10) _____ sono rimaste bloccate per almeno due ore.

(Fonte: Testo adattato, s.a., *Firenze, camion rimane incastrato sotto il ponte, traffico caos*, "La Nazione")

Punti: ____ /10

150 2.3. Test - Sezione 2

TAVOLA 1-2-3
TABELLE GRAMMATICALI

TAVOLA 1
Verbi *essere* e *avere*

TAVOLA 2
Verbi regolari (*parlare*, *ripetere*, *partire*)

TAVOLA 3
Verbi irregolari

TABELLE GRAMMATICALI
Articolo
Nome
Aggettivo
Pronome
Avverbio
Preposizioni
Connettivi

ornimi
EDITIONS

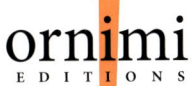

TAVOLA 1. Verbi *essere* e *avere*

INDICATIVO

Presente

	essere	avere
io	sono	ho
tu	sei	hai
lui/lei/Lei	è	ha
noi	siamo	abbiamo
voi	siete	avete
loro	sono	hanno

Imperfetto

	essere	avere
io	ero	avevo
tu	eri	avevi
lui/lei/Lei	era	aveva
noi	eravamo	avevamo
voi	eravate	avevate
loro	erano	avevano

Futuro semplice

	essere	avere
io	sarò	avrò
tu	sarai	avrai
lui/lei/Lei	sarà	avrà
noi	saremo	avremo
voi	sarete	avrete
loro	saranno	avranno

Passato prossimo

	essere	avere
io	sono stato/a	ho avuto
tu	sei stato/a	hai avuto
lui/lei/Lei	è stato/a	ha avuto
noi	siamo stati/e	abbiamo avuto
voi	siete stati/e	avete avuto
loro	sono stati/e	hanno avuto

CONDIZIONALE

Condizionale semplice

	essere	avere
io	sarei	avrei
tu	saresti	avresti
lui/lei/Lei	sarebbe	avrebbe
noi	saremmo	avremmo
voi	sareste	avreste
loro	sarebbero	avrebbero

IMPERATIVO

	essere	avere
tu	sii	abbi
Lei	sia	abbia
noi	siamo	abbiamo
voi	siate	abbiate
Loro	siano	abbiano

INFINITO

Infinito semplice

essere	avere

GERUNDIO

Gerundio semplice

essendo	avendo

obiettivo grammatica

TAVOLA 2

TAVOLA 2. Verbi regolari (*parlare*, *ripetere*, *partire*)

INDICATIVO

Presente

	parlare	ripetere	partire	finire
io	parlo	ripeto	parto	finisco
tu	parli	ripeti	parti	finisci
lui/lei/Lei	parla	ripete	parte	finisce
noi	parliamo	ripetiamo	partiamo	finiamo
voi	parlate	ripetete	partite	finite
loro	parlano	ripetono	partono	finiscono

Passato prossimo

	parlare	ripetere	partire
io	ho parlato	ho ripetuto	sono partito/a
tu	hai parlato	hai ripetuto	sei partito/a
lui/lei/Lei	ha parlato	ha ripetuto	è partito/a
noi	abbiamo parlato	abbiamo ripetuto	siamo partiti/e
voi	avete parlato	avete ripetuto	siete partiti/e
loro	hanno parlato	hanno ripetuto	sono partiti/e

Imperfetto

	parlare	ripetere	partire
io	parlavo	ripetevo	partivo
tu	parlavi	ripetevi	partivi
lui/lei/Lei	parlava	ripeteva	partiva
noi	parlavamo	ripetevamo	partivamo
voi	parlavate	ripetevate	partivate
loro	parlavano	ripetevano	partivano

Futuro semplice

	parlare	ripetere	partire
io	parlerò	ripeterò	partirò
tu	parlerai	ripeterai	partirai
lui/lei/Lei	parlerà	ripeterà	partirà
noi	parleremo	ripeteremo	partiremo
voi	parlerete	ripeterete	partirete
loro	parleranno	ripeteranno	partiranno

CONDIZIONALE

Condizionale semplice

	parlare	ripetere	partire
io	parlerei	ripeterei	partirei
tu	parleresti	ripeteresti	partiresti
lui/lei/Lei	parlerebbe	ripeterebbe	partirebbe
noi	parleremmo	ripeteremmo	partiremmo
voi	parlereste	ripetereste	partireste
loro	parlerebbero	ripeterebbero	partirebbero

obiettivo grammatica

TAVOLA 2

IMPERATIVO

	parlare	ripetere	partire	finire
tu	parla	ripeti	parti	finisci
Lei	parli	ripeta	parta	finisca
noi	parliamo	ripetiamo	partiamo	finiamo
voi	parlate	ripetete	partite	finite
Loro	parlino	ripetano	partano	finiscano

INFINITO

Infinito semplice

parlare	ripetere	partire (finire)

GERUNDIO

Gerundio semplice

parlare	ripetere	partire
parlando	ripetendo	partendo

PARTICIPIO

Participio Passato

parlare	ripetere	partire
parlato	ripetuto	partito

Attenzione!
La diversità della coniugazione dei verbi in -isc- (p. es. finire) riguarda solamente l'indicativo presente e l'imperativo.

TAVOLA 3. Verbi irregolari

accendere	**indicativo** – passato prossimo: *ho acceso*
andare	**indicativo** – presente: *vado, vai, va, andiamo, andate, vanno*; futuro semplice: *andrò, andrai, andrà, andremo, andrete, andranno*; **condizionale** semplice: *andrei, andresti, andrebbe, andremmo, andreste, andrebbero*; **imperativo**: (tu) *vai/va'*, (voi) *andate*; (Lei) *vada*, (noi) *andiamo*, (Loro) *vadano*
aprire	**indicativo** – passato prossimo: *ho aperto*
bere	**indicativo** – presente: *bevo, bevi, beve, beviamo, bevete, bevono*; passato prossimo: *ho bevuto*; imperfetto: *bevevo, bevevi, beveva, bevevamo, bevevate, bevevano*; futuro semplice: *berrò, berrai, berrà, berremo, berrete, berranno*; **condizionale** semplice: *berrei, berresti, berrebbe, berremmo, berreste, berrebbero*; **imperativo**: (tu) *bevi*, (voi) *bevete*, (Lei) *beva*, (noi) *beviamo*, (Loro) *bevano*; **gerundio** semplice: *bevendo*
cadere	**indicativo** – futuro semplice: *cadrò, cadrai, cadrà, cadremo, cadrete, cadranno*; **condizionale** semplice: *cadrei, cadresti, cadrebbe, cadremmo, cadreste, cadrebbero*
chiedere	**indicativo** – passato prossimo: *ho chiesto*
chiudere	**indicativo** – passato prossimo: *ho chiuso*
condurre	**indicativo** – presente: *conduco, conduci, conduce, conduciamo, conducete, conducono*; passato prossimo: *ho condotto*; futuro semplice: *condurrò, condurrai, condurrà, condurremo, condurrete, condurranno*; **condizionale** semplice: *condurrei, condurresti, condurrebbe, condurremmo, condurreste, condurrebbero*; **imperativo**: (tu) *conduci*, (voi) *conducete*, (Lei) *conduca*, (noi) *conduciamo*, (Loro) *conducano*; **gerundio** semplice: *conducendo*
connettere	**indicativo** – passato prossimo: *ho connesso*
conoscere	**indicativo** – passato prossimo: *ho conosciuto*
correggere	**indicativo** – passato prossimo: *ho corretto*
crescere	**indicativo** – passato prossimo: *sono cresciuto/a*
cuocere	**indicativo** – presente: *cuocio, cuoci, cuoce, c(u)ociamo, c(u)ocete, cuociono*; passato prossimo: *ho cotto*; imperfetto: *c(u)ocevo, c(u)ocevi, c(u)oceva, c(u)ocevamo, c(u)ocevate, c(u)ocevano*; **imperativo**: (tu) *cuoci*, (voi) *c(u)ocete*, (Lei) *cuocia*, (noi) *c(u)ociamo*, (Loro) *cuociano*; **gerundio** semplice: *c(u)ocendo*

obiettivo grammatica

TAVOLA 3

dare	**indicativo** – presente: *do, dai dà, diamo, date, danno*; futuro semplice: *darò, darai, darà, daremo, darete, daranno*; **condizionale** semplice: *darei, daresti, darebbe, daremmo, dareste, darebbero*; **imperativo**: (tu) *dai/da'*, (voi) *date*, (Lei) *dia*, (noi) *diamo*, (Loro) *diano*
decidere	**indicativo** – passato prossimo: *ho deciso*
dire	**indicativo** – presente: *dico, dici, dice, diciamo, dite, dicono*; passato prossimo: *ho detto*; imperfetto: *dicevo, dicevi, diceva, dicevamo, dicevate, dicevano*; **imperativo**: (tu) *di'*, (voi) *dite*, (Lei) *dica*, (noi) *diciamo*, (Loro) *dicano*; **gerundio** semplice: *dicendo*
discutere	**indicativo** – passato prossimo: *ho discusso*
distrarre	**indicativo** – presente: *distraggo, distrai, distrae, distraiamo, distraete, distraggono*; passato prossimo: *ho distratto*; imperfetto: *distraevo, distraevi, distraeva, distraevamo, distraevate, distraevano*; **condizionale** semplice: *distrarrei, distrarresti, distrarrebbe, distrarremmo, distrarreste, distrarrebbero*; **imperativo**: (tu) *distrai*, (voi) *distraete*; (Lei) *distragga*, (noi) *distraiamo*, (Loro) *distraggano*; **gerundio** semplice: *distraendo*
dovere	**indicativo** – presente: *devo, devi, deve, dobbiamo, dovete, devono*; futuro semplice: *dovrò, dovrai, dovrà, dovremo, dovrete, dovranno*; **condizionale** semplice: *dovrei, dovresti, dovrebbe, dovremmo, dovreste, dovrebbero*
emergere	**indicativo** – passato prossimo: *sono emerso*
esporre	**indicativo** – presente: *espongo, esponi, espone, esponiamo, esponete, espongono*; passato prossimo: *ho esposto*; imperfetto: *esponevo, esponevi, esponeva, esponevamo, esponevate, esponevano*; **condizionale** semplice: *esporrei, esporresti, esporrebbe, esporremmo, esporreste, esporrebbero*; **imperativo**: (tu) *esponi*, (voi) *esponete*, (Lei) *esponga*, (noi) *esponiamo*, (Loro) *espongano*; **gerundio** semplice: *esponendo*
esprimere	**indicativo** – passato prossimo: *ho espresso*
fare	**indicativo** – presente: *faccio, fai, fa facciamo, fate, fanno*; passato prossimo: *ho fatto*; imperfetto: *facevo, facevi, faceva, facevamo, facevate, facevano*; **condizionale** semplice: *farei, faresti, farebbe, faremmo, fareste, farebbero*; **imperativo**: (tu) *fai/fa'*, (voi) *fate*, (Lei) *faccia*, (noi) *facciamo*, (Loro) *facciano*; **gerundio** semplice: *facendo*
introdurre	**indicativo** – presente: *introduco, introduci, introduce, introduciamo, introducete, introducono*; passato prossimo: *ho introdotto*; **condizionale** semplice: *introdurrei, introdurresti, introdurrebbe, introdurremmo, introdurreste, introdurrebbero*; **imperativo**: (tu) *introduci*, (voi) *introducete*, (Lei) *introduca*, (noi) *introduciamo*, (Loro) *introducano*; **gerundio** semplice: *introducendo*
leggere	**indicativo** – passato prossimo: *ho letto*
mettere	**indicativo** – passato prossimo: *ho messo*

TAVOLA 3

morire	**indicativo** – presente: *muoio, muori, muore, moriamo, morite, muoiono*; passato prossimo: *sono morto/a*; **imperativo**: (tu) *muori*, (voi) *morite*, (Lei) *muoia*, (noi) *moriamo*, (Loro) *muoiano*
muovere	**indicativo** – passato prossimo: *ho mosso*
nascere	**indicativo** – passato prossimo: *sono nato/a*
piacere	**indicativo** – passato prossimo: *sono piaciuto/a*;
piangere	**indicativo** – passato prossimo: *ho pianto*;
potere	**indicativo** – presente: *posso, puoi, può, possiamo, potete, possono*; futuro semplice: *potrò, potrai, potrà, potremo, potrete, potranno*; **condizionale** semplice: *potrei, potresti, potrebbe, potremmo, potreste, potrebbero*
porre	**indicativo** – presente: *pongo, poni, pone, poniamo, ponete, pongono*; passato prossimo: *ho posto*; imperfetto: *ponevo, ponevi, poneva, ponevamo, ponevate, ponevano*; **condizionale** semplice: *porrei, porresti, porrebbe, porremmo, porreste, porrebbero*; **imperativo**: (tu) *poni*, (voi) *ponete*, (Lei) *ponga*, (noi) *poniamo*, (Loro) *pongano*; **gerundio** semplice: *ponendo*
prendere	**indicativo** – passato prossimo: *ho preso*
raccogliere	**indicativo** – presente: *raccolgo, raccogli, raccoglie, raccogliamo, raccogliete, raccolgono*; passato prossimo: *ho raccolto*; **imperativo**: (tu) *raccogli*, (voi) *raccogliete*, (Lei) *raccolga*, (noi) *raccogliamo*, (Loro) *raccolgano*
reprimere	**indicativo** – passato prossimo: *ho represso*
ridurre	**indicativo** – presente: *riduco, riduci, riduce, riduciamo, riducete, riducono*; passato prossimo: *ho ridotto*; imperfetto: *riducevo, riducevi, riduceva, riducevamo, riducevate, riducevano*; **condizionale semplice**: *ridurrei, ridurresti, ridurrebbe, ridurremmo, ridurreste, ridurrebbero*; **imperativo**: (tu) *riduci*, (voi) *riducete*, (Lei) *riduca*, (noi) *riduciamo*, (Loro) *riducano*; **gerundio** semplice: *riducendo*
rimanere	**indicativo** – presente: *rimango, rimani, rimane, rimaniamo, rimanete, rimangono*; passato prossimo: *sono rimasto/a*; futuro semplice: *rimarrò, rimarrai, rimarrà, rimarremo, rimarrete, rimarranno*; **condizionale** semplice: *rimarrei, rimarresti, rimarrebbe, rimarremmo, rimarreste, rimarrebbero*; **imperativo**: (tu) *rimani*, (voi) *rimanete*, (Lei) *rimanga*, (noi) *rimaniamo*, (Loro) *rimangano*
risolvere	**indicativo** – passato prossimo: *ho risolto*
rispondere	**indicativo** – passato prossimo: *ho risposto*
rompere	**indicativo** – passato prossimo: *ho rotto*

obiettivo grammatica

TAVOLA 3

salire	**indicativo** – presente: *salgo, sali, sale, saliamo, salite, salgono*; **imperativo**: (tu) *sali*, (voi) *salite*, (Lei) *salga*, (noi) *saliamo*, (Loro) *salgano*
sapere	**indicativo** – presente: *so, sai, sa, sappiamo, sapete, sanno*; futuro semplice: *saprò, saprai, saprà, sapremo, saprete, sapranno*; **condizionale** semplice: *saprei, sapresti, saprebbe, sapremmo, sapreste, saprebbero*; **imperativo**: (tu) *sappi*, (voi) *sappiate*, (Lei) *sappia*, (noi) *sappiamo*, (Loro) *sappiano*
scegliere	**indicativo** – presente: *scelgo, scegli, sceglie, scegliamo, scegliete, scelgono*; passato prossimo: *ho scelto*; **imperativo**: (tu) *scegli*, (voi) *scegliete*, (Lei) *scelga*, (noi) *scegliamo*, (Loro) *scelgano*
scendere	**indicativo** – passato prossimo: *sono/ho sceso*
scrivere	**indicativo** – passato prossimo: *ho scritto*
sedere	**indicativo** – presente: *siedo siedi, siede, sediamo, sedete, siedono*
spegnere	**indicativo** – presente: *spengo, spegni, spegne, spegniamo, spegnete, spengono*; passato prossimo: *ho spento*; **imperativo**: (tu) *spegni*, (voi) *spegnete*, (Lei) *spenga*, (noi) *spegniamo*, (Loro) *spengano*
stare	**indicativo** – presente: *sto, stai, sta, stiamo, state, stanno*; **condizionale** semplice: *starei, staresti, starebbe, staremmo, stareste, starebbero*; **imperativo**: (tu) *stai/sta'*, (voi) *state*, (Lei) *stia*, (noi) *stiamo*, (Loro) *stiano*
tenere	**indicativo** – presente: *tengo, tieni, tiene, teniamo, tenete, tengono*; futuro semplice: *terrò, terrai, terrà, terremo, terrete, terranno*; **imperativo**: (tu) *tieni*, (voi) *tenete*, (Lei) *tenga*, (noi) *teniamo*, (Loro) *tengano*
tradurre	**indicativo** – presente: *traduco, traduci, traduce, traduciamo, traducete, traducono*; passato prossimo: *ho tradotto*; imperfetto: *traducevo, traducevi, traduceva, traducevamo, traducevate, traducevano*; futuro semplice: *tradurrò, tradurrai, tradurrà, tradurremo, tradurrete, tradurranno*; **condizionale** semplice: *tradurrei, tradurresti, tradurrebbe, tradurremmo, tradurreste, tradurrebbero*; **imperativo**: (tu) *traduci*, (voi) *traducete*, (Lei) *traduca*, (noi) *traduciamo*, (Loro) *traducano*; **gerundio** semplice: *traducendo*
trarre	**indicativo** – presente: *traggo, trai, trae, traiamo, traete, traggono*; passato prossimo: *ho tratto*; imperfetto: *traevo, traevi, traeva, traevamo, traevate, traevano*; **condizionale** semplice: *trarrei, trarresti, trarrebbe, trarremmo, trarreste, trarrebbero*; **imperativo**: (tu) *trai*, (voi) *traete*; (Lei) *tragga*, (noi) *traiamo*, (Loro) *traggano*; **gerundio** semplice: *traendo*
udire	**indicativo** – presente: *odo, odi, ode, udiamo, udite, odono*; **imperativo**: (tu) *odi*, (voi) *udite*; (Lei) *oda*, (noi) *udiamo*, (Loro) *odano*
uscire	**indicativo** – presente: *esco, esci, esce, usciamo, uscite, escono*; **imperativo**: (tu) *esci*, (voi) *uscite*, (Lei) *esca*, (noi) *usciamo*, (Loro) *escano*

TAVOLA 3

vedere	**indicativo** – passato prossimo: *ho visto/veduto*; futuro semplice: *vedrò, vedrai, vedrà, vedremo, vedrete, vedranno*; **condizionale** semplice: *vedrei, vedresti, vedrebbe, vedremmo, vedreste, vedrebbero*
venire	**indicativo** – presente: *vengo, vieni, viene, veniamo, venite, vengono*; passato prossimo: *sono venuto/a*; futuro semplice: *verrò, verrai, verrà, verremo, verrete, verranno*; **condizionale** semplice: *verrei, verresti, verrebbe, verremmo, verreste, verrebbero*; **imperativo**: (tu) *vieni*, (voi) *venite*, (Lei) *venga*, (noi) *veniamo*, (Loro) *vengano*
vincere	**indicativo** – passato prossimo: *ho vinto*
vivere	**indicativo** – passato prossimo: *ho/sono vissuto*; futuro semplice: *vivrò, vivrai, vivrà, vivremo, vivrete, vivranno*; **condizionale** semplice: *vivrei, vivresti, vivrebbe, vivremmo, vivreste, vivrebbero*
volere	**indicativo** – presente: *voglio, vuoi, vuole, vogliamo, volete, vogliono*; futuro semplice: *vorrò, vorrai, vorrà, vorremo, vorrete, vorranno*; **condizionale** semplice: *vorrei, vorresti, vorrebbe, vorremmo, vorreste, vorrebbero*; **imperativo**: (tu) *vogli*, (voi) *vogliate*, (Lei) *voglia*, (noi) *vogliamo*, (Loro) *vogliano*

ARTICOLO

Articolo determinativo

	singolare	plurale
maschile	il	i
maschile	lo	gli
maschile	l'	
femminile	la	le
femminile	l'	

Scrivi i tuoi esempi e le note utili.

_____

_____

_____

_____

Articolo indeterminativo

	singolare
maschile	un
maschile	uno
femminile	una
femminile	un'

Scrivi i tuoi esempi e le note utili.

_____

_____

_____

_____

obiettivo grammatica

TABELLE GRAMMATICALI

Articolo partitivo

	singolare	plurale
maschile	del	del
maschile	dell'	degli
maschile	dello	degli
femminile	della	delle
femminile	dell'	delle

Scrivi i tuoi esempi e le note utili.

_____

_____

_____

_____

NOME

Maschile e femminile, singolare e plurale

	singolare	plurale
maschile	-o	-i
femminile	-a	-e
maschile/femminile	-e	-i

Scrivi i tuoi esempi e le note utili.

_____

_____

_____

_____

obiettivo grammatica

TABELLE GRAMMATICALI

Singolare e plurale: particolarità dei nomi maschili

singolare	plurale
–a nomi derivanti dal greco	–i
nomi stranieri terminanti con consonante (anche femminili)	invariabile
–à / –è / –ì / –ò / –ù nomi con l'accento sull'ultima sillaba (anche femminili)	invariabile

Scrivi i tuoi esempi e le note utili.

_____
_____
_____

Singolare e plurale: particolarità dei nomi femminili

singolare	plurale
–o	–i
–o	invariabile
–i (anche maschili)	invariabile
–tà (anche maschili)	invariabile
–tù (anche maschili)	invariabile

Scrivi i tuoi esempi e le note utili.

_____
_____
_____

obiettivo grammatica

TABELLE GRAMMATICALI

Formazione del femminile

Nomi che cambiano la vocale finale (nomi di genere mobile)

maschile	femminile
–o	–a
–a	–essa
–e	–a
–e	–essa
–tore	–trice

Scrivi i tuoi esempi e le note utili.

___

Nomi con radici differenti (nomi di genere indipendente)

maschile	femminile	maschile	femminile
il bue	la mucca	il marito	la moglie
il celibe	la nubile	il montone	la pecora
il frate	la suora	il padre	la madre
il fratello	la sorella	il papà/babbo	la mamma
il fuco	l'ape	il porco	la scrofa
il genero	la nuora	il toro	la vacca
il maschio	la femmina	l'uomo	la donna

Scrivi i tuoi esempi e le note utili.

___

TABELLE GRAMMATICALI

AGGETTIVO

Aggettivo qualificativo

Maschile e femminile, singolare e plurale

	singolare	plurale
maschile	–o	–i
femminile	–a	–e
maschile / femminile	–e	–i

Scrivi i tuoi esempi e le note utili.

_____

_____

_____

_____

Particolarità degli aggettivi qualificativi

singolare	plurale
aggettivi stranieri	invariabile
alcuni aggettivi che indicano il colore	invariabile

Scrivi i tuoi esempi e le note utili.

_____

_____

_____

_____

obiettivo grammatica

TABELLE GRAMMATICALI

Gradi dell'aggettivo

Comparativo di maggioranza e di minoranza

Antonio è	**più/meno**	bravo	**di**	Paolo.
				lui.
				prima.

Scrivi i tuoi esempi e le note utili.

_____
_____
_____
_____

Comparativo di uguaglianza

| Antonio è | bravo | **come/quanto** | Lorenzo. |

Scrivi i tuoi esempi e le note utili.

_____
_____
_____
_____

Superlativo assoluto

| Antonio è | brav**issimo** e diligent**issimo**. |

Scrivi i tuoi esempi e le note utili.

_____
_____
_____
_____

obiettivo grammatica

TABELLE GRAMMATICALI

Aggettivi e pronomi
Possessivi

	singolare		plurale	
	maschile	femminile	maschile	femminile
(io)	mio	mia	miei	mie
(tu)	tuo	tua	tuoi	tue
(lui/lei/Lei)	suo/Suo	sua/Sua	suoi/Suoi	sue/Sue
(noi)	nostro	nostra	nostri	nostre
(voi)	vostro	vostra	vostri	vostre
(loro, Loro)	loro/Loro	loro/Loro	loro/Loro	loro/Loro

Scrivi i tuoi esempi e le note utili.

_____
_____
_____

Aggettivi possessivi con i nomi di parentela

	singolare				plurale			
	maschile		femminile		maschile		femminile	
(io)	mio		mia		i miei		le mie	
(tu)	tuo		tua		i tuoi		le tue	
(lui/lei/Lei)	suo/Suo	cugino	sua/Sua	cugina	i suoi/Suoi	cugini	le sue/Sue	cugine
(noi)	nostro		nostra		i nostri		le nostre	
(voi)	vostro		vostra		i vostri		le vostre	
(loro/Loro)	il loro/Loro		la loro/Loro		i loro/Loro		le loro/Loro	

Scrivi i tuoi esempi e le note utili.

_____
_____
_____

TABELLE GRAMMATICALI

Dimostrativi

Questo **(aggettivo e pronome)**

	singolare	plurale
maschile	questo	questi
femminile	questa	queste

Scrivi i tuoi esempi e le note utili.

_____
_____
_____
_____

Quello **(aggettivo)**

	singolare	plurale
maschile	quel	quei
maschile	quello	quegli
maschile	quell'	quegli
femminile	quella	quelle

Quello **(pronome)**

	singolare	plurale
maschile	quello	quelli
femminile	quella	quelle

Scrivi i tuoi esempi e le note utili.

_____
_____
_____
_____

167

TABELLE GRAMMATICALI

Indefiniti

	singolare		plurale	
	maschile	femminile	maschile	femminile
aggettivi	ogni	ogni	–	–
	qualche	qualche	–	–
pronomi	niente	niente	–	–
	nulla	nulla	–	–
	qualcosa	qualcosa	–	–
aggettivi e pronomi	alcuno	alcuna	alcuni	alcune
	molto	molta	molti	molte
	nessuno	nessuna	–	–
	poco	poca	pochi	poche
	tanto	tanta	tanti	tante
	troppo	troppa	troppi	troppe
	tutto	tutta	tutti	tutte

Scrivi i tuoi esempi e le note utili.

_____
_____
_____
_____

Interrogativi ed esclamativi

singolare	maschile	quanto	quale	che	che cosa	chi
	femminile	quanta				
plurale	maschile	quanti	quali			
	femminile	quante				

Scrivi i tuoi esempi e le note utili.

_____
_____
_____
_____

obiettivo grammatica

TABELLE GRAMMATICALI

Numerali

Numeri cardinali e ordinali

numerali cardinali		numerali ordinali		numerali cardinali		numerali ordinali	
1	uno/una	1°	primo	21	ventuno	21°	ventun**esimo**
2	due	2°	secondo	30	trenta	30°	trent**esimo**
3	tre	3°	terzo	40	quaranta	40°	quarant**esimo**
4	quattro	4°	quarto	50	cinquanta	50°	cinquant**esimo**
5	cinque	5°	quinto	60	sessanta	60°	sessant**esimo**
6	sei	6°	sesto	70	settanta	70°	settant**esimo**
7	sette	7°	settimo	80	ottanta	80°	ottant**esimo**
8	otto	8°	ottavo	90	novanta	90°	novant**esimo**
9	nove	9°	nono	100	cento	100°	cent**esimo**
10	dieci	10°	decimo	101	centouno	101°	centun**esimo**
11	undici	11°	undic**esimo**	200	duecento	200°	duecent**esimo**
12	dodici	12°	dodic**esimo**	300	trecento	300°	trecent**esimo**
13	tredici	13°	tredic**esimo**	400	quattrocento	400°	quattrocent**esimo**
14	quattordici	14°	quattordic**esimo**	500	cinquecento	500°	cinquecent**esimo**
15	quindici	15°	quindic**esimo**	600	seicento	600°	seicent**esimo**
16	sedici	16°	sedic**esimo**	700	settecento	700°	settecent**esimo**
17	diciassette	17°	diciassett**esimo**	800	ottocento	800°	ottocent**esimo**
18	diciotto	18°	diciott**esimo**	900	novecento	900°	nocent**esimo**
19	diciannove	19°	diciannov**esimo**	1000	mille	1000°	mill**esimo**
20	venti	20°	vent**esimo**	1001	milleuno	1001°	milleun**esimo**

numerali cardinali		numerali ordinali	
2000	duemila	2000°	duemillesimo
10.000	diecimila	10.000°	diecimillesimo
100.000	centomila	100.000°	centomillesimo
1.000.000	un milione	1.000.000°	un milionesimo
1.000.000.000	un miliardo	1.000.000.000°	un miliardesimo

Scrivi i tuoi esempi e le note utili.

_____

_____

_____

PRONOME

Pronomi personali soggetto

	persona	pronomi
singolare	I	io
singolare	II	tu
singolare	III	lui (maschile)
singolare	III	lei (femminile)
plurale	I	noi
plurale	II	voi
plurale	III	loro

Scrivi i tuoi esempi e le note utili.

_____
_____
_____
_____

Pronomi riflessivi

	persona	pronomi soggetto	pronomi riflessivi
singolare	I	io	mi
singolare	II	tu	ti
singolare	III	lui/lei	si
plurale	I	noi	ci
plurale	II	voi	vi
plurale	III	loro	si

Scrivi i tuoi esempi e le note utili.

_____
_____
_____
_____

TABELLE GRAMMATICALI

Pronomi diretti

	persona	pronomi soggetto	pronomi atoni	pronomi tonici
singolare	I	io	mi	me
singolare	II	tu	ti	te
singolare	III	lui	lo	lui
singolare		lei	la	lei
plurale	I	noi	ci	noi
plurale	II	voi	vi	voi
plurale	III	loro	li	loro
plurale			le	

Scrivi i tuoi esempi e le note utili.

_____

_____

_____

_____

Pronomi indiretti

	persona	pronomi soggetto	pronomi atoni	pronomi tonici
singolare	I	io	mi	a me
singolare	II	tu	ti	a te
singolare	III	lui	gli	a lui
singolare		lei	le	a lei
plurale	I	noi	ci	a noi
plurale	II	voi	vi	a voi
plurale	III	loro	loro, gli	a loro

Scrivi i tuoi esempi e le note utili.

_____

_____

_____

_____

obiettivo grammatica

TABELLE GRAMMATICALI

Pronomi allocutivi e forma di cortesia

	situazione informale	situazione formale
	pronomi confidenziali	pronomi di cortesia
singolare	tu	Lei (m., f.)
plurale	voi	Voi

Scrivi i tuoi esempi e le note utili.

Particelle pronominali *ci/vi* e *ne*

particella pronominale *ci*
- nel verbo *esserci* significa "essere presente", "esistere" (avverbio locativo)
significa (avverbio locativo) - "qui, in questo luogo", "lì, in quel luogo", con verbi di stato o di movimento - "per questo luogo", "per quel luogo", con i verbi di movimento
- rafforza il verbo *avere*, soprattutto nelle risposte con un pronome (avverbio)

particella pronominale *ne*
indica una parte del tutto, con parole che esprimono quantità (*uno, due, tre…; poco, tanto, molto…*) (pronome personale partitivo)

Scrivi i tuoi esempi e le note utili.

obiettivo grammatica

TABELLE GRAMMATICALI

Pronomi relativi

Pronome relativo invariabile *che*

singolare	maschile	che
	femminile	
plurale	maschile	
	femminile	

pronome relativo *che*
- soggetto
- complemento oggetto

Scrivi i tuoi esempi e le note utili.

_____
_____
_____
_____

AVVERBIO

Avverbi interrogativi, di giudizio, tempo, luogo, quantità, modo

avverbi
come?, come mai?, dove?, perché?, quando?, quanto?
- avverbi interrogativi
certamente/certo, sì, sicuramente/sicuro…
- avverbi di giudizio: affermazione
mica, non, non… mai…
- avverbi di giudizio: negazione
forse, probabilmente, sicuramente…
- avverbi di giudizio: dubbio, certezza
adesso, dopo, ieri, mai, oggi, ora, poi, prima, spesso, subito…
- avverbi di tempo

obiettivo grammatica

TABELLE GRAMMATICALI

là, lì, lontano, qua, qui, sopra, sotto, vicino…
- avverbi di luogo
ci/vi (= "in questo/quel luogo"), *ne* (= "da questo/quel luogo")
- particelle avverbiali di luogo
abbastanza, molto, poco, troppo…
- avverbi di quantità non precisa
bene, chiaramente, lentamente, male…
- avverbi di modo

Scrivi i tuoi esempi e le note utili.

_____
_____
_____
_____

PREPOSIZIONI

Preposizioni semplici (proprie)

preposizioni
luogo   - posizione/direzione verso un luogo: - *in* + nomi di continenti, paesi, regioni, nomi che finiscono in *–eria*   - *a* + nomi di città, infinito   - *da* + nomi di persona propri e comuni, pronomi personali   - destinazione: *partire* + *per*   - posizione in un luogo: *in*, *su*   - provenienza da un luogo: *da*, *di*   - movimento attraverso un luogo: *da*, *per*
tempo determinato   - *a* + ore, mesi, stagioni   - *di* + giorni, mesi, stagioni   - *in* + mesi, stagioni   - *fra/tra* + momento futuro
tempo continuato   - azione non finita: *da*   - intervallo di tempo: *da… a*   - durata: *in*, *per*

obiettivo grammatica

TABELLE GRAMMATICALI

materia: *di*
mezzo, strumento: *con*, *in*
fine: *da*, *per*
qualità: *a*
compagnia, unione: *con*
paragone: *di*
modo: *con*, *in*
termine (destinatario): *a*
età: *a*, *di*
causa: *per*…
specificazione: *di* - possesso: *di* - denominazione: *di*
vantaggio: *per*

Scrivi i tuoi esempi e le note utili.

___

___

___

___

Preposizioni articolate (proprie)

	il	lo	l'	i	gli	la	l'	le
di	del	dello	dell'	dei	degli	della	dell'	delle
a	al	allo	all'	ai	agli	alla	all'	alle
da	dal	dallo	dall'	dai	dagli	dalla	dall'	dalle
in	nel	nello	nell'	nei	negli	nella	nell'	nelle
su	sul	sullo	sull'	sui	sugli	sulla	sull'	sulle

Scrivi i tuoi esempi e le note utili.

___

___

___

___

175

obiettivo grammatica

TABELLE GRAMMATICALI

Preposizioni improprie

preposizioni improprie
accanto a
attraverso
davanti a
dentro (a)
dietro (a)
dopo
durante
fino a
fuori di, da
insieme a
lontano da
prima di
senza
sopra (a)
sotto (a)
verso
vicino a

Scrivi i tuoi esempi e le note utili.

_____

_____

_____

_____

CONNETTIVI

Connettivi coordinanti

coordinanti
e, né, anche (pure), neanche (nemmeno, neppure)…
- sommano due elementi (funzione copulativa)

TABELLE GRAMMATICALI

***o** (oppure)...*	
- segnalano un'alternativa (funzione disgiuntiva)	
invece, ma, però...	
- esprimono un contrasto (funzione avversativa)	
cioè, infatti...	
- introducono una spiegazione (funzione dichiarativa/esplicativa)	
***dunque** (**quindi**), **perciò, allora**...*	
- specificano la conseguenza (funzione conclusiva)	
sia... sia, né... né...	
- creano una correlazione (funzione correlativa)	

Scrivi i tuoi esempi e le note utili.

_____
_____
_____
_____

Connettivi subordinanti

subordinanti
perché...
- esprimono una causa (funzione causale)
mentre, quando...
- esprimono il tempo (funzione temporale)
se...
- esprimono la condizione (funzione condizionale)

Scrivi i tuoi esempi e le note utili.

_____
_____
_____
_____

SOLUZIONI

SEZIONE 1

SEZIONE 2

TEST

ornimi
EDITIONS

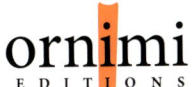

SEZIONE 1 - VERBO

1. INDICATIVO, p. 10
1.1. Indicativo – Presente di *essere* e *avere*, p. 10
1 1. sono, c; 2. ci sono, b; 3. sei, a; 4. siamo, d; 5. è, e; 6. c'è, b
2 1. ho, d; 2. hai, b; 3. abbiamo, e; 4. hanno, c; 5. ha, f; 6. avete, a
3 1. siamo; 2. ho; 3. è; 4. hanno; 5. ci sono; 6. hai; 7. ha; 8. c'è
4 1. ha; 2. è; 3. ci sono; 4. c'è; 5. ha; 6. hanno; 7. ci sono; 8. sono

1.2. Indicativo – Presente, p. 13
1a *Verbi regolari*
Orizzontale: 1. vende; 3. capisci; 5. preparano; 7. chiedono; 8. guardo
Verticale: 2. domandate; 4. partiamo; 6. scriviamo
1b *Verbi irregolari e particolarità*
Orizzontale: 2. sta; 5. cerchi; 7. mangiano; 8. dobbiamo
Verticale: 1. potete; 3. spieghiamo; 4. scelgo; 6. vieni
2 1. noi usciamo; 2. lui/lei può; 3. tu parli; 4. voi abitate; 5. loro si alzano; 6. io mi chiamo; 7. voi sentite; 8. lui/lei beve; 9. noi veniamo; 10. loro hanno
3 1. sapere; 2. volere; 3. dire; 4. andare; 5. uscire; 6. pagare; 7. mangiare; 8. preferire; 9. fare
4 1. c'è, c. 2. fai, d; 3. ha, b; 4. trascorro, a; 5. vanno, a; 6. partite, e; 7. avverto, f
5 2. Lucia ha gli occhi azzurri; 3. Se vuoi superare l'esame, devi studiare di più; 4. Quale libro leggi ora?; 5. Nel pomeriggio alle cinque prendo il treno per Milano; 6. Di solito a merenda i bambini mangiano pane e cioccolata; 7. La scuola si trova nel centro della città; 8. Ogni giorno dopo pranzo i nonni si riposano un po'.
6 1. vivo; 2. abitiamo; 3. è; 4. c'è; 5. abbiamo; 6. è; 7. c'è; 8. lavoro; 9. devo; 10. è; 11. dura; 12. preferisco; 13. ci sono; 14. sono; 15. restano

1.3. Indicativo – Presente dei verbi modali (*dovere, potere, volere*), p. 17
1 1. potete, d; 2. deve, a; 3. voglio, e; 4. posso, b; 5. Sai, c; 6. dovete, a
2 1. possono; 2. dobbiamo; 3. volete; 4. Possiamo; 5. devo; 6. vuole; 7. devono; 8. puoi
3 1. vuoi; 2. devono; 3. vogliono; 4. possono; 5. può; 6. possiamo; 7. devi; 8. puoi

1.4. Indicativo – Passato prossimo, p. 19
1a 1. hai; 2. ho; 3. ha; 4. abbiamo; 5. ha; 6. abbiamo; 7. avete; 8. hanno
1b 1. sono; 2. è; 3. sono; 4. è; 5. siete; 6. sei; 7. sono; 8. sono
2 2. venuti; 3. entrata; 4. rimasto; 5. visitato; 6. cucinato; 7. uscita; 8. organizzato; 9. vinto; 10. partite
3 2. si è pentito; 3. abbiamo scritto; 4. io sono nato/a; 5. ti sei annoiato/a; 6. è venuta; 7. sono uscito/a; 8. vi siete sentiti/e; 9. hanno ricevuto; 10. abbiamo visto; 11. siete diventati/e; 12. è rimasto; 13. hai finito; 14. si è divertita; 15. abbiamo preparato; 16. ho detto
4 2. fate; 3. sono nato/a; 4. chiediamo; 5. ha perso/perduto; 6. si allontanano; allontanato; 7. avete scritto; 8. rimangono; 9. avete detto; 10. legge; 11. ti sei lavato/a; 12. chiudiamo; 13. sei venuto/a; 14. mi trasferisco; 15. hanno scelto
5 2. preparata; 3. incontrati; 4. viste; 5. mangiati; 6. guardato; 7. sentita; 8. trovate; 9. persa; 10. fatti
6 1. è rimasta, B; 2. abbiamo cominciato, A; 3. ho conosciuto, B; 4. hanno discusso, B; 5. vi siete trasferiti, A
7 2. Ieri mattina Antonio si è svegliato (b) molto tardi; 3. Anna e Carla si sono dimenticate (h) le chiavi in ufficio; 4. Marcello e io abbiamo comprato (f) la macchina nuova; 5. Alla festa Marco ha conosciuto (a) dei ragazzi simpatici; 6. Gianni e Luisa hanno vinto (c) un viaggio ai Caraibi; 7. Finora io non ho mai studiato (g) il giapponese; 8. L'anno scorso tu hai vissuto (e) per due mesi all'estero?
8 1. ho proposto; 2. hanno accettato; 3. siamo partiti; 4. abbiamo incontrato; 5. è durata; 6. siamo arrivati; 7. abbiamo ammirato; 8. ha raccontato; 9. è stata; 10. siete andati

1.5. Indicativo – Imperfetto, p. 23
1a *Verbi regolari*
Verticale: 1. domandavate; 2. chiedevano; 4. partivamo; 5. guardavo
Orizzontale: 3. vendeva; 6. capivi; 7. preparavano; 8. scrivevate
1b *Verbi irregolari e particolarità*
Orizzontale: 1. producevi; 3. facevamo; 4. traduceva; 6. ponevo; 8. bevevano
Verticale: 2. disfacevate; 5. conducevi; 7. dicevamo
2 2. lui/lei poteva; 3. tu parlavi; 4. voi abitavate; 5. loro si alzavano; 6. noi ci chiamavamo; 7. noi sentivamo; 8. lui/lei componeva; 9. loro venivano; 10. tu avevi
3 1. sapevo; 2. voleva; 3. dicevi; 4. abitavate; 5. uscivano; 6. pagavamo; 7. mangiavate; 8. andava; 9. facevamo
4 1. facevo, a. 2. era, c; 3. erano, b; 4. discutevo, d; 5. volevo, e; 6. andavano, a
5 2. Il mio vicino di casa era una persona onesta - qualità; 3. I bambini avevano paura del buio - stato fisico o psicologico; 4. Che cosa facevi? - evento in svolgimento; 5. D'estate i miei genitori lavoravano molto nell'albergo - azione abituale; 6. Volevo un caffè - richiesta cortese; 7. Il nonno mi portava sempre un regalo - azione abituale.
6 1. aveva; 2. era; 3. frequentava; 4. eravamo; 5. restavamo; 6. si chiamava; 7. avevo; 8. piaceva; 9. aveva; 10. era; 11. era; 12. si chiamava

1.6. Indicativo – Futuro semplice, p. 26
1a *Verbi regolari*
Verticale: 1. ascolterete; 4. partiremo; 5. parlerà; 7. riceveranno
Orizzontale: 2. scenderanno; 3. abiterò; 6. preferirai; 8. venderemo
1b *Verbi irregolari e particolarità*
Verticale: 1. rimarrai; 2. cercherò; 3. comincerà; 5. farete; 6. spiegherà
Orizzontale: 4. vorranno; 7. vivrai; 8. creerete
2 2. noi mangeremo; 3. voi finirete; 4. lui/lei partirà; 5. tu andrai; 6. lui/lei saprà; 7. loro potranno; 8. io vivrò; 9. lui/lei telefonerà; 10. noi vorremo
3 1. leggerò; 2. chiamerai; 3. vivrete; 4. faremo; 5. rimarranno; 6. ascolterà; 7. dovrà; 8. finirai; 9. mi divertirò
4 1. sarò, e; 2. andremo, a; 3. saranno, c; 4. visiterò, b; 5. potremo, d
5 2. si diffonderà, fare previsioni; 3. comprerò, fare progetti; 4. usciremo, condizione al futuro; 5. rimarrete, fare previsioni; 6. potranno, comunicare notizie e annunci; 7. verrò, fare previsioni; 8. resteremo, conseguenza al futuro
6 1. darà; 2. dovrò; 3. cercherà; 4. aiuteranno; 5. avrò; 6. supererò; 7. andrò; 8. capirò

1.7. Indicativo – Uso dei tempi passati (passato prossimo/imperfetto), p. 30
1. 1. leggevo, c; 2. era, e; 3. siamo restati, b; 4. C'erano, d; 5. volevamo, g; 6. stava, f; 7. aveva, e; 8. ho chiamata, a
2. 2. Da piccoli tu e Antonio giocavate (a) sempre a calcio; 3. Ieri le studentesse non si sono ricordate (c) dell'appuntamento; 4. Prima la segretaria stava telefonando (b) al signor Bianchi; 5. Gli impiegati sono restati (f) in ufficio fino alle dieci; 6. Nei giorni scorsi io mi sentivo (d) stanco e debole; 7. Scusi, io e mia moglie volevamo sapere (e) quanto dobbiamo pagare.
3 1. trascorrevo; 2. andavamo; 3. aveva; 4. uscivo; 5. ho cominciato; 6. ho fatto; 7. ci siamo ritrovati; 8. abbiamo deciso; 9. siamo andati; 10. era; 11. mi sentivo; 12. ho cercato

1.8. Indicativo – Verbi ausiliari (*essere, avere*) nei tempi composti, p. 32
1 1. sono, A; 2. ho, B; 3. Siamo, A; 4. Hai, B; 5. ho, B; 6. sono, A; 7. ho, B; 8. siamo, A; 9. è, A; 10. hanno, B

obiettivo grammatica

SOLUZIONI

2 1. avete avuto; 2. mi sono alzato/a; 3. hai camminato; 4. sono andati; 5. ho avuto; 6. siete state; 7. avete salutato; 8. siamo voluti/(abbiamo voluto) ritornare; 9. sono uscite; 10. hanno potuto

3 1. sono rimasta; 2. sono annoiata; 3. è stata; 4. siamo volute; 5. siamo restate; 6. siamo dovute; 7. siamo arrivate; 8. siamo scese; 9. ci siamo fermate; 10. abbiamo fatto; 11. ci siamo dirette; 12. abbiamo visitato; 13. abbiamo ammirato; 14. abbiamo passeggiato; 15. abbiamo visto; 16. è rimasta; 17. abbiamo preso; 18. siamo tornate

2. CONDIZIONALE, p. 35

2.1. Condizionale – Semplice/Presente, p. 35

1a *Verbi regolari*
Verticale: 1. domandereste; 3. chiederebbero; 6. scriveremmo
Orizzontale: 2. offriremmo; 4. chiamerebbero; 5. capiresti; 7. prenderebbe; 8. saluterei

1b *Verbi irregolari e particolarità*
Verticale: 1. darebbe; 2. verrebbero; 4. cercheremmo; 6. creereste
Orizzontale: 3. mangerei; 5. rimarrei; 7. vorremmo; 8. pagherebbe

2 2. lui/lei potrebbe; 3. loro abbraccerebbero; 4. tu dovresti; 5. noi ci stancheremmo; 6. io vorrei; 7. tu mangeresti; 8. noi partiremmo; 9. voi verreste; 10. lui/lei sarebbe

3 1. sapreste; 2. litigherei; 3. diresti; 4. festeggerebbe; 5. dormirei; 6. potremmo; 7. andrebbero; 8. avresti; 9. terreste

4 1. dovrebbe, c. 2. accompagneresti, d; 3. regalerei, a; 4. inviteremmo, b; 5. seguirei, c

5 2. guarderebbe; 3. dovresti; 4. potrei; 5. dovremmo; 6. partirebbero; 7. saprebbe; 8. vorreste

6 1. dovrei; 2. vorrei; 3. abiterei; 4. ci aiuteremmo; 5. tornerei; 6. starei; 7. potrebbero; 8. farebbe

3. IMPERATIVO, p. 39

1a *Verbi regolari*
Verticale: 1. non guardare; 2. non leggere; 3. apriamo; 6. non dormite
Orizzontale: 4. pulisci; 5. chiedi; 7. telefonate; 8. scriviamo

1b *Verbi irregolari e particolarità*
Verticale: 1. siate; 3. finisci; 4. date
Orizzontale: 2. stai; 5. abbi; 5. non fate; 7. di'; 8. sappiate

2 2. guarda; 3. non bere; 4. non pensate; 5. vieni; 6. non andare; 7. non siate; 8. esci; 9. non dare; 10. non abbiate

3 1. apra; 2. esprima; 3. senta; 4. aspetti; 5. scusi; 6. finisca; 7. parta; 8. chieda; 9. faccia

4 1. parlate, a; 2. apri, e; 3. chiama, b; 4. inserisci, c; 5. usa, e; 6. prendete, a

5 2. gioca, permesso; 3. bevete, consiglio/suggerimento; 4. chiacchierare, divieto; 5. vieni, ordine/comando; 6. cuocete, istruzioni; 7. fate, conseguenza

6 2. telefonale; 3. riposati; 4. chiedetele; 5. regalagli; 6. svegliatevi; 7. comprale; 8. scrivete loro/scrivetegli

7 1. leggere; 2. analizza; 3. fai/fa'; 4. osserva; 5. leggi; 6. dai/da'; 7. esamina; 8. segui; 9. cercare; 10. individua

4. INFINITO, p. 45

4.1. Infinito – Semplice/Presente, p. 45

1 2. morire; 3. rompere; 4. salire; 5. esprimere; 6. ritrarre; 7. imporre; 8. pulire; 9. essere/stare

2 *Verbi infinito regolare:* amare; preferire; dovere; rimanere; partire; chiudere; piangere; studiare
Verbi irregolari: ritrarre; tradurre; porre; trarre; comporre; ridurre; proporre; introdurre; sottrarre

3 1. ad aspettarlo, B; 2. non chiuderle, A; 3. a riportarli, B; 4. non dirle, A; 5. a prepararlo, B; 6. non telefonargli, A

4 2. Ø; 3. Vengo ad aiutarti; 4. Ø; 5. Non ho suonato per non disturbarti; 6. Ø; 7. Ø; 8. Vado in biblioteca a/per studiare; 9. Ø; 10. Esco a/per rilassarmi un po'

5 2. per raccontarti; 3. svegliarci; 4. per andare; 5. a passeggiare; 6. rilassarsi; 7. allontanarsi; 8. preoccuparmi; 9. camminare; 10. per incontrare; 11. organizzare; 12. a dormire

5. GERUNDIO, p. 49

5.1. Gerundio – Semplice, p. 49

1a *Verbi regolari*
Verticale: 1. venendo; 2. pulendo; 3. dovendo; 5. salendo; 6. preparando
Orizzontale: 4. salutando; 7. leggendo; 8. potendo

1b *Verbi irregolari*
Orizzontale: 1. soddisfacendo; 5. disdicendo; 7. facendo; 8. producendo
Verticale: 2. sottraendo; 3. ribevendo; 4. riponendo; 6. componendo

2 2. cadendo; 3. stando; 4. sottraendo; 5. rimanendo; 6. traducendo; 7. mettendo; 8. venendo; 9. essendo

3 1. rifare; 2. esporre; 3. avere; 4. muovere; 5. condurre; 6. bere; 8. ritrarre

4 1. preparando, b; 2. finendo, c; 3. facendo, a; 4. componendo, b; 5. cercando, a

5 2. ti stai riposando/stai riposandoti; 3. si stanno mettendo/stanno mettendosi; 4. sta sognando; 5. state seguendo; 6. sto giocando; 7. stiamo venendo; 8. state pensando; 9. state prendendo; 10. ti stai abituando/stai abituandoti.

6 1. stavano terminando; 2. stavano fuggendo; 3. stava andando; 4. sta calcolando; 5. stiamo parlando; 6. stava chiudendo; 7. stanno lavorando; 8. stanno facendo; 9. stanno investigando; 10. stanno svolgendo

6. PERIFRASI VERBALI, p. 52

1 2. d; 3. a; 4. e; 5. b; 6. c; 7 h; 8 f.

2 2. A quest'ora forse Giovanna sta lavorando ancora; 3. Solitamente i giovani hanno l'abitudine di non coprirsi abbastanza d'inverno; 4. In questo preciso istante i nostri amici stanno partendo; 5. I miei genitori hanno l'abitudine di guardare la TV solo di sera; 6. Proprio adesso lo studente sta facendo l'esame di italiano; 7. Ogni anno in estate abbiamo l'abitudine di ospitare i nostri amici francesi.

3 2. stava controllando, B; 3. aveva l'abitudine di giocare, A; 4. stavamo passeggiando, B; 5. aveva l'abitudine di dare, A; 6. avevamo l'abitudine di fare, A

7. FORMA RIFLESSIVA E PRONOMINALE DEL VERBO, p. 54

1 2. ci salutiamo; 3. ti guardi; 4. vi consolate; 5. si capiscono; 6. mi vesto; 7. si copre; 8. si riconoscono; 9. ti vedi; 10. ci prendiamo

2 1. si lava, a; 2. si vergogna, c; 3. si salutano, b; 4. mi pento, c; 5. non si asciuga, a; 6. vi accorgete, c; 7. ci salutiamo, b; 8. si pettina, a; 9. ci incontriamo, b; 10. ti devi preparare/devi prepararti, a; 11. ti arrabbi, c; 12. vi aiutate, b

3 2. Il ragazzo si è guardato allo specchio; 3. Il direttore e l'impiegato si sono aiutati; 4. Marco e Anna non si riconosceranno dopo tanto tempo; 5. La modella si truccava sempre in modo professionale; 6. Il gatto Filù non si lava perché è malato.

4 2. ha aiutato; 3. si sono rialzati; 4. si sono incontrati; 5. si sono preparate; 6. ci siamo lavati; 7. si sono baciati; 8. ha abbracciato

8. PERIODO IPOTETICO, p. 56

1 1. mangi/mangerai, A; 2. guarirà, B; 3. devono, B; 4. guadagno/guadagnerò, A; 5. ordina, B; 6. vi trasferirete, A; 7. prendi, B; 8. volete, A; 9. aumenteranno, A; 10. richiama, B

2 2. Se oggi pioverà, metterò l'impermeabile; 3. Se vuoi prendere il treno alle 7:00, affrettati a uscire di casa; 4. Se hai/avrai bisogno di aiuto, chiedi a me; 5. Se la prossima settimana il professore farà lezione, io ci andrò sicuramente; 6. Se bevete/berrete l'acqua ghiacciata, vi viene/verrà mal di pancia; 7. Se la scuola si trova nel centro della città, prenderemo i mezzi pubblici; 8. Se la prossima settimana andremo al cinema, vedremo l'ultimo film di Sorrentino.

3 1. segui; 2. ti svegli; 3. mangia; 4. non andare; 5. fai; 6. mastica

SEZIONE 2 – ARTICOLO, NOME, AGGETTIVO, PRONOME, AVVERBIO, PREPOSIZIONI, CONNETTIVI

1. ARTICOLO, p. 60
1.1. Articolo determinativo, p. 60

1 1. il; 2. lo; 3. l'; 4. l'; 5. lo; 6. il; 7. lo; 8. l'; 9. lo; 10. il; 11. la; 12. l'; 13. la; 14. la; 15. la; 16. la; 17. la; 18. la; 19. l'; 20. l'

2 1. i; 2. i; 3. gli; 4. i; 5. i; 6. gli; 7. gli; 8. i; 9. i; 10. gli; 11. le; 12. le; 13. le; 14. le; 15. le; 16. le; 17. le; 18. le; 19. le; 20. le

3 1. gli; 2. l'; 3. lo/gli; 4. il/i; 5. le; 6. il/i; 7. la/le; 8. il/i; 9. l'; 10. i

4 il: brindisi, monitor, foglio, pesce, signore
lo: zio, psicologo, studio, scontrino
l': amico, aereo, armadio, anello
la: crisi, lavagna, moto, carne
l': aranciata, ape, aria, isola
i: brindisi, monitor, quaderni, righelli
gli: abiti, accendini, aeroporti, alberi
le: crisi, moto, fotografie, signore

5 (F/S) l'abitazione; (M/S) il bagno, (F/S) la cucina, (F/S) la camera; (M/S) lo studio, (M/S) il ripostiglio; (F/S) la casa; (F/P) le finestre; (F/P) le pareti; (F/P) le porte; (M/S) il condomino; (M/S) il garage; (M/P) i condomini.

6 1. le, il; 2. le, Ø; 3. Ø, i; 4. lo, la; 5. Ø, le; 6. Ø, Ø; 7. il, l'; 8. i, le

7 1. la, la; 2. la, il; 3. Ø, i; 4. Ø, Ø; 5. le, la; 6. il, il; 7. la, Ø; 8. Ø, l'; 9. Ø, i; 10. Ø, la; 11. gli, Ø; 12. il, Ø; 13. Ø, Ø; 14. Ø, le

8 Gli alberi di Natale rovesciati
1. la; 2. Ø; 3. il; 4. il; 5. le; 6. l'; 7. l'; 8. la; 9. le
La moda a Milano
1. le; 2. Ø; 3. la; 4. Ø; 5. la; 6. il; 7. il; 8. la
Insalata di riso con gamberetti
1. gli; 2. le; 3. la; 4. le; 5. i; 6. la; 7. il; 8. il; 9. il; 10. gli

1.2. Articolo indeterminativo, p. 65

1 1. un; 2. un; 3. un; 4. uno; 5. una; 6. uno; 7. uno; 8. uno; 9. una; 10. un'; 11. una; 12. una; 13. una; 14. una; 15. un'; 16. una

2 1. uno; 2. un; 3. una; 4. un'; 5. una; 6. un; 7. un'; 8. uno

3 un: caffè; cane; armadio; orto; pesce; wafer
una: penna, sciarpa, moto; bici; foto; zebra
uno: scontrino; zoccolo; juventino; chef; studio; psicologo; zaino; gnocco; sbaglio
un': alba; aranciata; ambulanza; acqua; ala; isola; ape; agenda

4 1. un; 2. un; 3. un; 4. una; 5. un; 6. una; 7. una; 8. un; 9. un

1.3. Articolo partitivo, p. 67

1 1. dello; 2. dell'; 3. del; 4. della; 5. del; 6. dell'; 7. dell'; 8. dell'; 9. dello; 10. della; 11. del; 12. dell'

2 1. dello; 2. dell'; 3. del; 4. dell'; 5. della; 6. del

3 1. dei; 2. degli; 3. delle; 4. dei; 5. delle; 6. dei

4 1. delle; 2. dei; 3. delle; 4. degli; 5. delle; 6. dei; 7. dei; 8. dello; 9. del; 10. del; 11. dei; 12. delle

2. NOME, p. 69
2.1. Maschile e femminile, singolare e plurale, p. 69

1 2. M, fiori; 3. F, notti; 4. M, sogni; 5. M, cortili; 6. F, immagini; 7. M, tappeti; 8. F, scuole; 9. M, sapori; 10. M, tetti; 11. M, giornali; 12. F, scarpe; 13. M, discorsi; 14. F, navi; 15. F, gonne; 16. M, bicchieri; 17. M, libri; 18. F, canzoni, 19. F, bottiglie; 20. F, luci

2 2. le auto; 3. gli uomini; 4. le libertà; 5. i software; 6. le fiction; 7. gli euro; 8. le ipotesi; 9. i tè; 10. i teoremi; 11. le bici; 12. i puma; 13. i brindisi; 14. le radio; 15. i computer; 16. le oasi; 17. le braccia; 18. le reception; 19. le paia; 20. le età

2.2. Formazione del femminile, p. 72

1 1. l'uomo; 2. la figlia; 3. il leone; 4. la mamma; 5. il marito; 6. l'attrice; 7. il frate; 8. la studentessa; 9. la portiera; 10. il poeta; 11. la mucca; 12. il signore

2 2. i giovedì; 3. l'arma; 4. gli euro; 5. le dita; 6. il quiz; 7. le chiavi; 8. le pittrici; 9. il giornale; 10. le classi; 11. la bottiglia; 12. le uova; 13. il bicchiere; 14. le facoltà; 15. i cinema; 16. lo scultore

3 1. il fiore; 2. i martedì; 3. la stazione; 4. i caffè; 5. il papà/papa; 6. la cameriera; 7. l'università; 8. gli alberi; 9. il clima; 10. le radio; 11. gli uomini; 12. il bue; 13. le crisi; 14. la sorella; 15. le paia; 16. gli insegnanti; 17. le città; 18. il tavolo; 19. la donna; 20. la bici; 21. la metropoli; 22. i panda; 23. il duca; 24. le auto

4 2. estinzione; 3. orecchie; 4. mantello; 5. femmine; 6. animali; 7. dieta; 8. frutta; 9. pere; 10. uccelli; 11. cibo; 12. rifugio; 13. inverno

5 Il termine "vegano" indica una <u>persona</u> che ha deciso di eliminare dalla propria <u>alimentazione</u> tutti gli <u>alimenti</u> di <u>origine</u> animale. Lo <u>scrittore</u> e <u>poeta</u> vegano Vincent dice che "il <u>vegano</u> è chi mangia tutto senza mangiare nessuno". Questa <u>scelta</u> non riguarda solo l'alimentazione, ma tutta la vita <u>quotidiana</u> ed è un <u>modo</u> di vivere che cerca di avere un basso impatto sull'<u>ambiente</u> e di rispettare gli <u>animali</u>.
Un vegano, dunque, non mangia la carne e i suoi derivati (il <u>prosciutto</u>, il <u>salame</u>, le <u>salsicce</u>), il <u>pesce</u>, il <u>latte</u> e i suoi derivati (il <u>burro</u>, il <u>formaggio</u>, la <u>panna</u>, lo yogurt), le <u>uova</u>, il miele. Un vegano non utilizza neanche la <u>lana</u> e la <u>pelle</u> nell'abbigliamento. I vegani mangiano tutti i <u>cibi</u> che non prevedono l'utilizzo degli animali: i <u>cereali</u>, la <u>pasta</u>, la <u>frutta</u>, la <u>verdura</u>, i <u>semi</u>, la <u>soia</u> e i suoi derivati (il tofu, il tempeh). Il veganesimo è una scelta etica ed ecologica, ma anche di tipo salutistico, che la <u>comunità</u> scientifica internazionale ha dichiarato non solo possibile, ma auspicabile per la "<u>salute</u>" del nostro <u>pianeta</u>.

3. AGGETTIVO, p. 75
3.1. Aggettivo qualificativo, p. 75
3.1.1. Maschile e femminile, singolare e plurale, p. 75

1 2. allegre F-P; 3. bella F-S; 4. svedese M-F-S; 5. alti M-P; 6. forti M-F-P; 7. generose F-P; cortesi M-F-P

2 2. lilla, lilla, lilla, lilla; 3. americano, americani, americana, americane; 4. differente, differenti, differente, differenti; 5. inglese, inglesi, inglese, inglesi; 6. esperto, esperti, esperta, esperte; 7. grande, grandi, grande, grandi; 8. bravo, bravi, brava, brave

3 2. gentile, persone gentili; 3. esperto, dottori esperti; 4. tipico, ristoranti tipici; 5. elegante, uomini eleganti; 6. viola, abiti viola; 7. gustosa, ricette gustose; 8. famoso, film famosi; 9. importante, riunioni importanti; 10. gonne blu

4 2. commesso capace; 3. macchine nuove; 4. studentessa canadese; 5. negozi costosi; 6. libro interessante; 7. persone puntuali; 8. giacca fucsia; 9. penna nuova; 10. musei comunali

5 L'Hotel Impero presenta un ambiente <u>elegante</u> e una comoda posizione nel centro di Roma, vicino alle fermate dei principali mezzi pubblici <u>cittadini</u>.
Offre il bar, la colazione inclusa, numerosi servizi <u>alberghieri</u> e una terrazza <u>panoramica</u>, il luogo <u>ideale</u> per trascorrere qualche ora di

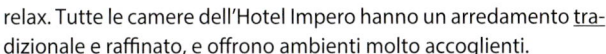

SOLUZIONI

relax. Tutte le camere dell'Hotel Impero hanno un arredamento <u>tradizionale</u> e <u>raffinato</u>, e offrono ambienti molto <u>accoglienti</u>.
Camere <u>singole</u>
Dispongono di aria <u>condizionata</u>, TV a schermo piatto e bagno <u>privato</u> in stanza.
Camere matrimoniali / Doppie
Confortevoli camere con due letti <u>singoli</u> o letto matrimoniale, che ospitano comodamente due persone. Offrono ambienti <u>funzionali</u> con la connessione Wi-Fi <u>gratuita</u> e la TV satellitare.
Matrimoniali / Doppie con balcone
Rispetto alle altre camere, presentano ambienti più <u>spaziosi</u> e una zona soggiorno con il divano e le poltrone. È <u>disponibile</u> un delizioso balcone con la vista sul Teatro dell'Opera.

6 2. culturale; 3. chiusi; 4. esperte; 5. settimanali; 6. nazionali; 7. utili; 8. digitali

3.1.2. Gradi dell'aggettivo, p. 78

1 2. più, della; 3. come/quanto; 4. più, di; 5. come/quanto; 6. meno, di; 7. più, di; 8. più, dei

2 2. I ristoranti sono più cari delle trattorie; 3. La Spagna è più grande dell'Italia; 4. I contanti sono meno sicuri della carta di credito; 5. Le amiche Anna e Lia sono meno timide di Lisa; 6. Il treno è più veloce della macchina; 7. I gialli sono più appassionanti dei romanzi rosa; 8. Il rubino è meno prezioso del diamante.

3 2. gentilissima; 3. bellissime; 4. antichissimi; 5. grandissima; 6. convenientissima; 7. difficilissimi; 8. nuovissimo

4 2. La lingua cinese è più difficile della lingua italiana; 3. L'argento è meno costoso dell'oro; 4. L'Umbria è più piccola della Toscana; 5. I cani sono meno indipendenti dei gatti; 6. La tisana è più rilassante del caffè; 7. La macedonia è più salutare del dolce; 8. Genova è meno turistica di Venezia.

5 2. più diffuso di; 3. enorme; 4. vittoriosa come; 5. meno popolare del; 6. giovanissimi; 7. importantissima

3.2. Aggettivi e pronomi, p. 81
3.2.1. Possessivi, p. 81

1 1. il mio; 2. i nostri; 3. il suo; 4. la loro; 5. le vostre; 6. i tuoi; 7. il suo; 8. Il loro

2 2. tuo, B; 3. loro, A; 4. vostra, B; 5. miei, A; 6. suo, A; 7. vostro, B; 8. nostra, A

3 2. il suo libro; 3. il vostro cane; 4. il loro professore; 5. i nostri compagni; 6. le tue scarpe; 7. i loro compiti; 8. la mia borsa; 9. la sua ragazza; 10. le loro vacanze

4 2. il tuo gatto, i tuoi gatti, la tua gatta, le tue gatte; 3. il suo bambino, i suoi bambini, le sue bambine, le loro bambine; 4. il nostro amico, i nostri amici, la nostra amica, le nostre amiche; 5. il vostro esperto, i vostri esperti, la vostra esperta, le vostre esperte; 6. il loro impiegato, i loro impiegati, la loro impiegata, le loro impiegate

5 1. mie; 2. miei; 3. mia; 4. mia; 5. nostre; 6. tuo; 7. tua; 8. mio

6 1. le tue; 2. nostra; 3. tua; 4. i loro; 5. il mio; 6. la nostra; 7. suo; 8. suo

7 1. mio; 2. i miei; 3. mia (nostra); 4. della nostra; 5. la tua; 6. le sue; 7. dei miei; 8. la mia

3.2.2. Dimostrativi, p. 85

1 2. questi; 3. quest'; 4. queste; 5. questo; 6. questo; 7. questo/quest'; 8. questi; 9. quegli; 10. quegli; 11. quella; 12. quell'; 13. quelle; 14. quelle; 15. quello; 16. quegli

2 2. Questa arancia è dolce; 3. Questo esercizio è semplice; 4. Quei palazzi sono moderni; 5. Quegli infermieri sono gentili; 6. Quello spettacolo è divertente; 7. Quell'insegnante è brava; 8. Quelle signore sono antipatiche.

3 2. quel, A; 3. queste, B; 4. quello, B; 5. quella, A; 6. questa, A; 7. quelli, B; 8. quegli, A

4 1. questi; 2. questo; 3. questa; 4. quelli; 5. quelle; 6. quello

5 1. questo; 2. quelle; 3. quello; 4. quest'; 5. questa; 6. quei; 7. quelle; 8. questi

3.2.3. Indefiniti, p. 88

1 2. qualche; 3. alcune; 4. poco; 5. troppi; 6. pochi; 7. molto

2 2. troppi, A; 3. tanta, A; 4. molte/tante, B; 5. poco, B; 6. molti/tanti, A

3 1. qualcosa; 2. alcune; 3. qualche; 4. alcuni; 5. qualcosa; 7. alcuni; 8. qualche; 9. qualcosa; 10. qualche

4 2. Anna non aiuta nessuno studente con i compiti; 3. Non scriviamo nessuna mail di lavoro; 4. Luca non riordina niente/nulla nella sua camera; 5. Non comprate niente/nulla per la cena; 6. Non sto vedendo nessun amico il venerdì; 7. Non desidero comprare niente/nulla in questo negozio; 8. Non invito nessuna compagna di studio.

5 2. Tutte le strade erano affollate per il Natale. 3. Tutti i cani si riposavano nella loro cuccia. 4. Tutte le bambine si sono sedute al loro posto. 5. Tutti gli/Tutte le insegnanti aiutavano i loro studenti. 6. Tutte le estati sono calde e belle in Sicilia. 7. Tutti gli studenti hanno consegnato la relazione. 8. Tutte le tazze di vetro si sono rotte.

6 1. troppo; 2. tutte; 3. ogni; 4. niente; 5. qualche; 6. nessun; 7. qualcuno; 8. alcuni

7 1. alcuni (A); 2. molte (A); 3. troppe (B); 4. ogni (A); 5. qualcosa (B); 6. alcuni (A); 7. alcuni (B); 8. qualche (A); 9. nessun (A); 10. qualche (A); 11. tante (A); 12. nessun (A); 13. ogni (A); 14. nessun (A); 15. tutti (B); 16. qualche (A); 17. nessun (B); 18. tutti (B)

3.2.4. Interrogativi ed esclamativi, p. 93

1 2. che, (che) cosa, A; 3. quanta, B; 4. quali, A; 5. che, B; 6. chi, A; 7. quale, A; 8. quante, B

2 2. Qual, g; 3. Chi, a; 4. Quanti, f; 5. Che cosa/Che, c; 6. Quanto, h; 7. chi, b; 8. Quali, d

3 1. qual; 2. quale; 3. quante; 4. quale; 5. chi; 6. (che) cosa; 7. quali

4 1. (che) cosa, g; 2. quante, d; 3. qual, a; 4. quali, f; 5. quali, e; 6. che, b; 7. chi, c

3.2.5. Numerali, p. 96

1 1. CENTOSEDICI; 2. MILLEVENTI; 3. SESSANTACINQUE; 4. OTTOCENTOTRENTUNO; 5. TRE; 6. DUEMILAQUATTROCENTODICIOTTO; 7. QUARANTUNO; 8. CENTOTTANTA; 9. UNDICIMILAVENTOTTO; 10. DUECENTOSETTANTATRÉ

2 <u>numerali cardinali</u>: cinque, dieci, undici, tredici, diciotto, venti, ventitré, treantacinque, trentotto, quarantasette, cinquantuno; <u>numerali ordinali</u>: quarto, sesto, ottavo, nono, decimo, ventunesimo, trentatreesimo, cinquantesimo, sessantaseiesimo, settantasettesimo, novantacinquesimo

3 2. '50, '60; 3. '46; 4. 10 dicembre 1936; 5. '29; 6. 10ª

4 1. ventuno; 2. ventimila; 3. cento; 4. 5°; 5. 3°; 6. 2°; 7. 4°; 8. 1°; 9. 7ª; 10. ottanta; 11. 21°; 12. 14°; 13. 12°

4. PRONOME, p. 99
4.1. Pronomi personali, p. 99
4.1.1. Pronomi soggetto, p. 99

1 1. io; 2. loro; 3. voi; 4. noi; 5. loro; 6. voi; 7. io; 8. tu; 9. tu; 10; noi; 11. lui/lei; 12. loro; 13. lui/lei; 14. voi; 15. noi; 16. lui/lei; 17. io; 18. tu; 19. io; 20. voi

2 2. noi; 3. voi; 4. noi; 5. loro; 6. lei; 7. voi; 8. loro; 9. lui; 10. lei

3 1. tu; 2. Lei; 3. tu; 4. io; 5. loro; 6. io; 7. noi; 8. lui

4 1. Ø; 2. Ø; 3. Ø; 4. Ø; 5. lui; 6. loro; 7. Ø; 8. lei; 9. Ø; 10. lui; 11 lei; 12. loro

obiettivo grammatica

4.1.2. Pronomi riflessivi, p. 101
1 1. vi; 2. si; 3. vi; 4. ti; 5. si; 6. ci; 7. ti; 8. mi
2 1. Ø; 2. vi; 3. Ø; 4. Ø; 5. si; 6. ti; 7. si; 8. Ø
3 1. vi… incontrati; 2. si… alzata; 3. vi… svegliati; 4. si… riposati; 5. si…sbagliate; 6. ci… conosciuti; 7. ti… scusato/scusata; 8. si… diplomati
4 1. lavatevi, B; 2. mi devo riposare/devo riposarmi, C; 3. ci possiamo vedere/possiamo vederci, C; 4. ci incontriamo, A; 5. vi dovete comportare/dovete comportarvi, C; 6. si pettina, A; 7. alzati, B; 8. si è vestita, A
5 1. mi; 2. mi; 3. mi; 4. mi; 5. mi; 6. si; 7. si; 8. si; 9. si; 10. si; 11. si; 12. si

4.1.3. Pronomi diretti, p. 103
1 1. la; 2. lo; 3. lo; 4. le; 5. le; 6. lo; 7. li; 8. li
2 2. la; 3. la; 4. lo; 5. li; 6. vi; 7. ci; 8. lo; 9. vi
3 2. Anna la incontra; 3. I miei coinquilini le dimenticano spesso; 4. Mio marito oggi li chiama; 5. Sara lo guarda stasera; 6. Le compro al mercato; 7. I miei bambini li detestano; 8. La puliamo più tardi.
4 2. Lo guardate; L'avete guardato; 3. Le prendiamo; Le abbiamo prese; 4. Li salutate; Li avete salutati; 5. Lo bevono; L'hanno bevuto; 6. La ascolta; L'ha ascoltata.
5 1. lo, A; 2. lei, A; 3. la, A; 4. li, A; 5. voi, B; 6. lo, A; 7. ti, A; 8. le, A; 9. mi, A; 10. ci, A
6 2. lui, lei; 3. lei, te; 4. lui, lei; 5. te; 6. loro; 7. voi; 8. loro; noi
7 2. li hai salutati/le hai salutate; 3. non ci hai invitato/i/e; 4. li/le portiamo; 5. ci chiama; 6. non la sopporto; 7. ci saluta; 8. li hai valutati /le hai valutate
8 2. Non li portate fuori/Non portateli fuori; 3. Vi devo accompagnare/Devo accompagnarvi; 4. Lo studente l'ha voluta rileggere/ha voluto rileggerla; 5. Chi li può portarle/può portarli?; 6. Non lo devi usare/Non devi usarlo.
9 1. inseritela (la = la spina); 2. premetelo (lo = il pulsante); 3. lo mettete (lo = foglio); 4. lo mettete (lo = il foglio); 5. digitatela (la = la quantità); 6. la potete annullare/potete annullarla (la = la quantità); 7. li toccate (li = i tasti)

4.1.4. Pronomi indiretti, p. 107
1 1. le; 2. gli; 3. ci; 4. ti; 5. ci; 6. vi
2 1. ti; 2. mi; 3. gli; 4. ti; 5. ci; 6. le; 7. gli; 8. loro
3 1. a te; 2. a loro; 3. a lei, a lui; 4. a lei; 5. a me, a lei; 6. a me, a loro; 7. a lei; 8. a loro.
4 2. I medici rispondono sinceramente a lei, I medici le rispondono sinceramente; 3. I volontari devono portare a lui alcuni volumi; I volontari gli devono portare/devono portargli alcuni volumi; 4. Chi offre aiuto a loro è una persona generosa; Chi offre loro/gli offre aiuto è una persona generosa 5. Il direttore della scuola ha parlato a loro; Il direttore della scuola ha parlato loro/gli ha parlato.
5 2. Non servire loro le tartine/Non gli servire le tartine/Non servirgli le tartine; 3. Vi devo telefonare?/Devo telefonarvi; 4. Non gli dovete parlare/Non dovete parlargli; 5. Sta raccontando loro il fatto/Gli sta raccontando il fatto/Sta raccontandogli il fatto; 6. Le vogliamo parlare/Vogliamo parlarle.
6 1. a noi; 2. dedicarle; 3. ci; 4. ci; 5. ci; 6. darci; 7. darle; 8. le; 9. le
7 1. le; 2. le; 3. ti; 4. le; 5. le; 6. gli

4.1.5. Pronomi allocutivi e forme di cortesia, p. 110
1 1. Lei; 2. Voi; 3. Lei; 4. Lei; 5. voi; 6. tu; 7. Lei; 8. tu
2 1. formale: 2. Lei; 3. Lei; 2. formale: 4. sta; 5. Lei; 6. è arrivata; 7. Lei
3 1. Buongiorno, sta, Lei; 2. Suo, Suo; 3. Le, Lei; 4. Scusi, La, Arrivederci, Le; 5. Le, Buongiorno, conoscerLa

4 darti - darLe; le tue - le Sue; Ti - Le; tuo studio - Suo studio; vederti - vederLa; eri - era; invitarti - invitarLa; te - Lei; tuo consiglio - Suo consiglio; tu potrai - Lei potrà; ti telefonerò - Le telefonerò; caro saluto, Marco - Cordiali saluti, Marco Russo

4.1.6. Pronomi personali: sintesi, p. 112
1 1. lo; 2. lui; 3. ci; 4. li; 5. mi; 6. le
2 2. me, B; 3. ci, A; 4. le, A; 5. loro, B; 6. li, A; 7. te, B; 8. le, A; 9. me, B; 10. gli, A; 11. ti, A; 12. voi, B
3 1. si; 2. le 3. l'; 4. le; 5. la; 6. si; 7. li; 8. la

4.2. Particelle pronominali *ci/vi* e *ne*, p. 114
1 2. ne, B; 3. ce, C; 4. ne, B; 5. ne, B; 6. ci, A; 7. ce, C; 8. ci, A
2 2. ne prendo; 3. ci resteremo; 4. ne ho; 5. ci passo; 6. ne ha invitati; 7. ci verrò; 8. ne facevo
3 1. ci; 2. ci; 3. ci; 4. ci; 5. ci; 6. ne; 7. andarci; 8. ne; 9. ci; 10. ne; 11. ci

4.3. Pronomi relativi, p. 116
1 1. che, lo studente, A; 2. che, il saggio, B; 3. che, la ragazza, A; 4. che, il quadro, B; 5. che, le persone, B; 6. che, gli studenti, A
2 2. I dati sul bullismo, che ho letto di recente in una rivista, sono preoccupanti; 3. Sofia, che ha già ventisei anni, ha finalmente trovato un buon lavoro; 4. Il vestito da sera, che quella giovane donna indossa, è molto elegante; 5. Le mie bambine, che sono molto stanche, dormono sul divano del soggiorno; 6. La moglie di Luca, che abbiamo incontrato in palestra, è una mia collega; 7. I posti macchina, che sono sul lato destro della strada, sono riservati ai residenti; 8. Gli amici di Giorgio, che ho ringraziato per il regalo, sono pugliesi.
3 2. che, B; 3. che, A; 4. che, A; 5. che, A; 6. che, B; 7. che, B; 8. che, A; 9. che, A; 10. che, B

5. AVVERBIO, p. 118
5.1. Avverbi interrogativi, di giudizio, tempo, luogo, quantità, modo, p. 118
1 1. dove; 2. come; 3. quando; 4. come; 5. quanto; 6. come mai/perché; 7. quanto: 8. perché/come mai; 9. dove; 10. quando
2 2. tristemente; 3. lentamente; 4. velocemente; 5. allegramente; 6. coraggiosamente; 7. chiaramente: 8. felicemente; 9. gentilmente; 10. comodamente
3 1. no; 2. dopo; 3. dove; 4. qui; 5. poco; 6. subito; 7. quando: 8. forse; 9. non… mai; 10. domani
4 1. bene; 2. bene; 3. bene; 4. buono; 5. bene; 6. buona, 7. bene
5 tempo: 1. domani; 2. dopo; 3. adesso; luogo: 4. laggiù; 5. sopra; 6. fuori; quantità: 7. niente; 8. abbastanza; 9. troppo; giudizio (dubbio, certezza): 10. forse; 11. davvero; 12. sinceramente; giudizio (affermazione, negazione): 13. non… mai; 14. certamente; 15. affatto
6 1. ci; 2. ne; 3. ci; 4. ne; 5. ci; 6. ci
7 2. già, A; 3. dopo, A; 4. energicamente, E; 5. bene, E; 6. troppo, C; 7. probabilmente, D; 8. meglio, E; 9. un po', C; 10. in più, C; 11. facilmente, E; 12. dentro, B

6. PREPOSIZIONI, p. 122
6.1. Preposizioni semplici (proprie) e articolate, p. 122
1 1. a, con; 2. di, a; 3. in, per; 4. da, a; 5. in, per; 6. di, tra; 7. con, a; 8. di, per
2 1. in; 2. in; 3. in; 4. da; 5. in; 6. per; 7. a; 8. a; 9. a; 10. da
3 1. fra; 2. da; 3. a; 4. in/d'; 5. a/in; 6. a; 7. in/fra; 8. a; 9. a; 10. di
4 1. da; 2. a; 3. per; 4. di; 5. per/di; 6. in; 7. con; 8. a; 9. in; 10. a; 11. per; 12. con; 13. tra; 14. in

SOLUZIONI

5 di: dell', dei, degli, delle; a: allo, ai, all'; da: dal, dall', dalla, dalle; in: nello, negli, nella, nell'; su: sul, sullo, sui, sulla

6 2. gli, dagli; 3. gli, sugli; 4. l', nell'; 5. le, alle; 6. gli, agli; 7. lo, dello; 8. il, al; 9. lo, nello; 10. l', dall'

7 2. nel; 3. alle; 4. dei; 5. alla; 6. delle; 7. agli; 8. dal; 9. sullo; 10. dalle

8 1. negli; 2. sulla; 3. nell'; 4. dal; 5. a; 6. in

9 1. di; 2. all'; 3. agli; 4. dell'; 5. di; 6. in; 7. per; 8. di; 9. dal; 10. del; 11. con; 12. da

6.2. Preposizioni improprie, p. 127

1 1. vicino; 2. fuori; 3. sotto; 4. dentro; 5. sopra; 6. davanti; 7. dietro; 8. durante; 9. lontano; 10. senza

2 2. dopo (d); 3. prima (h); 4. fino (g); 5. accanto (c); 6. dopo (a) 7. insieme (b); 8. fino (e)

3 1. attraverso Ø; 2. vicino alle; 3. attraverso Ø; 4. lontano da; 5. sopra alla; 6. verso Ø; 7. durante Ø; 8. fuori dal

7. CONNETTIVI, p. 129

7.1. Connettivi coordinanti, p. 129

1 2. infatti; 3. o/oppure; 4. neanche/nemmeno/neppure; 5. ma/però; 6. o/oppure; 7. dunque/quindi; 8. sia… sia; 9. e; 10. allora/perciò

2 2. cioè; 3. sia… sia; 4. o; 5. né; 6. e; 7. ma; 8. anche; 9. né… né; 10. neanche

3 1. ed; 2. né; 3. quindi; 4. ma; 5. cioè; 6. cioè; 7. e; 8. quindi; 9. sia; 10. ma; 11. anche

7.2. Connettivi subordinanti, p. 131

1 2. quando; 3. se; 4. perché; 5. mentre; 6. se; 7. perché; 8. quando; 9. se; 10. mentre

2 1. mentre; 2. se; 3. perché; 4. se; 5. mentre; 6. perché; 7. quando; 8. perché; 9. se; 10. quando

3 1. mentre; 2. perché; 3. se; 4. quando; 5. perché; 6. se

4 1. quando; 2. perché; 3. mentre; 4. se; 5. quando/se; 6. perché; 7. quando/se

TEST - SEZIONE 1

1.1. Modo indicativo (presente, passato prossimo, imperfetto, futuro semplice), p. 134

1 1. è; 2. vuole; 3. ha bevuto; 4. devono; 5. vanno; 6. avete trovato; 7. sei; 8. può; 9. ho perso; 10. hanno

2 1. sono; 2. ho; 3. ci vediamo; 4. ci sono; 5. vengo; 6. è; 7. aspettiamo; 8. ho; 9. chiamo; 10. lasci; 11. scrivo

3 1. ho cominciato; 2. prendo; 3. andavamo; 4. hanno lavorato; 5. dobbiamo; 6. avevo; 7. ha incontrato; 8. parlerò; 9. era; 10. farò

4 1. sono; 2. sono arrivata; 3. conoscevo; 4. mi sento; 5. finirò; 6. ho comprato; 7. devo; 8. dimenticherò

1.2. Modo condizionale (semplice), modo imperativo, p. 136

1 1. vorrebbe; 2. guarderebbero; 3. presteresti; 4. chiudereste; 5. potrebbe; 6. andremmo; 7. leggerei; 8. partirebbero

2 1. dovresti; 2. potremmo; 3. capirebbe; 4. verreste; 5. vorrei; 6. sarebbe; 7. organizzerebbero; 8. saprebbe; 9. accompagneremmo; 10. preferirebbero

3 1. vieni; 2. stai/sta'; 3. vai/va'; 4. fai/fa'; 5. di'; 6. sii; 7. dai/da'; 8. bevi

4 1. fate; 2. prendere; 3. bevete; 4. andate; 5. studia; 6. mangiare; 7. uscite; 8. prepara

5 1. compralo; 2. scrivigli; 3. parlatele; 4. sceglilo; 5. finiteli; 6. alzati; 7. cercatele; 8. bevila; 9. chiamatelo; 10. rispondigli

6 1. vi dimenticate/dimenticatevi; 2. dovresti; 3. gira; 4. scegliere; 5. potrebbero; 6. sapreste; 7. bevi; 8. svegliamoci; 9. cominceresti; 10. piacerebbe

7 1. piacerebbe; 2. scegli; 3. concentrati; 4. consiglierei; 5. sarebbe; 6. comincia; 7. potrebbero; 8. dovresti; 9. fermati; 10. perdere

1.3. Modo infinito (semplice), modo gerundio (semplice), perifrasi verbali, p. 139

1 1. sto uscendo; 2. sto aspettando; 3. state giocando; 4. stiamo facendo; 5. stanno guardando; 6. stanno dormendo; 7. stai studiando; 8. stiamo frequentando

2 1. sta, g) passeggiando; 2. stiamo, d) prendendo; 3. stanno, j) mangiando; 4. sta, i) pagando; 5. stai, f) parlando; 6. stanno, h) preparando; 7. sto, b) facendo; 8) vi state/state, c) riposando/riposandovi; 9. sto, e) ingrassando; 10. sta, a) parlando

3 1. avere; 2. dormendo; 3. tornare; 4. fare; 5. ordinare; 6. chiudere; 7. conoscere; 8. chiedere; 9. comprare; 10. guardando

4 1. guardare; 2. giocare; 3. fare; 4. aiutare; 5. leggendo; 6. cucinare; 7. dimenticare; 8. trovare

1.4. Forma riflessiva, pronominale e periodo ipotetico, p. 141

1 1. si alza/si sveglia; 2. si vestono; 3. ti lavi; 4. mi sveglio; 5. ci salutiamo; 6. vi arrabbiate; 7. ci divertiamo; 8. vi incontrate; 9. mi sento; 10. si riposa.

2 1. mi taglio, mi sono tagliata; 2. si fa, si è fatto; 3. ci incontriamo, ci siamo incontrati/e; 4. si truccano, si sono truccate; 5. vi sedete, vi siete seduti/e; 6. ti vesti, ti sei vestito/a; 7. si salutano, si sono salutati; 8. mi preparo, mi sono preparato/a; 9. si sente, si è sentita; 10. ti laurei, ti sei laureato/a.

3 1. si aiutano; 2. ci svegliavamo; 3. si sono incontrate; 4. si sposerebbero; 5. lavateti; 6. si arrabbiano; 7. si sono divertiti; 8. alzati; 9. si vestivano; 10. si annoiava

4 1. mi sono divertita; 2. si trova; 3. ci siamo accomodati; 4. ricordatevi; 5. ci siamo seduti; 6. sentirsi; 7. si abituano; 8. annoiarsi

5 1. usciremo; 2. starai; 3. parliamo; 4. scegli; 5. verrò; 6. continui; 7. usano; 8. andremo; 9. telefona; 10. imparano

TEST - SEZIONE 2

2.1. Articolo (determinativo, indeterminativo, partitivo), nome aggettivo, p. 144

1 1. un problema; 2. gli zii; 3. dei primi; 4. un'aranciata; 5. gli psicologi; 6. le foglie; 7. delle bambine; 8. lo studio; 9. dei funghi; 10. le vacanze

2 1. la trama; 2. il romanzo; 3. una telefonata; 4. la vigilia; 5. un ex diplomatico; 6. la voce; 7. il telefonista; 8. il cappotto; 9. un brigadiere; 10. una cosa; 11. una casa; 12. il villino; 13. il brigadiere; 14. uno scherzo; 15. uno scenario; 16. un suicidio; 17. un foglio; 18. il foglio

3 Singolare: 1. La giacca rosa è molto costosa; 4. Quell'offerta è conveniente; 5. La mia amica è più grande di me; 8. Lo studente belga ha finito l'esame; 9. Quella persona è puntuale e seria.
Plurale: 2. Quei signori sono eleganti; 3. Quali antipasti prendete?; 6. I loro compagni sono canadesi; 7. Queste penne sono le loro; 10. Alcune volte andiamo in piscina.

4 1. due; 2. primi; 3. esagerate; 4. alcuni; 5. divertenti/piacevoli; 6. qualche; 7. miei; 8. piacevole/divertente; 9. importantissimo; 10. sudamericani; 11. nostra; 12. agile

2.2. Pronomi (personali, relativi), *ci* locativo, *ne* partitivo, avverbi, p. 146

1 1. io; 2. la; 3. gli; 4. ti; 5. lo; 6. tu; 7. le; 8. li

2 1. e; 2. f; 3. g; 4. h; 5. d; 6. c; 7. b; 8. a

3 1. ci; 2. ne; 3. ne; 4. ci; 5. ne; 6. ci; 7. ne; 8. ci

4 1. io, lei; 2. loro, li; 3. gli, lo; 4. ti, lo; 5. io/noi, ne; 6. voi, ci; 7. ne, la; 8. si, lo; 9. lo, che; 10. gli, che

5 1. ti; 2. lo; 3. ne; 4. -lo; 5. l'; 6. mi; 7. che; 8. la; 9. si, 10. io; 11. che; 12. mi; 13. lo; 14. mi; 15. ti

6 1. sempre; 2. quotidianamente; 3. sicuramente; 4. molto; 5. straordinariamente; 6. universalmente; 7 annualmente; 8. internamente

2.3. Preposizioni (semplici, articolate, improprie), connettivi, p. 149

1 1. in; 2. dal; 3. fra; 4. all'; 5. di; 6. con; 7. da; 8. a; 9. dalla; 10. in

2 1. per la; 2. sopra il; 3. di; 4. nella; 5. insieme ai; 6. fra; 7. da; 8. di; 9. alla; 10. con il

3 1. di; 2. di; 3. da; 4. a; 5. all'; 6. per; 7. da; 8. a; 9. in; 10. a; 11. in; 12. del/in; 13. con; 14. di; 15. alle; 16. in/con la; 17. alle; 18. alla/in; 19. in; 20. in; 21. con; 22. in; 23. al; 24. a

4 1. né… né, A; 2. se, B; 3. e poi, A; 4. mentre, B; 5. quindi, A; 6. sia… sia, A; 7. quando, B; 8. invece, A; 9. perché, B; 10. cioè, A

5 1. mentre; 2. però; 3. infatti; 4. quando; 5. e; 6. né… né; 7. ma; 8. mentre; 9. e; 10. però

obiettivo grammatica

FONTI

Sezione 1

1. **INDICATIVO**
    - 1.1. **Indicativo – Presente di *essere* e *avere***
        - Attività 3
        https://pixabay.com/it/
        - Attività 4
        Shutterstock
    - 1.2. **Indicativo Presente**
        - Attività 6
        https://pixabay.com/it/
    - 1.3. **Indicativo Presente dei verbi modali**
        - Attività 2
        https://pixabay.com/it/
        - Attività 3
        https://pixabay.com/it/
    - 1.4. **Indicativo Passato prossimo**
        - Attività 8
        Shutterstock
    - 1.5. **Indicativo Imperfetto**
        - Attività 6
        https://pixabay.com/it/
    - 1.6. **Indicativo Futuro semplice**
        - Attività 6
        https://it.freepik.com/foto-gratuito/medico-che-controlla-le-condizioni-di-salute-del-doberman_12428652.htm?query=veterinaria
    - 1.7. **Indicativo – Uso dei tempi passati**
        - Attività 2
        https://pixabay.com/it/
        - Attività 3
        https://pixabay.com/it/
    - 1.8. **Indicativo – Verbi ausiliari (*essere* e *avere*) nei tempi composti**
        - Attività 3
        https://pixabay.com/it/

3. **IMPERATIVO**
    - Attività 7
    Shutterstock

5. **GERUNDIO**
    - 5.1. **Gerundio semplice/presente**
        - Attività 6
        Shutterstock

8. **PERIODO IPOTETICO**
    - Attività 3
    https://pixabay.com/it/

Sezione 2

1. **ARTICOLO**
    - 1.1. **Articolo determinativo**
        - Attività 5
        https://pixabay.com/it/
        - Attività 8
        Gli alberi di Natale rovesciati: Shutterstock
        La moda a Milano: Shutterstock
        Insalata di riso con gamberetti: https://www.incucinaconmaxeandre.it/wordpress/wp-content/uploads/2015/08/Screenshot_20210420_083103.jpg
    - 1.2. **Articolo indeterminativo**
        - Attività 4
        t2.uc.ltmcdn.com/it/images/7/5/3/img_1357_ins_5931_600.jpg
    - 1.3. **Articolo partitivo**
        - Attività 4
        https://pixabay.com/it/

2. **NOME**
    - 2.2. **Formazione del femminile**
        - Attività 4
        https://pixabay.com/it/
        - Attività 5
        https://pixabay.com/it/

3. **AGGETTIVO**
    - 3.1. **Aggettivo qualificativo**
    - 3.1.1. **Maschile e femminile, singolare e plurale**
        - Attività 6
        http://www.nonnodondolo.it/content/misure-salvaguardia-del-parco-nazionale-dellarcipelago-maddalena
    - 3.1.2. **Gradi dell'aggettivo**
        - Attività 5
        https://pixabay.com/it/
    - 3.2. **Aggettivi e pronomi**
    - 3.2.1. **Possessivi**
        - Attività 5
        https://pixabay.com/it/
        - Attività 7
        https://pixabay.com/it/
    - 3.2.2. **Dimostrativi**
        - Attività 5
        https://pixabay.com/it/
    - 3.2.3. **Indefiniti**
        - Attività 7
        Shutterstock
    - 3.2.4. **Interrogativi ed esclamativi**
        - Attività 3
        https://r2.community.samsung.com/t5/image/serverpage/image-id/1863383i855BBF73D081448B?v=1.0
    - 3.2.5. **Numerali**
        - Attività 4
        https://pixabay.com/it/

4. **PRONOME**
    - 4.1. **Pronomi personali**
    - 4.1.1. **Pronomi personali soggetto**
        - Attività 4
        Shutterstock
    - 4.1.2. **Pronomi riflessivi**
        - Attività 5
        Shutterstock
    - 4.1.3. **Pronomi diretti**
        - Attività 9
        Shutterstock
    - 4.1.4. **Pronomi indiretti**
        - Attività 6
        https://pixabay.com/it/
    - 4.1.6. **Pronomi personali: sintesi**
        - Attività 3
        https://pixabay.com/it/
    - 3.3. **Pronomi relativi**
        - Attività 3
        Shutterstock

5. **AVVERBIO**
    - 5.1. **Avverbi interrogativi, di giudizio, tempo, luogo, quantità, modo**
        - Attività 7
        https://blog.giallozafferano.it/valeriaciccotti/wp-content/uploads/2020/12/PASTELLA-72.jpg

6. **PREPOSIZIONI**
    - 6.1. **Preposizioni semplici (proprie) e articolate**
        - Attività 9
        https://blog.giallozafferano.it/valeriaciccotti/wp-content/uploads/2020/12/PASTELLA-72.jpg
    - 6.2. **Preposizioni improprie**
        - Attività 3
        https://pixabay.com/it/

7. **CONNETTIVI**
    - 7.1. **Connettivi coordinanti**
        - Attività 3
        https://pixabay.com/it/
    - 7.2. **Connettivi subordinanti**
        - Attività 4
        https://pixabay.com/it/

Sezione 1 – 2 (TEST)

- 1.1. **Modo indicativo**
    - Attività 4
    https://pixabay.com/it/
- 1.2. **Modo condizionale**
    - Attività 7
    https://pixabay.com/it/
- 2.2. **Pronomi**
    - Attività 6
    https://pixabay.com/it/

Pronti per… Obiettivo Grammatica 2

Il secondo volume copre il livello indipendente (B1-B2)

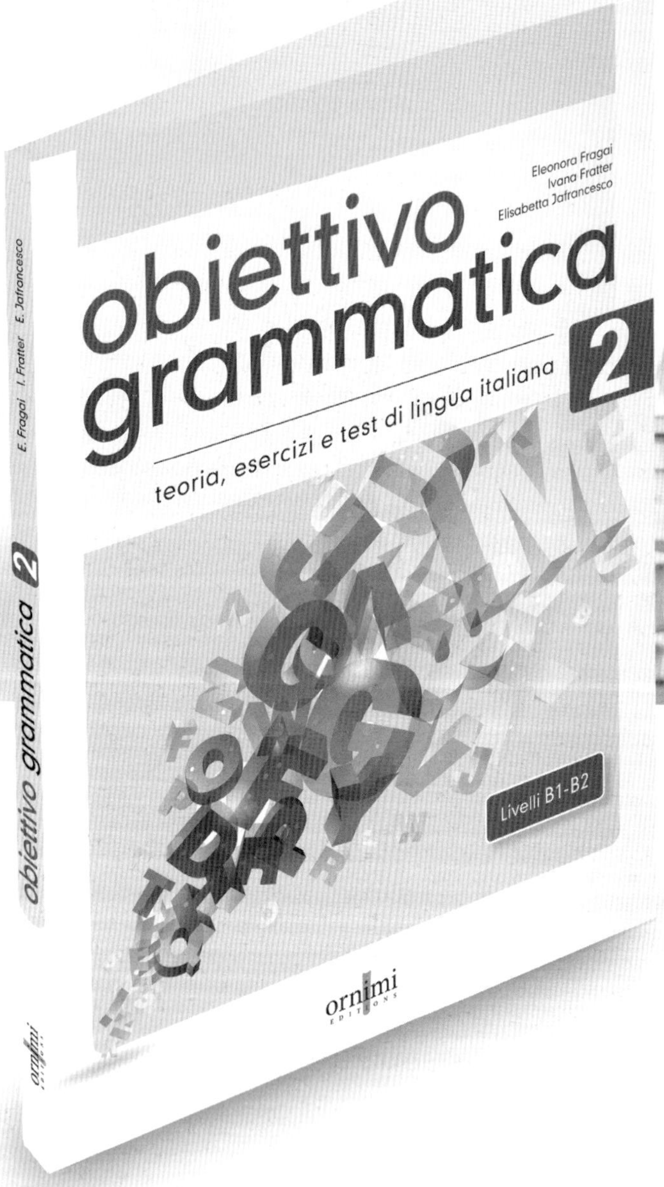

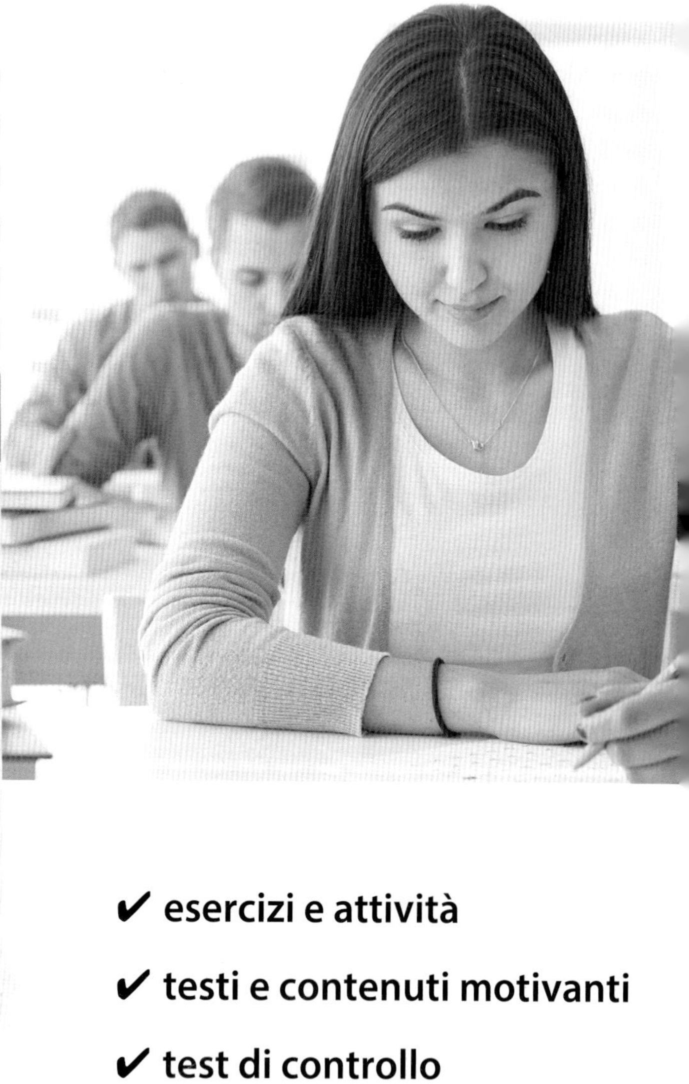

- ✔ esercizi e attività
- ✔ testi e contenuti motivanti
- ✔ test di controllo
- ✔ tavole morfologiche
- ✔ soluzioni

… per scoprire e sapere tutto sulla grammatica italiana!

ornimi EDITIONS

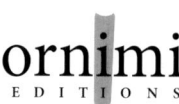